权威·前沿·原创

皮书系列为
"十二五""十三五""十四五"国家重点图书出版规划项目

BLUE BOOK

智库成果出版与传播平台

广州蓝皮书
BLUE BOOK OF GUANGZHOU

广州市社会科学院／研创

广州数字经济发展报告（2022）
ANNUAL REPORT ON GUANGZHOU'S DIGITAL ECONOMY (2022)

主　　编　张跃国　尹　涛
执行主编　覃　剑　葛志专

社会科学文献出版社
SOCIAL SCIENCES ACADEMIC PRESS (CHINA)

图书在版编目（CIP）数据

广州数字经济发展报告 . 2022 / 张跃国，尹涛主编 . —北京：社会科学文献出版社，2022.6
（广州蓝皮书）
ISBN 978-7-5228-0132-2

Ⅰ.①广… Ⅱ.①张… ②尹… Ⅲ.①信息经济-经济发展-研究报告-广州-2022　Ⅳ.①F492

中国版本图书馆 CIP 数据核字（2022）第 086212 号

广州蓝皮书
广州数字经济发展报告（2022）

主　　编 / 张跃国　尹　涛
执行主编 / 覃　剑　葛志专

出 版 人 / 王利民
责任编辑 / 丁　凡
责任印制 / 王京美

出　　版 / 社会科学文献出版社・城市和绿色发展分社（010）59367143
　　　　　 地址：北京市北三环中路甲 29 号院华龙大厦　邮编：100029
　　　　　 网址：www.ssap.com.cn
发　　行 / 社会科学文献出版社（010）59367028
印　　装 / 天津千鹤文化传播有限公司

规　　格 / 开 本：787mm×1092mm　1/16
　　　　　 印　张：21.75　字　数：325 千字
版　　次 / 2022 年 6 月第 1 版　2022 年 6 月第 1 次印刷
书　　号 / ISBN 978-7-5228-0132-2
定　　价 / 128.00 元

读者服务电话：4008918866

▲ 版权所有 翻印必究

广州数字经济蓝皮书
编辑委员会

主　　编　张跃国　尹　涛

执行主编　覃　剑　葛志专

编　　委　（以姓氏笔画为序）

　　　　　王方方　王宇同　白国强　伍　庆　刘　佳
　　　　　杜家元　巫细波　李佳莉　杨代友　吴伟萍
　　　　　何　江　邹小华　张赛飞　陈　剑　欧江波
　　　　　罗谷松　赵竹茵　赵蓓蕾　姚　阳　郭艳华
　　　　　盘和林　蒋　丽　程风雨　曾俊良　蔡进兵

主要编撰者简介

张跃国 文学学士,法律硕士,现任广州市社会科学院党组书记、院长,广州大学客座教授。研究方向为城市发展战略、创新发展、传统文化。曾任中共广州市委政研室副主任,多次主持或参与中共广州市委全会和党代会报告起草、广州市五年发展规划纲要研究编制、广州经济形势分析与预测研究、广州城市发展战略研究、广州对标世界银行评估标准全面优化营商环境研究、广州南沙新区发展战略研究和规划编制以及市委、市政府多项重大政策文件制定起草。

尹　涛 经济学博士、研究员,现任广州市社会科学院党组成员、副院长,兼任广州城市战略研究院院长,美国印第安纳大学环境事务与公共政策学院访问学者(2004年1月至2005年3月)。广东省第十二、十三届人大代表和财经委委员,广州市人民政府第三、四届决策咨询专家,广州市人民政府重大行政论证专家,广州市人文社会科学超大城市现代产业体系与广州实践重点研究基地主任。曾获广州市高层次人才、"第四届广州市宣传思想战线人才第一层次培养对象""2011~2012年广州市优秀中青年哲学社会科学工作者"等荣誉称号。研究方向为产业经济、城市经济、经济规划与管理。近年来完成广州市哲学社会科学规划立项课题、重点委托课题10项;科研成果获省部级二等奖2项、三等奖2项,广州市级二等奖5项、入围奖1项,地厅级一等奖1项、二等奖2项。

覃　剑　经济学博士，研究员，现为广州市社会科学院区域发展研究所副所长（负责人）、广州城市战略研究院常务副院长，中共广州市第十二次代表大会代表，广州市高层次人才，羊城青年文化英才，广州市宣传思想文化战线第二层次优秀人才培养对象，广东省、广州市青年联合会委员。研究方向为城市与区域经济。主持广东省、广州市哲学社会科学规划课题多项，出版著作3部，先后在《经济学动态》、《暨南学报》（哲学社会科学版）、《现代城市研究》等刊物发表论文40余篇。参与《广州市国土空间总体规划（2018~2035年）》，广州建设国际大都市、国际航空枢纽、国际航运枢纽等多项战略性课题研究。研究成果得到省、市领导多次批示，曾获广东发展研究奖等奖项。

葛志专　经济学硕士，现任广州市区域经济研究所助理研究员，广州市社会科学院数字经济研究中心执行副主任、广州市第十二届青年联合会委员、广州市统战理论研究会理事。研究方向为城市与区域经济、港澳经济、数字经济等。主持完成广州市哲学社会科学"十三五"规划项目2项，发表理论文章10多篇，30多项研究成果获省市领导批示、部门采纳，曾获市厅级奖项5项。

摘　要

数字时代已经到来，发展数字经济将是全球经济社会变革的必然趋势。为更好地分析把握和科学研判数字经济发展趋势，推动广州数字经济高质量发展，广州市社会科学院编写了《广州数字经济发展报告（2022）》，旨在为社会各界提供数字经济发展、数字城市建设的前沿信息和决策参考依据。

本报告采用总分的形式进行篇章结构布局，其中总报告为编撰单位组织撰写，主要是跟踪研究2021年广州数字经济发展的基本情况和研判2022年及未来数字经济发展的形势，提出相关的发展建议。专题报告分别设置综合发展篇、数字产业篇、数字转型篇、数字市场篇及附录五个部分，旨在紧跟数字经济发展前沿，从多个范围层次反映广州数字经济发展的状况。其中，综合发展篇从整体上呈现广州数字经济的发展情况；数字产业篇则呈现广州数字经济核心产业及行业的发展情况；数字转型篇从行业、企业等多角度呈现广州经济社会数字化转型进展、特点及其影响情况；数字市场篇从数据要素价值化进程、数据要素市场建设等方面分析梳理广州数字经济的成效进展与热点主题；附录部分则收录广州市数字经济促进条例。

第一部分为总报告，强调建设数字经济引领型城市是广州"十四五"时期以及未来一段时期的重要目标。总报告以"打造数字经济引领型城市"为题，回顾了2021年广州数字经济发展的主要成效、重要进展，对2022年及未来一段时间广州数字经济发展面临的机遇与挑战做出分析并对其形势和趋势进行研判，提出广州打造数字经济引领型城市的对策建议。

第二部分为综合发展篇，收录了"广州数字经济立法的逻辑与重点"

"广州建设数字经济引领型城市路径研究""南沙数字经济高质量发展研究""广州数字经济与产业结构耦合发展研究""数字人民币服务乡村振兴研究"5篇文章。前两篇文章从城市战略高度、宏观视角对广州数字经济进行了系统的、长远的分析,并提出了相关建议。后三篇文章从区域发展视角,探讨和研究了广州数字经济、数字核心产业的发展程度和未来发展重点。

第三部分为数字产业篇,收录了"广州数字文化产业高质量发展研究""粤港澳大湾区智能网联汽车产业集群发展对策研究""广州数字文化产业发展调查研究""我国软件和信息技术服务业时空演变格局以及对制造业的影响研究""广州建设全球金融科技中心对策研究"5篇文章。这5篇文章探讨了广州数字产业中的不同细分行业的发展形势,并对行业发展中的重点议题进行了调查研究和提出建议。

第四部分为数字转型篇,收录了"数字化转型赋能广东制造业高质量发展的机制与路径""数字经济背景下广州家居行业商业模式创新研究""广州特色产业集群数字化转型路径研究——基于工业互联网平台视角""广州服装产业数字化转型研究""数字赋能自然资源配置效率提升的路径探讨"5篇文章。这些文章以广州传统特色产业为例,探讨了数字技术、数字化商业模式创新应用的广度和深度,探讨数字化转型过程中的难题和挑战。

第五部分为数字市场篇,收录了"数据资产价值评价研究""广州建设数据要素市场研究"2篇文章。这2篇文章对数据价值内涵构成、评价方法以及广州数字要素市场建设等热点议题进行了深入分析,并提出相关建议。

第六部分为附录,收录了"广州市数字经济促进条例"全文,该条例是全国第一个城市层面的促进数字经济发展方面的立法。

关键词: 数字经济　数字产业　数字转型　数据市场　广州

Abstract

The digital age has come, the development of digital economy will be the inevitable trend of global economic and social change. In order to better analyze and scientifically judge the development trend of digital economy and promote the development of Guangzhou's digital economy, Guangzhou Academy of Social Sciences edits Annual Report on Guangzhou's Digital Economy (2022). It can provide the lastest information and decision reference of the development of digital economy and the construction of digital city for various circles of society.

This Blue Book adopts a general-sub chapter structure. The general report is organized and written by the compilation unit. It is mainly to continuously study the basic situation of digital economy development in Guangzhou in 2021, study and judge the situation of digital economy development in 2022 and the future, and put forward relevant development suggestions.

The sub report is divided into six parts: Digital economy, Digital industry, Digital transformation, Data market and Appendix, which aims to closely follow the forefront of the development of digital economy and reflect the development of digital economy at multiple levels. Among them, the Digital Economy presents the development of the digital economy as a whole, the Digital Industry presents the development of the core industries and the subdivided industries of the digital economy, and the Digital Transformation presents the progress, characteristics and impact of the digital transformation of economy and society from multiple perspectives such as industries and enterprises. The Data Market presents the process of data element value and the construction of digital market. The Appendix contains major events and policy documents closely related to the development of digital economy. The details are as follows.

Part 1 is the General Report: building a digital economy leading city is an important goal of Guangzhou during the 14th Five Year Plan period and in the future. With the title of "Build a digital economy leading city", the general report reviews the main achievements and important progress of Guangzhou digital economy development in 2021, studies and judges the development situation and trend of Guangzhou digital economy in 2022 and in the future, and puts forward countermeasures and suggestions for Guangzhou to build a digital economy leading city.

Part 2 is the Digital Economy, which contains four articles, including "the logic and focus of Guangzhou's digital economy legislation", "the research on the path of building a digital economy leading city in Guangzhou", "the research on the high-quality development of Nansha digital economy" and "the research on the coupling development of Guangzhou Digital Economy and industrial structure" "the research on the digital transformation of Guangzhou garment industry" and "Research on digital RMB serving rural revitalization". The first two articles make a systematic and long-term analysis of Guangzhou's digital economy from the height of urban strategy and macro perspective, and put forward relevant suggestions. The latter three articles discuss and study the development degree and future development focus of digital economy and digital core industry from the perspective of regional development.

Part 3 is the Digital Industry, which includes five articles, including "Research on the high-quality development of Guangzhou Digital Culture Industry", "Research on the development countermeasures of intelligent networked automobile industry cluster in Guangdong-Hong Kong-Macao Greater Bay Area", "Research on the development of Guangzhou Digital Culture Industry", "Research on the temporal and spatial pattern of China's software and information service industry and its impact on the manufacturing industry", "Research on the Countermeasures of building a global financial technology center in Guangzhou". These five articles discuss the development situation of different sub industries in the digital industry, investigate and study the key issues in the development of the industry and put forward suggestions.

Part 4 is Digital Transformation, which includes five articles, including "the mechanism and path of digital transformation enabling the high-quality development of Guangdong's manufacturing industry", "the research on the innovation of Guangzhou home business model under the background of digital economy", "the research on the digital transformation path of Guangzhou characteristic industrial clusters-from the perspective of industrial Internet platform" "Taking the traditional advantageous industries in Guangzhou as an example" and "Discussion on the way to improve the efficiency of digital enabled natural resource allocation". These articles discuss the application depth and breadth of digital technology and new digital business model, as well as the transformation and upgrading path of traditional industries under the background of the digital age.

Part 5 is the Digital Market, which includes two articles, including "Research on data asset value evaluation" "Research on Guangzhou construction data element market". These articles deeply analyze the hot topics such as the connotation composition of data value, evaluation methods and the construction of Guangzhou Digital factor market, and put forward relevant specific suggestions.

Part 6 is the Appendix: it contains the full text of the "Guangzhou Digital Economy Promotion regulations", which is the first city level legislation to promote the development of digital economy in China.

Keywords: Digital Economy; Digital Industry; Digital Transformation; Data Market; Guangzhou

目 录

Ⅰ 总报告

B.1 打造数字经济引领型城市 …………… 广州市社会科学院课题组 / 001
  一　广州数字经济发展现状与成效 …………………………… / 002
  二　广州数字经济发展机遇与挑战 …………………………… / 023
  三　广州数字经济发展预测与趋势 …………………………… / 029
  四　广州数字经济发展对策与建议 …………………………… / 037

Ⅱ 综合发展篇

B.2 广州数字经济立法的逻辑与重点 ………………………… 沈　奎 / 047
B.3 广州建设数字经济引领型城市路径研究
  ………………………… 张振刚　户安涛　叶宝升　罗泰晔 / 065
B.4 南沙数字经济高质量发展研究 ………… 南沙创新工作局课题组 / 076
B.5 广州数字经济与产业结构耦合发展研究 ………………… 程风雨 / 091
B.6 数字人民币服务乡村振兴研究 …………………………… 刘岳平 / 101

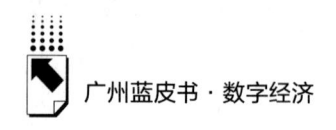

Ⅲ 数字产业篇

B.7 广州数字文化产业高质量发展研究………………………艾希繁 / 114

B.8 粤港澳大湾区智能网联汽车产业集群发展对策研究……蒋　丽 / 129

B.9 广州数字文化产业发展调查研究……………………………石　阁 / 141

B.10 我国软件和信息技术服务业时空演变格局以及对制造业的
影响研究………………………………………………巫细波　吕沛颖 / 159

B.11 广州建设全球金融科技中心对策研究
………………………………邹小华　〔比利时〕本·德拉德 / 179

Ⅳ 数字转型篇

B.12 数字化转型赋能广东制造业高质量发展的机制与路径
………………………………………………………………………吴伟萍 / 196

B.13 数字经济背景下广州家居行业商业模式创新研究
………………王宇同　李昆朋　林　宁　张　淑　张明一 / 206

B.14 广州特色产业集群数字化转型路径研究
——基于工业互联网平台视角
………………………中国工业互联网研究院广东分院课题组 / 221

B.15 广州服装产业数字化转型研究……………………陈　峰　阳作荣 / 237

B.16 数字赋能自然资源配置效率提升的路径探讨……………连　玮 / 250

Ⅴ 数字市场篇

B.17 数据资产价值评价研究
………………………普华永道中国数据资产管理及交易定价课题组 / 259

B.18　广州建设数据要素市场研究 ……… 林瑶鹏　蔡进兵　庄德栋 / 283

Ⅵ　附　录

B.19　广州市数字经济促进条例 …………………………………… / 295

皮书数据库阅读使用指南

CONTENTS

I General Report

B.1 Build a Digital Economy Leading City
Research Group of Guangzhou Academy of Social Sciences / 001

II Comprehensive Development Reports

B.2 The Logic and Focus of Guangzhou's Digital Economy Legislation
Shen Kui / 047

B.3 The Research on the Path of Promoting Guangzhou to Build a Digital Economy Leading City
Zhang Zhengang, Hu Antao, Ye Baosheng and Luo Taiye / 065

B.4 The Research on High Quality Development of Nansha Digital Economy
Research Group of Nansha Innovation Bureau / 076

B.5 The Research on the Coupling Between Guangzhou's Digital Economy and its Development
Cheng Fengyu / 091

CONTENTS

B.6 Research on Digital RMB Service for Rural Revitalization
                             Liu Yueping / 101

III Digital Industry Reports

B.7 Research on Promoting the High-quality Development
   of Digital Culture Industry in Guangzhou   *Ai Xifan* / 114
B.8 Development Status and Promotion Countermeasures
   of Intelligent Networked Automobile Industry Cluster
   in Guangdong-Hong Kong-Macao Greater Bay Area *Jiang Li* / 129
B.9 Research on the Development of Digital Culture Industry
   in Guangzhou   *Shi Ge* / 141
B.10 Research on the Temporal and Spatial Pattern of China's Software
   and Information Service Industry and Its Impact on Manufacturing
   Industry   *Wu Xibo, Lv Peiying* / 159
B.11 The Foundation and Countermeasures of Building a Global Financial
   Technology Center in Guangzhou *Zou Xiaohua, Ben Derudder* / 179

IV Digital Transformation Reports

B.12 Mechanism and Path of Digital Transformation Enabling
   High-quality Development of Manufacturing Industry in Guangdong
                             Wu Weiping / 196
B.13 Research on Home Business Model Innovation in Guangzhou Under
   the Background of Digital Economy
      Wang Yutong, Li Kunpeng, Lin Ning, Zhang Shu and Zhang Mingyi / 206
B.14 Research on the Digital Transformation Path of Guangzhou
   Characteristic Industrial Clusters
   —*From the Perspective of Industrial Internet*

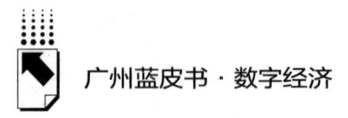

Research Group of Guangdong Branch of China Industrial Internet Research Institute / 221

B.15　Research on Digital Transformation of Guangzhou Garment Industry

Chen Feng, Yang Zuorong / 237

B.16　Discussion on the Way to Improve the Efficiency of Digital Enabled Natural Resource Allocation　*Lian Wei* / 250

V　Digital Market Reports

B.17　Data Asset Value Evaluation Index Analysis

PwC China Data Asset Management and Transaction Pricing Research Group / 259

B.18　Research on the Construction of Guangzhou Data Element Market

Lin Yaopeng, Cai Jinbing and Zhuang Dedong / 283

VI　Appendix

B.19　Regulations of Guangzhou Municipality on the Promotion of Digital Economy　/ 295

总 报 告
General Report

B.1
打造数字经济引领型城市

广州市社会科学院课题组*

摘　要： 2021年是"十四五"开局之年，广州数字经济蓬勃发展，数字与产业融合的广度和深度取得新进展、新突破，在数字产业化、产业数字化多个细分领域走在全国前列，数字广州建设乘势而上，数字治理环境更加优化。面向2022年，广州数字经济有望保持较快增长速度，数字化国际化绿色化交织融合发展，数字化发展两条路径方向更加明晰，数字赋能发展的链路多元协同并进。着眼全球发展趋势、响应国家战略部署、立足自身发展特色，广州需要高度重视推进《广州市数字经济促进条例》实施，

---

* 广州市社会科学院课题组：覃剑，广州市社会科学院区域发展研究所副所长（负责人），广州城市战略研究院常务副院长，研究员，博士，研究方向为城市与区域经济；葛志专，广州市社会科学院广州数字经济研究中心执行副主任，研究方向为区域经济、数字经济；巫细波，广州市社会科学院区域发展研究所研究员，研究方向为区域经济、汽车产业、空间计量与GIS应用；程风雨，广州市社会科学院区域发展研究所副研究员，博士，研究方向为城市与国际经济；蒋丽，广州市社会科学院区域发展研究所研究员，研究方向为产业经济；邹小华，广州市社会科学院区域发展研究所助理研究员，博士，研究方向为全球城市；赵蓓蕾，广州市社会科学院广州城市战略研究院，研究方向为区域经济。

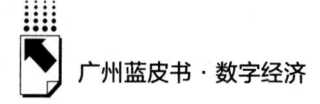

畅通数据要素流通交易链网，抢占元宇宙等数字新兴业态发展的未来赛道，激发数字经济市场主体活力，打造珠江数字经济发展示范带，提高政策供给与市场主体需求适配度，加快重组要素资源，重塑产业结构，增强城市能级，不断做强做优做大数字经济，打造数字经济引领型城市。

关键词： 数字经济　数字技术　数字要素　数字转型　数字治理　广州

2021年是我国实现第一个百年奋斗目标、开启第二个百年奋斗目标的交汇之年，新发展阶段由此正式开启，数字经济发展的主旋律更加激荡高昂。习近平总书记强调要站在统筹中华民族伟大复兴战略全局和世界百年未有之大变局的高度，不断做强做优做大我国数字经济。国家出台《"十四五"数字经济发展规划》，全面推进数字经济发展。着眼全球发展趋势、响应国家战略部署、立足自身发展特色，广州市第十二次党代会明确提出推动城市全面数字化转型，打造数字经济引领型城市。迈进2022年，虽然世界政治经济形势错综复杂，新冠肺炎疫情仍有反复，一些超预期因素时有出现，但我国全面贯彻新发展理念、构建新发展格局、深化推进改革开放、实现高质量发展的战略图景将加快呈现，为广州数字经济发展注入强大的信心与动力。可以预见，在迎接党的二十大胜利召开之际，广州数字经济发展将更加精彩、更有活力，作为推动广州实现老城市新活力的引擎功能将更加强大。

一　广州数字经济发展现状与成效

（一）数字经济对经济增长拉动作用显著

近年来，广州围绕建设数字经济引领型城市和数字与产业融合的全球标杆城市，抢抓机遇大力推进数字经济发展，先后获批建设国家人工智能创新应用先导区、国家大数据综合试验区、综合型国家信息消费示范城市、国家服务型制造示范城市、"全球定制之都"案例城市、金融科技创新监管试点城市、数字人民币试点城市、国家电子商务示范基地、国家数字服务出口基地等。根据赛迪顾问发布的《2021中国数字经济城市发展白皮书》，广州数字经济发展综合实力居全国主要城市第四位，仅次于北京、上海、深圳，且与上述三座城市及杭州共同组成我国数字经济一线城市方阵（见表1）。

表1 2021年数字经济城市发展前10强

排名	城市	所属省(区、市)	线级
1	北京	北京	一线
2	上海	上海	一线
3	深圳	广东	一线
4	广州	广东	一线
5	杭州	浙江	一线
6	成都	四川	新一线
7	南京	江苏	新一线
8	天津	天津	新一线
9	苏州	江苏	新一线
10	重庆	重庆	新一线

资料来源：赛迪顾问，《2021中国数字经济城市发展白皮书》。

为分析数字经济对广州经济增长的拉动作用，根据时间序列数据的可获得性，本报告以季度为基本时间单元收集了2016~2021年广州数字经济产值（包括电子产品制造业产值和软件信息服务业主营业务收入）和GDP时间序列数据（见图1），采用VEC（向量误差修正）模型和脉冲响应方法分析广州数字经济与GDP之间的短期关系和长期均衡关系。VEC模型分析结果表明广州数字经济增长与GDP增长之间存在显著的Granger因果关系：从短期看，数字经济产值增长1%，广州GDP增长0.43%；从长期看，数字经济产值增长1%，广州GDP增长0.56%。脉冲响应分析表明数字经济对GDP的冲击呈现"先快升，后缓降"模式。

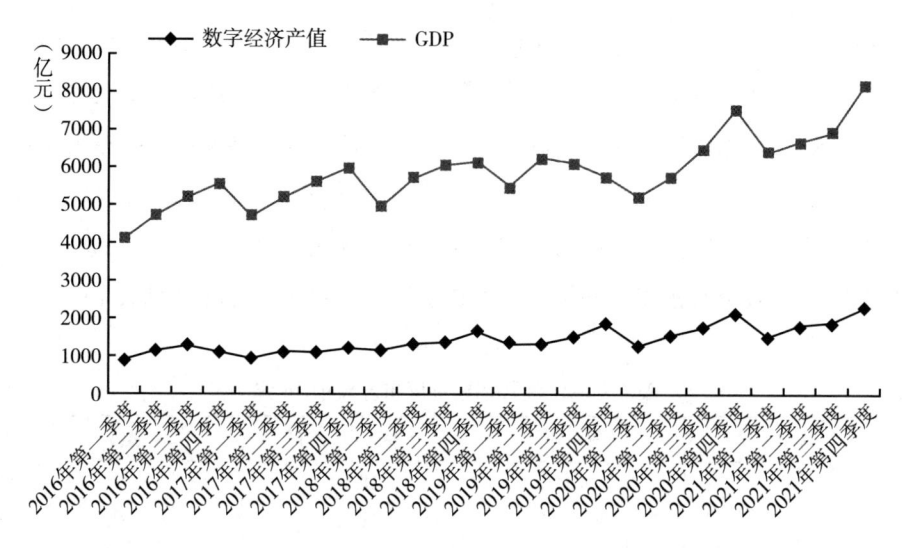

图1　2016~2021年广州数字经济产值与GDP季度变化

1. 广州数字经济与经济增长的因果关系分析

首先采用Stata17的Dickey-Fuller检验和Phillips-Perron检验对lnGDP（对GDP季度数值取对数）、lnDigEco（对数字经济产值季度数值取对数）进行单位根检验（见表2），结果显示lnGDP、lnDigEco均不包含单位根，为平稳序列。

表2　变量单位根检验

变量	Dickey-Fuller 检验		Phillips-Perron 检验	
	Z(t)	P值	Z(t)	P值
lnGDP	-3.961	0.0100	-3.908	0.0118
lnDigEco	-5.007	0.0002	-5.075	0.0002

注：单位根检验采用Stata计算。

为更精确反映lnGDP和lnDigEco之间的长期均衡关系，采用迹检验方法构建协整模型，结果显示GDP与数字经济产值之间存在协整关系。进一步对lnGDP和lnDigEco进行Granger因果关系检验，结果见表3，表明两者之间存在显著的Granger因果关系。

表 3　Granger 因果关系检验

Equation	Excluded	chi2	df	Prob>chi2
lnGDP	lnDigEco	10.231	4	0.037
lnGDP	ALL	10.231	4	0.037
lnDigEco	lnGDP	16.309	4	0.003
lnDigEco	ALL	16.309	4	0.003

直接对 lnGDP 和 lnDigEco 变量进行回归分析，得出 lnGDP 和 lnDigEco 之间长期关系式，即长期内数字经济产值增长 1%，广州 GDP 增长 0.56%。

$$\text{lnGDP} = 4.64 + 0.56\text{lnDigEco} \tag{1}$$

进一步考察 lnGDP、lnDigEco 之间的短期波动关系，通过 EG-ADF 检验方法构建误差修正模型，用以反映一个季度的数字经济主营业务收入对 GDP 的短期冲击反应，得出 lnGDP 和 lnDigEco 之间短期关系式，即短期内数字经济产值增长 1%，广州 GDP 增长 0.43%。

$$\Delta\text{lnGDP} = 0.43\Delta\text{lnDigEco} + 5.49 \tag{2}$$

2. 广州数字经济与经济增长的脉冲响应分析

本报告采用脉冲响应法分析 lnGDP 对 lnDigEco 一个标准误差冲击的反应，即通过对随机误差项施加 1 个标准差的冲击，分析其对内生变量当期和未来一段时期产生的影响。在脉冲响应图中横坐标表示滞后阶数，纵坐标表示变量的变化率，实线表示脉冲响应函数，实线两侧灰色区域为正负 2 倍标准差偏离带，最终结果见图 2。

在脉冲响应图形中，每一行表示同种冲击对不同变量造成的影响，每一列表示不同冲击对同一变量造成的影响。横坐标的刻度单位为 VAR 模型估计的单位时间。图 2 显示的是冲击在 8 个季度内造成的影响。模型所有变量的单位为百分比。图 2 中第一行展示了数字经济（lnDigEco）受到一个单位标准差的冲击对 VAR 系统造成的影响，其结论是：数字经济（lnDigEco）

图2 lnGDP 和 lnDigEco 之间的脉冲响应分析示意

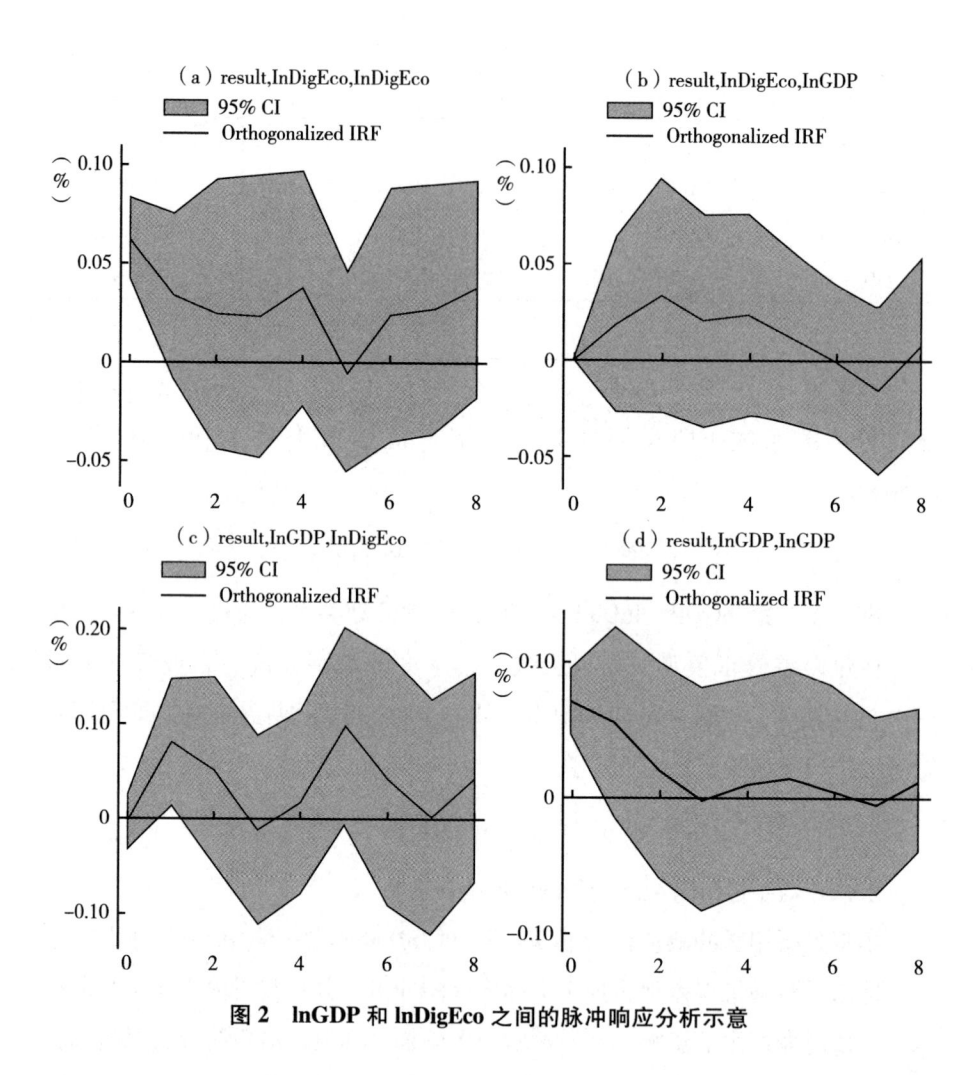

会短时间内吸收冲击，此影响甚至持续到 4 个季度，随后出现明显下降，逐渐恢复至冲击前水平；GDP（lnGDP）受到该冲击的影响会在 2 个季度内较快上升，随后该影响缓慢衰退。第二行展示了 GDP（lnGDP）受到一个单位标准差的冲击对 VAR 系统造成的影响，其结论是：数字经济（lnDigEco）呈现"先升后降"的起伏模式；GDP（lnGDP）受到该冲击的影响则呈现持续下降模式，3 个季度后趋于平稳。

（二）数字经济核心产业发展提速

1. 信息传输、软件和信息技术服务业高质量发展

信息传输、软件和信息技术服务业是数字经济统计分类中数字技术应用业的主要构成部分。2016~2021年，广州信息传输、软件和信息技术服务业主营业务收入总体保持较快的增长趋势，2021年增长率达到13%，低于广州市规模以上服务业主营业务收入18.2%的增长率（见图3）。除了2021年之外，信息传输、软件和信息技术服务业主营业务收入增长率均高于规模以上服务业主营业务收入增长率。2021年，广州信息传输、软件和信息技术服务业实有市场主体17.17万户，主营业务收入达到4222.53亿元，占广州市服务业主营业务收入的比重为25.42%；增加值为1980.45亿元，占GDP比重达到7.0%。广电运通、五舟科技、研恒、七喜等整机或服务器产品首次进入国家信创目录。网易、唯品会、津虹网络（YY语音）、三七文娱、趣丸网络、虎牙直播、多益网络、荔枝网络等8家互联网企业入选"2021

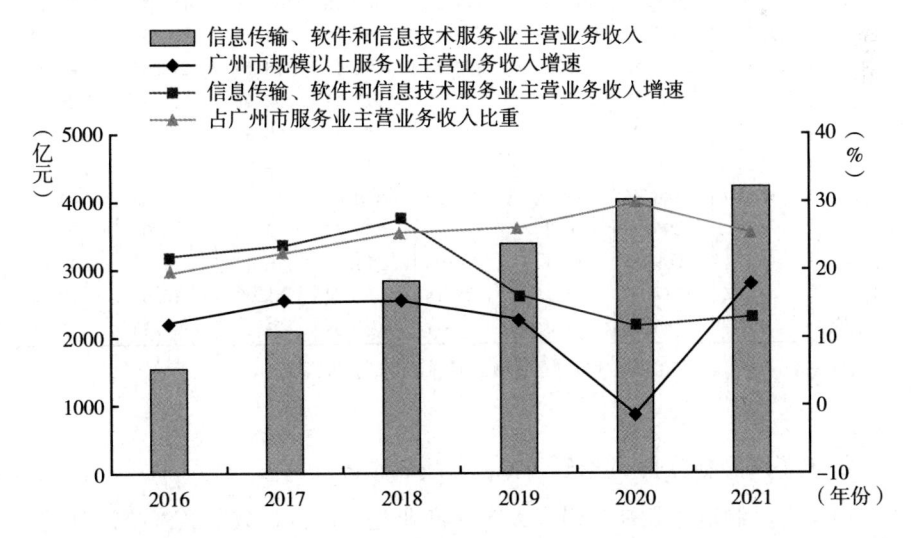

图3 2016~2021年广州信息传输、软件和信息技术服务业主营业务收入及增速和占比

资料来源：广州统计信息网。

中国互联网企业百强榜"。与华为共建全国首批欧拉生态创新中心，鲲鹏+昇腾创新中心适配项目总量全国第二。①

在15个副省级城市当中，2021年广州软件和信息服务业收入规模位居第4，仅次于深圳、杭州和南京；增长速度同样位居第四，仅次于济南、青岛和杭州。软件和信息服务业利润总额则位居第三，仅次于杭州和深圳（见表4）。

表4 2021年1~11月广州与国内其他副省级城市软件
和信息服务业收入及增速、利润总额对比

单位：亿元，%

城市	企业个数	软件和信息服务业收入	增速	其中：软件产品收入	信息技术服务收入	信息安全收入	嵌入式系统软件收入	软件和信息服务业利润总额
合计	22143	44367.01	15.7	11204.56	28383.16	649.47	4129.82	5554.36
深圳	2130	8316.21	14.4	982.85	5665.51	49.03	1618.82	1205.25
杭州	1018	6095.39	19.6	1143.17	4832.07	9.56	110.59	1342.28
南京	4040	5730.07	10.2	1637.68	3778.03	63.69	250.67	620.96
广州	2386	5351.62	19.2	1326.00	3778.31	113.12	134.19	817.12
成都	1796	3949.54	15.6	1117.36	2562.78	104.91	164.49	478.11
济南	1978	3515.00	21.2	1297.13	2093.05	24.47	100.34	173.31
西安	731	2733.85	15.2	784.56	1692.15	18.79	238.35	182.42
青岛	1848	2528.16	21.0	742.38	911.41	52.61	821.76	208.01
武汉	1763	2095.24	13.6	835.93	1146.65	60.82	51.84	221.85
厦门	1582	1226.22	7.6	257.92	716.22	10.81	241.27	94.27
沈阳	1149	1146.46	11.3	592.55	430.03	117.23	6.65	64.72
宁波	652	896.30	10.7	176.40	350.23	3.72	365.95	94.12
大连	573	669.35	15.1	274.08	374.30	16.43	4.53	40.97
长春	367	77.00	15.1	28.13	31.74	1.09	16.03	8.21
哈尔滨	130	36.62	17.4	8.41	20.68	3.2	4.33	2.75

资料来源：工信部《2021年软件和信息技术服务业统计公报》。

2. 电子产品制造业"强链""补链"成效显著

电子产品制造业既是广州三大支柱产业之一，也是数字经济统计分类中数字产品制造业的主要构成部分。2017~2021年，广州电子产品制造业总体保

---

① 资料来源：广州市工业和信息化局。

持稳定的增长态势，其产值规模从 2017 年的 2290.71 亿元增长到 2021 年的 3307.16 亿元（见图 4）。2021 年，电子产品制造业产值增长速度明显加快，增长率达到 13.5%。在产值规模不断上升的同时，电子产品制造业"强链""补链"成效显著。2021 年高端电子信息制造业增长 30.4%，乐金 OLED、超视界项目顺利达产，粤芯半导体项目二期、广州华星第 8.6 代氧化物半导体新型显示器件生产线项目等 8 个重点项目完成年度投资 129.32 亿元。成立广东省超高清视频前端系统创新中心，自主研发首台国产 5G 超高清视频转播车。

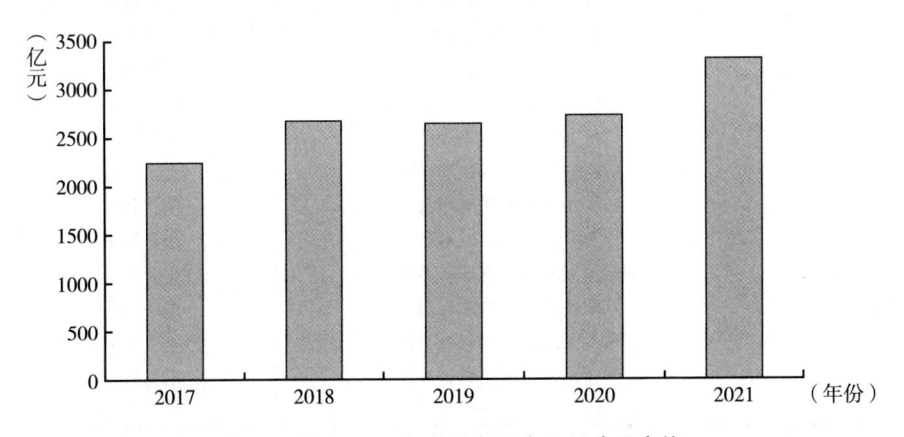

图 4　2017~2021 年广州电子产品制造业产值

资料来源：广州统计信息网。

3. 数字产业激发发展新动能

2021 年广州数字产业继续保持中高速发展态势，人工智能、区块链等产业稳居全国第一梯队，广州人工智能与数字经济试验区增长极功能逐步释放，一批新兴市场主体快速成长，成为广州加快数字转型、培育新增长动力的重要支撑。以 2021 年广州评选的独角兽企业为例，[①] 入榜的 139 家企业近三年营收平均增长 66.7%。16 家独角兽企业名单中，人工智能 6 家、信息技术 4 家、电子商务 3 家、物联网 1 家（见表 5），入选未来独角兽榜单的

[①] 资料来源：广州市科技创新企业协会《2021 年广州独角兽报告》，该报告独角兽榜单包括独角兽企业、未来独角兽企业、种子独角兽企业和高精尖企业 4 类。2017 年以来，该榜单已连续发布五年。

63家企业中27家企业来自信息技术、大数据与云计算、人工智能行业。这些企业预示了广州未来的发展活力。

表5 2021年广州独角兽企业名单

序号	企业名称	所在行业
1	广州小马智行科技有限公司	人工智能
2	云从科技集团股份有限公司	人工智能
3	广州文远知行科技有限公司	人工智能
4	广州致景信息科技有限公司	物联网
5	奥动新能源汽车科技有限公司	新能源与节能环保
6	广州速道信息科技有限公司	信息技术
7	广州市钱大妈农产品有限公司	电子商务
8	广州探迹科技有限公司	人工智能
9	广州极端飞科技股份有限公司	人工智能
10	树根互联股份有限公司	信息技术
11	广州粤芯半导体有限公司	信息技术
12	广州华胜科技信息服务有限公司	企业服务
13	广州探途网络技术有限公司	电子商务
14	广东汇天航空航天科技有限公司	人工智能
15	广州市百果园网络科技有限公司	信息技术
16	广州市巴图鲁信息科技有限公司	电子商务

资料来源：广州市科技创新企业协会。

区块链稳居全国城市第一梯队。广州作为全国首个获批创建区块链发展先行示范区的城市，2021年12月，获批入选国家区块链创新应用综合性试点市（区），[①] 也是广东省内唯一入选的市（区），这是广州再一次获得国家级区块链先行示范的重大成果；同时广州软件应用技术研究院获得特色领域试点（区块链+贸易金融）。2021年广州登记在册且正常运营的区块链企业超过400家，构建了区块链"基础底链+BaaS平台+应用开发+行业应用"的全产业链发展格局，81家企业及个人共91个项目入选国家网信办公布的《境内区块链信息服务备案清单》。[②] 广州互联网法院成为继杭州、北京之后

[①] 中央网信办、中央宣传部、国务院办公厅等17部委联合批复。
[②] 资料来源：广州市区块链产业协会，http://gzbia.cn/news/html/?815.html。

上线区块链系统的全国第三家法院。中国工业与应用数学学会区块链专委会、中国通信工业协会区块链专委会等机构联合发布的《2021年中国城市区块链综合指数报告》显示，广州区块链综合指数列第4位，仅次于北京、上海、深圳。在赛迪区块链研究院发布的《2021中国区块链百强企业名录》中，广州企业占15家（北京24家、上海12家、深圳7家）（见表6）。

表6 广州入选区块链百强企业名单

企业名称	排名	企业名称	排名
广州民航信息技术有限公司	38	广州越富嘉驰网络科技有限公司	77
广州智投链码科技有限公司	43	研学天下区块链技术(广州)有限公司	79
广州运通链达金服科技有限公司	59	广州市一链区块链科技有限公司	86
广州科创空间信息科技有限公司	67	广州斯拜若科技有限公司	89
招商华软信息有限公司	66	方欣科技有限公司	92
广州广电运通金融电子股份有限公司	69	广州智链未来科技有限公司	93
贝富(广州)新技术有限公司	73	中育数据(广州)科技有限公司	99
广州点点办公科技有限公司	75	—	—

资料来源：赛迪区块链研究院发布的《2021中国区块链百强企业名录》。

数字产业优势领域进入加速成长期。一是人工智能产业快速发展。2021年广州获工业和信息化部批准入选第二批国家人工智能创新应用先导区。人工智能入库企业超过750家[①]，入库企业年营收千万元级以上的占比达68%。广州市重磅发布了《人工智能产业链高质量发展三年行动计划（2021~2023年）》，目标是至2023年建设10个人工智能产业园，开展100个人工智能典型场景应用示范，培育1000家左右的人工智能企业。预计到2022年广州人工智能产业规模将超过1200亿元。二是集成电路产业链初步形成。2021年，广州芯片设计、晶圆制造、芯片封装和集成电路测试四个主要环节及支撑配套产业构成的产业链初步形成，黄埔区、广

---

① 入库企业名录由广州市工业和信息化局委托广州市人工智能产业发展促进会负责完成，2020年底，广州市大数据、人工智能入库企业名单入库企业达到567家，2021年入库企业新增209家。

州开发区作为广州集成电路的核心区已经集聚上下游企业120多家，占广州相关企业总数的90%以上。广州粤芯半导体技术有限公司建成广东省唯一量产的12英寸芯片生产线。到2024年，广州半导体与集成电路产业年主营业务将有望突破500亿元。

电子商务蓬勃发展助力国际消费中心城市建设。新冠肺炎疫情加速改变了人们的消费方式，电子商务蓬勃发展势头不减。广州电子商务近两年来持续高速增长，有力促进了国际国内商品市场双循环，助力广州国际消费中心城市建设。2021年，广州实物商品线上销售额达到2209.07亿元，占全市社会消费品零售总额比重从2019年的13.9%提高到2021年的21.8%。直播带货销售模式快速崛起，[①] 琶洲人工智能与数字经济试验区获批国家电子商务示范基地。跨境电商继续保持全国领先地位，2021年，广州新增跨境电商企业132家，跨境电商企业累计达19.3万家，广州市企业建设各类海外仓38个；广州海关监管跨境电商商品超过10万种，跨境电商进出口货值连续6年位居全国前列；广州白云机场成为中国首个千亿级跨境电商机场口岸。在国家商务部开展的"2021年跨境电子商务综合试验区评估"结果中，中国（广州）跨境电子商务综合试验区位列第一档，成为全国跨境电商综合试验区十家之一。

4. 试验区增长极功能加速形成

自2020年2月获广东省批准建设以来，广州人工智能与数字经济试验区作为广州实现老城市新活力和"四个出新出彩"的重要支撑区，其增长极、创新极功能加快释放，已从前期的硬件基础设施建设步入企业汇聚经营阶段。2021年《广州人工智能与数字经济试验区产业导则》发布，进一步明确了三片区的主导产业类型。以核心区琶洲片区为例，2021年，琶洲试验区集聚企业数量已超3.2万家，实现主营业务收入3668.52亿元，分别同比增长13.5%和23%，引入28家链主企业，琶洲实验室引入脑机智能研究中心、智联网技术中心、人工智能模型与算法研究中心等19个科研团队，

---

① 资料来源：广州市商务局。

琶洲试验区及周边共汇集中央部属科研院所9家，省属科研院所6家，国家级重点实验室、工程技术开发中心、企业技术中心9家，省级重点实验室、工程技术开发中心、企业技术中心35家。琶洲试验区被认定为国家电子商务示范基地，人工智能、大数据、产业互联网等产业细分领域蓬勃发展，更多算法算力算量优质企业正加速集聚（见表7）。

表7 广州人工智能与数字经济试验区各片区主导产业

片区名称	主导产业
琶洲核心片区（含广州大学城）	产业互联网、大数据、人工智能、新一代信息技术等数字技术产业
广州国际金融城片区	数字金融、数字贸易、数字创意以及各种消费新业态和新模式
鱼珠片区	打造以区块链为特色的中国软件名城示范区，发挥黄埔港优势，推动航运、贸易与数字经济融合发展

资料来源：广州市工业和信息化局《广州人工智能与数字经济试验区产业导则》，2021年6月。

（三）数字基础设施底座功能增强

数字基础设施是支撑数据要素流通、数字技术创新、数字产业发展的基础保障。2021年，广州纳入统计的新型基础设施项目176个，完成投资166.79亿元，占固定资产投资总量的2.0%。

1. 5G建设总体水平稳居第一方阵

2021年是中国5G商用的第二年，我国已建成全球最大的5G网络，5G基站总量占全球60%以上。广州5G建设走在全国前列，数字化转型的"底座"支撑更加稳固。2021年广州新建5G基站14559座（含室外站、室内分布系统和共享站点），累计建成5G基站约6.3万座，实现中心城区和重要区域的5G网络覆盖，在5G基站建设数量上广东省第一、全国领先，占全国4.4%。广州市5G基站覆盖密度达到7.53个/平方公里，居全国第二位；在5G应用方面，5G用户突破1000万户，电信业务总量同比增长26.4%（见表8）。中国广电5G核心网华南中心节点加快建设。跨入全国首批"千兆城市"之列，光纤接入（FTTH/O）用户648.3万户，其中，10G-PON端口占比29.3%。电信业务收入增长8.7%，达到397.30亿元。广州围绕5G基站建设、场景应用、产业培育等领域持续推进5G布局，在全市主要的人口集聚区、中心城区、工厂、园区、港口、电力网络等重点区域和行业均已不同程度地部署5G网络。在越秀、黄埔、番禺等区建成700MHz-5G基站近60座。5G网络正加速成为广州数字经济发展的重要动力。

表8 2021年底全国主要城市5G基站建设及覆盖情况

城市	5G基站累计数（万座）	占全国比重(%)	覆盖密度（个/平方公里）	5G用户量（万户）
广州	6.28	4.4	7.5	超1000
北京	约6	4.2	3.7	超900
上海	约5.4	3.8	7.6	1028
深圳	约5.1	3.6	25.5	超900

说明：根据工信部统计，2021年全国5G基站累计142.5万个。
资料来源：工业和信息化部；广州市工业和信息化局；北京市经济和信息化局；上海市经济和信息化委员会；深圳市工业和信息化局。

2. 工业互联网实现"由点到链"示范应用

广州工业互联网实现由单点式的平台建设到多行业链条式、集群化应用的突破。截至2022年2月，广州国家顶级节点接入二级节点33个，涵盖25个重点行业，集聚二级企业多达4346家，标识注册量突破90亿，累计标识解析量超70亿次。全球25台之一、华南唯一的IPv6根服务器系统落户广州。广州超过120家工业互联网平台商和解决方案服务商入选广东省工业互联网产业生态供给资源池，数量居全省第一。上云企业超10万家，企业数量居全国第一梯队，规模以上企业上云上平台率达到44%。共70多个企业项目入选工业和信息化部工业互联网领域的创新发展工程、试点示范等。

工业互联网赋能制造业数字化转型能力进一步增强。广州市打造了1家国家级跨行业、跨领域的工业互联网平台，建成以树根互联等为代表的国家级双跨平台和以百布网等为代表的行业互联网平台体系，树根互联股份有限公司等3家公司申报的面向工业互联网平台赋能产业集群数字化转型和工业互联网标识解析二级节点和创新应用试点示范成功入选2021年工业和信息化部工业互联网试点示范项目（见表9）。

表9　广州入选2021年工信部工业互联网试点示范项目的名单

企业名称	项目类别	项目名称
广州兴森快捷电路科技有限公司	工业互联网标识解析二级节点和创新应用试点示范	面向PCB制造行业的工业互联网标识解析二级节点建设及应用
广州智造家网络科技有限公司	工业互联网标识解析二级节点和创新应用试点示范	工业互联网标识解析二级节点（智能装备行业）应用服务平台
树根互联股份有限公司	工业互联网平台+园区/产业集群解决方案试点示范	基于根云平台的广州市定制家居产业集群数字化转型试点示范

资料来源：工业和信息化部。

建成数个全国领先的工业互联网平台，加速推动传统产业集群化数字转型。围绕箱包皮具、纺织服装、美妆日化、珠宝首饰、食品饮料等5个优势特色产业集群，形成特色专业型的工业互联网平台（见表10）。昊志机电产业园区入选中国信通院全国"5G+工业互联网"先导区案例。[①]

表10　广州5大特色产业集群工业互联网平台建设情况

特色产业	代表性平台	牵头企业
箱包皮具	搭建一个工业互联网平台，建立云盖特ERP系统、升产亿MES系统和搜料亿SCM系统，在箱包皮具物料方面，累计采集物料超过18万种，免费入驻采购商500多家，收录供应商2500多家，上传厂家569家。可降低中小企业软件成本80%	广州盖特软件公司
纺织服装	纺织服装行业产业集群工业互联网平台，打造了"2+1+1"体系（云设计创意中心、云版房生产中心、云工厂与面辅料供应链），将各生产流程的供应商进行一站式整合，大幅提升供应链效率，并通过百布、全布网络平台撮合全国上游织布厂和下游批发商对接，仅"全布"工业互联网平台就接入了全国超过54万台纺织机，服务工厂超过6000家	广州致景信息科技有限公司

---

① 中国信通院：《中国"5G+工业互联网"发展报告2021》。

续表

特色产业	代表性平台	牵头企业
美妆日化	美妆日化产业集群数字化平台,包括生产端"数字化智造平台""供应链协同平台"和"直播管理平台",已接入原料供应商27家、制造企业46家、直播商家48家。通过数字化改造,生产周期缩短2%、良品率提升13个百分点和新销售模式营业收入增长20%	中浩控制技术有限公司
珠宝首饰	珠宝行业工业互联网平台,珠宝集群数字化转型整体解决方案,搭建了"一平台五应用",对应整体产业线下实际转型各方需求,面向产业链上的设计企业、生产企业、设备企业、质检企业以及直播企业,分别提供设计共享、生产透明化、设备共享、质检溯源、在线选品等应用	广东省珠宝玉石交易中心有限责任公司、树根互联
食品饮料	食品饮料行业产业集群工业互联网平台,利用工业互联网、大数据、人工智能、区块链及标识解析等技术,6个领域25个功能模块,运用一图、一码、一个App、一个链,从生产链条、运营链条两个维度打造行业数字化转型的应用产品,覆盖数字化转型中涉及的设备管理、生产过程管理、质量管理、供应链管理、能源管理、高可靠质量溯源等全部业务场景	航天云网数据研究院(广东)有限公司

资料来源:广州市工业和信息化局、各平台牵头企业、中国工业互联网研究院广东分院。

3. 建成全国算力"一张网"高地

算力是数字经济的关键生产力,我国数据中心主要集中在北京、上海、广州、深圳及其周边地区。近年来广州持续布局数据中心、超级计算中心、智能计算中心,是广东全省算力的核心支撑、全国算力"一张网"的城市高地。作为我国三大通信枢纽、互联网交换中心和互联网国际出入口之一、全国5G发展领先城市,广州算力处于国内领先水平。2021年广州数据中心标准机架20.1万个,规模数量居全省第一。根据2021年11月全球超级计算机500强榜单,位于广州的天河二号超级计算中心算力排在第七位,在国内仅次于江苏无锡的神威·太湖之光超级计算机。2021年天河二号超级计算中心直接服务用户数量已超过4000家,用户群体数量超过30万,应用范围覆盖科学研究、战略工程技术、产业转型升级和智慧城市等各个领域。国家超算广州中心南沙分中心成为全国首个通过"点对点"的跨境专线,联通内地和港澳地区的高性能计算和数据处理服务平台。人工智能计算能力反映了地区最前沿的计算能力，2021年广州人工智能公共算力中心正加快建设。广州汇云数据中心入选工业和信息化部公布的2021年国家新型数据中心典型案例名单。根据中国社会科学院和阿里云2021年联合发布的《云计算的社会经济价值和区域发展评估》，广州云计算发展水平仅次于深圳、杭州和北京，且与这三个城市共同构成我国云计算一线城市，数据中心机架数量排在北京、上海、深圳之后，位居全国主要城市第4。

（四）产业数字化转型持续提速

广州与北京、上海、深圳等超大城市，作为全国第一梯队，持续引领城市经济数字化转型。根据中国信息通信研究院发布的《中国数字经济发展白皮书2021》，在我国数字经济内部结构当中，数字产业化部分约占20%，产业数字化部分约占80%。可见，在当前阶段，产业数字化发展对数字经济发展的支撑推动作用至关重要。广州产业基础雄厚、产业门类齐全，产业数字化转型市场空间大。近年来，在各方的共同推动下，广州产业数字化转型持续呈现加速发展态势，数字化转型水平居全国主要城市前列。根据腾讯研究院发布的《数字化转型指数报告2021》，2020年和2021年第一季度广州数字化转型指数均位列全国主要城市第四，仅次于北京、上海和深圳，分项指数均居前列（见表11）。具体来看，2021年广州第一、第二、第三产业数字化转型均有各自亮点。

表11　2020年和2021年第一季度我国数字化转型排名前10城市

排名	2020年数字化转型指数前10城市	2021年第1季度数字化转型指数前10城市	分项指数				
			电商指数	零售指数	广电指数	制造指数	文创指数
1	北京	北京	上海	上海	广州	深圳	北京
2	深圳	上海	深圳	深圳	中山	北京	上海
3	上海	深圳	北京	北京	南京	重庆	广州
4	广州	广州	广州	广州	北京	上海	武汉

续表

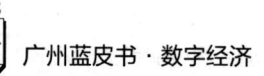

排名	2020年数字化转型指数前10城市	2021年第1季度数字化转型指数前10城市	分项指数				
			电商指数	零售指数	广电指数	制造指数	文创指数
5	成都	重庆	杭州	南京	深圳	东莞	天津
6	杭州	成都	南京	杭州	福州	武汉	深圳
7	武汉	杭州	长春	成都	兰州	南京	江门
8	南京	天津	沈阳	重庆	杭州	广州	贵阳
9	重庆	南京	乌鲁木齐	长沙	合肥	银川	杭州
10	苏州	武汉	贵阳	福州	西安	昆明	苏州

资料来源：腾讯研究院联合腾讯云《数字化转型指数报告2021》。

1. 数字制造示范引领取得新突破

在制造业领域，制造业企业数字化转型试点示范作用得到明显增强，根据工业和信息化部等部委评选的2021年度全国110家智能制造示范工厂，广州有博创智能装备股份有限公司、广州汽车集团股份有限公司、广州白云电器设备股份有限公司3家公司的工厂入选（见表12）。广州白云山中一药业有限公司成功入选工业和信息化部发布的2021年全国新一代信息技术与制造业融合发展试点示范企业名单。在工业和信息化部发布的第三批服务型制造示范名单中，广州共有4家示范企业、3家示范平台、1个示范项目。[①] 五羊—本田"智能工厂协同升级"等7家企业项目入选2022年广东省制造业数字化转型标杆示范项目，规上企业上云上平台率超过40%。截至2022年3月，全球共评选出103家灯塔工厂，其中来自中国的工厂为37家，广东省共有4家，广州则有宝洁、美的2家工厂入选（见表13）。

---

① 示范企业为广日电梯、欧派、达意隆、索菲亚，示范平台为广电计量、威凯、尚品宅配，示范项目为裕申电子。

表12　入选2021年度智能制造示范工厂揭榜单位的广州企业

企业名称	揭榜任务名称	典型场景名称
博创智能装备股份有限公司	注塑成型装备智能制造示范工厂	1.离散型工艺数字化设计；2.车间智能排产；3.生产线柔性配置；4.智能在线检测；5.在线运行监测与故障诊断；6.安全风险实时监测与识别；7.能效优化；8.供应链可视化；9.网络协同制造
广州汽车集团股份有限公司	新能源汽车智能制造示范工厂	1.产线柔性配置；2.产品质量优化；3.精益生产管理；4.车间智能排产；5.预测性维护与运行优化；6.先进过程控制；7.离散型工艺数字化设计；8.质量精准追溯；9.物流实时监测与优化；10.大批量定制
广州白云电器设备股份有限公司	配电设备智能制造示范工厂	1.产线柔性配置；2.精准作业派工；3.在线运行监测与故障诊断；4.离散型工艺数字化设计；5.质量精准追溯；6.供应链可视化；7.智能仓储；8.能耗数据监测；9.产品远程运维

资料来源：工业和信息化部。

制造业数字化转型目标任务更加清晰，2021年广州还专门制定出台了推进制造业数字化转型的政策措施，明确提出以"链长制"、特色产业集群数字化、数字技术推广与应用、定制之都建设、工业互联网等数字基础设施赋能等作为重点，分类精准推进制造业数字化转型，到2025年推动6000家规模以上工业企业实现数字化转型。

表13　广东入选全球灯塔工厂名单

工厂名称	行业	城市	批次	时间
宝洁	消费品	广州	第八批	2022年3月
美的（顺德）	家用电器	佛山	第六批	2021年3月
美的（广州）	家用电器	广州	第五批	2020年9月
富士康	电子设备	深圳	第二批	2019年1月

资料来源：世界经济论坛、麦肯锡咨询公司。

2.服务业数字化走深走实

在服务业领域，商贸业数字化转型提速，"云上"广交会成功举办，数字会展发展水平迈上新台阶；数字零售、数字餐饮快速增长，批发零售和住宿餐饮业数字化发展成效显著。专业市场与直播电商等新兴业态与数字技术加快融合，传统交易场景数字化不断丰富。以北京路为代表的数字商圈加快建设。琶洲人工智能与数字经济试验区成功创建，成为国家电子商务示范基地。金融科技快速发展，广州获批开展国家级金融科技创新监管试点和数字人民币使用试点。根据浙江大学互联网金融研究院（浙大AIF）和北京前沿金融监管科技研究院（北京FIRST）共同发布的《2021全球金融科技中心城市报告》，广州在遴选出的50名全球金融科技中心城市中总体排名第13，比2020年提升1位。文旅产业数字化发展也亮点纷呈，动漫游戏、数字音乐、数字视频、数字内容等发展水平位居全国前列，拥有一批数字化龙头企业。公共文化数字化加快推进，通过数字文化云旅游、云赏剧、云看展、云阅读等云上文旅新形式，广州文旅资源得到更好展示和更广泛共享。

3. 数字助力农业现代化呈现新亮点

农业数字化进一步渗透。广州"三农"数据智库服务平台、粤港澳大湾区"菜篮子"平台、"广州农博士"服务平台等农业数字化服务平台不断完善，广州市农村电子商务行业协会成立，广东丝苗米产业全链条数字化基地、"穗农云"（都市农业智慧地图）等新的数字化项目启动建设，农业产业园区数字化程度进一步提升，农业设备、农业生产、农业营销全链条数字化更加完善。

（五）城市数字化治理能力加快提升

1. 制定全国首部城市数字经济地方法规

为推动数字经济发展和提升城市数字化转型能力，2021年广州正式启动促进数字经济发展的地方性法规立法工作。在历时1年多的时间，广州市人大牵头组织全市相关部门组成起草组，广泛联结国内数字经济研究学者以及数字经济企业家组成专家组，深入数字经济实践一线开展了50余场的调研会和座谈会，围绕数字技术创新、数字基础设施、数字产业化、产业数字化、数据资源、数字治理、城市数字化转型等领域进行研判分析和意见征询，在此基础上经过反复论证完善，制定了《广州市数字经济促进条例》并将于2022年6月1日正式施行。作为国内城市第一部数字经济地方法规，《广州市数字经济促进条例》更加强调对数字经济发展的鼓励、引导、支持和促进，呈现出鲜明的广州特征：一是前沿性，把握新一轮科技革命和产业变革的趋势，借鉴先进地区的经验做法，强调对数字前沿技术、未来数字基础设施、数字经济新业态、数字经济新模式发展的支持与促进，建立健全适应数字经济创新发展的包容性监管制度。二是系统性，把握数字经济内涵的构成，以数字基础设施、产业数字化、数字产业化、数据要素价值化、数字化治理为核心系统搭建促进广州数字经济发展的主要框架，与此同时，亦非常强调对数字经济发展环境的优化。三是务实性，把握经济社会各个领域发展趋势需求，对数字化发展提出全面、具体、清晰的方向指引，基本涵盖了城市数字化转型的各个方面、各种场景。强调对新发展理念的贯彻、对顶层设计的落实以及相关规划的对接，使立法内容更契合战略要求和实践发展。四是有为性，把握中国特色社会主义市场经济体系中政府与市场的关系规律，强调政府各部门、市区两级政府在促进数字经济发展中应承担的责任，督促政府主动作为并对政府相关工作成效进行考核评价。五是开放性，强调在全球和区域视野下促进广州数字经济发展，加强广州与国际和粤港澳大湾区数字经济产业协同合作发展，促进数字经济标准、规则的衔接。六是地方特色性，突出促进能够体现广州优势、可能形成广州经验的领域发展，如专业批发市场数字化转型、餐饮业数字化转型、商贸业数字化转型等。

2. 数字政府建设继续保持全国领先

广州数字政府建设走在全国前列。广州"穗智管"城市运行管理中枢成功建设并运营，"一网通办""一网统管"支撑能力不断优化，截至2021年底共上线了24个应用主题，汇聚了38亿多条数据，实现城市运行态势"一屏统观"。

"穗好办"各渠道累计实名注册用户量达1143万，已上线个人及企业服务事项约2300项，总访问量近7000万人次。市级依申请事项实现100%可网办、"最多跑一次"，全国首创上线"信任广州"数字化平台；布设

4000台一体化政务服务终端，政策兑现累计涉及金额超119亿元；与广东省内20个、省外15个城市实现通办。网上中介服务超市入驻机构数量居广东省第一，"穗好办"App智能问答服务助手入选"2021年度中国政务服务人工智能应用典型案例"；12345热线入选国家标准化典型案例，服务量超2500万，市民对话务服务满意率超97%。公共数据的"数字孤岛"被进一步打破，信息共享、便民服务的水平大幅提升。

根据清华大学数据治理研究中心发布的《中国数字政府发展研究报告（2021）》，在全国城市级数字治理排名中[1]，广州在省会城市中继续位列第2，在副省级城市中继续位列第3。

3. 公共服务数字化治理走在前列

数字孪生城市建设走在前列。广州以城市信息模型（CIM）为基础推动数字孪生城市建设。[2] 作为全国首批试点城市之一，广州目前已完成为期3年、投资超2亿元的CIM基础平台建设工作，建成全国首个CIM基础平台，并且发布了CIM平台三维数字化竣工验收模型交付和管理标准，填补了行业空白，在全国各试点城市中走在前列。

数字赋能城市疫情精准防控。截至2021年底，广州"穗康码"注册用户超过5500万，并在全国首创赋"黄码"制度，有效支撑新冠肺炎疫情防控数字技术和数字应用广泛拓展，数字化支付结算渗透生产生活的千行百业。

公共事业数字化广泛渗透。2021年，广州医疗服务数字化水平进一步提高，全面推动了医疗健康信息互联互通，各级医院的医生在为居民看病和健康检查时，可实时调阅其健康档案。15家互联网医院和4家第三方医疗平台开展"在线诊疗"服务。暨南大学附属第一医院等率先实现了医院物

---

[1] 清华大学数据治理研究中心：《中国数字政府发展研究报告（2021）》，2021年12月。该指数结果由组织机构、制度体系、治理能力、治理效果4个维度的评估结果加权计算得出。

[2] 2018年11月，北京城市副中心、雄安新区、南京市、厦门市、广州市承接住建部"运用建筑信息模型（BIM）系统进行工程建设项目审查审批和城市信息模型（CIM）平台建设"试点工作，广州成为首批5个试点城市和地区之一。

流机器人配送，番禺中心医院和广州医科大学附属第五医院实现智慧药房等。教育数字化应用广度再提升，推进全国智慧教育示范区建设，建设智慧阅读、AI与智慧教学、教育大数据平台、智慧培训等7大工程建设项目。广州智慧教育公共服务平台部署资源超过120TB，建设了100所智慧校园实验校、260所智慧阅读实验校、147所人工智能课程改革实验校。全市超过10万名学生参与智慧课堂实验，配备智能助教和智能学伴，实现资源精准推送和个性化辅导。

智能交通示范应用取得新进展。2021年，广州获批入选智慧城市基础设施与智能网联汽车协同发展第一批试点城市，[①] 累计开放智能网联汽车测试道路202条，单向里程394.60公里，双向里程789.20公里，广州大学城智能交通应用场景成为全国示范。

二 广州数字经济发展机遇与挑战

（一）主要机遇

1. 全球数字经济浪潮奔涌向前

当前，全球数字创新技术加速演进和应用，数据资源放量涌现并成为驱动实体经济发展的重要生产要素，各国和地区数字战略深入推进实施并取得显著成效，数字经济对人类经济社会的影响达到了空前的广度和深度，全球数字化发展已经成为不可阻挡的大趋势。根据中国信息通信研究院对全球47个主要国家数字经济增加值的测算，全球数字经济规模持续扩张，即使在2020年受新冠肺炎疫情影响全球经济负增长的背景下数字经济依然保持稳步增长，数字经济增加值占全球GDP的比重也不断提高，IDC甚至预测2023年全球数字经济增加值占GDP的比重将超过60%（见图5）。根据胡润

[①] 2021年5月，国家住建部和工信部印发《关于确定智慧城市基础设施与智能网联汽车协同发展第一批试点城市的通知》，广州与上海、北京、武汉、长沙、无锡等6个城市被确定为第一批试点城市。

研究院发布的《2021全球独角兽榜》，全球共有独角兽企业1058家，其中分布数量最多的前10个行业基本属于数字经济核心产业（见图6）。事实上，从供给侧来看，可以对支撑全球数字经济增长的数据资源、算力算法、关键技术、制度环境供给持乐观态度。从需求侧来看，消费互联网普及引发的生活领域的消费数字化市场需求和产业互联网发展引发的产业领域的生产数字化市场需求潜力巨大。基于此，可以预测，2022年全球数字经济仍将保持相对快速的增长态势，数字经济将是增强全球经济韧性的重要支撑。

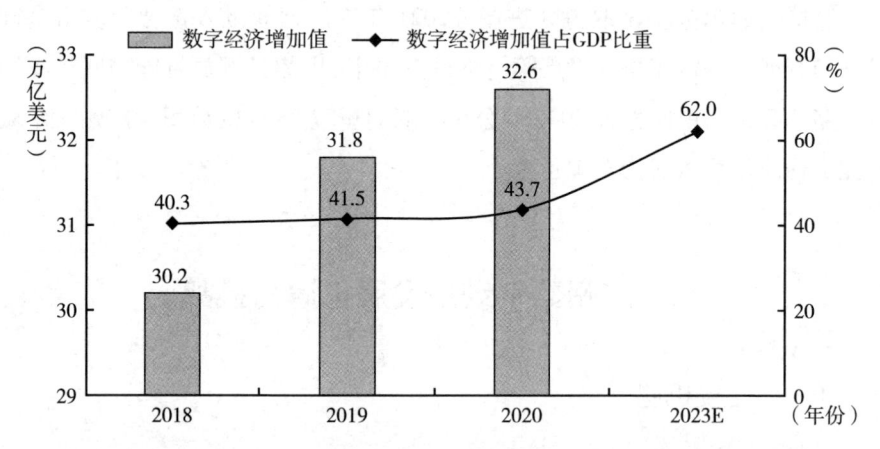

图5　2018~2023年全球主要国家数字经济增加值及其占GDP比重

资料来源：中国信息通信研究院、IDC。

2. 我国数字经济进入"十四五"发展规划时期

2021年既是我国经济社会发展第十四个五年规划的开启之年，也是我国数字经济五年发展规划的元年。2021年10月，习近平总书记在十九届中央政治局第三十四次集体学习会上对做强做优做大我国数字经济做出重要部署。2022年1月，国务院正式印发《"十四五"数字经济发展规划》，明确提出以数字基础设施、数据要素市场、产业数字化、数字产业化、公共服务数字化、数字经济治理、数字经济安全、数字经济国际合作为重点，鼓励支持地方开展数字经济示范试点。在此背景下，浙江、江苏、山东、湖北、陕西、贵州等绝大部分省份纷纷响应号召制定面向"十四五"时期的数字经

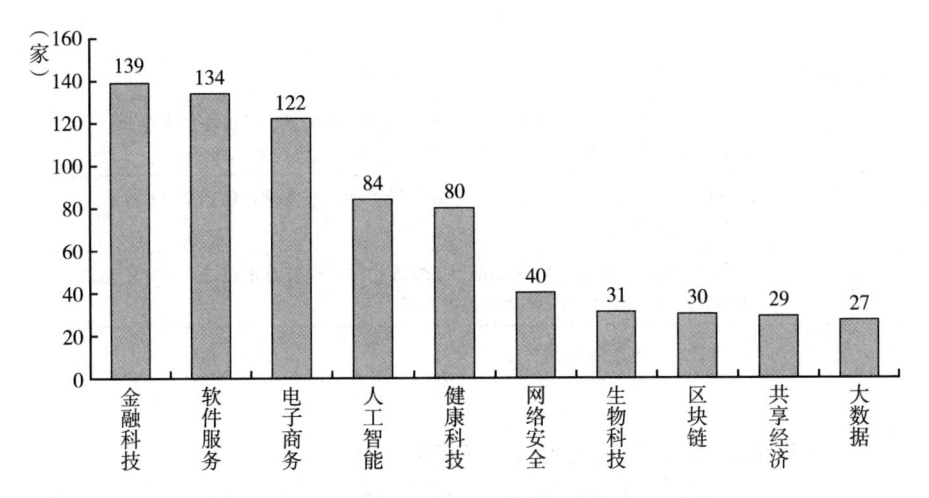

图6 2021年全球独角兽企业数量最多的前10个行业

行业	数量（家）
金融科技	139
软件服务	134
电子商务	122
人工智能	84
健康科技	80
网络安全	40
生物科技	31
区块链	30
共享经济	29
大数据	27

资料来源：胡润研究院。

济发展相关规划和法规政策。在城市层面，上海制定了城市数字化转型"十四五"规划，明确提出要建设数字化标杆城市和国际数字之都，设置了经济数字化转型、生活数字化转型、治理数字化转型、基础设施数字化转型等四大领域的具体目标；北京制定了建设全球数字经济标杆城市的实施方案；杭州制定了数字经济"十四五"发展规划（见表14）。浙江省、广东省、河南省等省份还出台了促进数字经济发展条例，通过地方立法为数字经济发展保驾护航。可以看出，推进数字经济发展已经成为国家及地方"十四五"时期的一项重大战略任务并得到规划部署。2022年，各地将会围绕规划提出的重点任务加快推进落实，在全国范围内将形成数字经济发展上下协同、你追我赶、争奇斗艳的新格局。

表14 国家及部分城市"十四五"数字经济发展目标

国家或城市	发展目标
国家	到2025年数字经济核心产业增加值占GDP比重达到10%。到2035年数字经济发展水平位居世界前列
北京	建设全球数字经济标杆城市，到2025年数字经济增加值占GDP的比重约为50%

续表

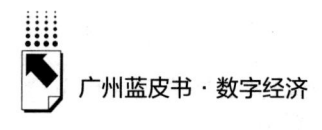

国家或城市	发展目标
上海	建设数字化标杆城市、国际数字之都,到 2025 年数字经济核心产业增加值占 GDP 比重持续提升,规模以上制造业企业数字化转型比例达到 80%
杭州	建设全球数字变革高地,到 2025 年数字经济核心产业增加值达 7000 亿元,占 GDP 比重达到 30%
重庆	建设全球数字经济创新发展高地,到 2025 年数字经济总量超过 10000 亿元,数字经济核心产业增加值占 GDP 比重超过 10%

资料来源:国家及各城市发布规划和意见。

3. 数据资源流通交易进入实质性探索新阶段

数字经济时代最显著的特征之一就是将数据作为生产要素驱动经济增长。近年来,全球数据增长高速涌现、规模持续扩张,但总体效率还很低。为此,2021 年,我国围绕数据资源化、价值化以及数据市场建设推出一系列举措。一是制定大数据产业"十四五"发展规划,对数据要素市场、数据产业链、数据产业生态、数据安全保障进行了较为系统的规划部署。二是制定建设全国一体化大数据中心协同创新体系算力枢纽的实施方案,并于 2022 年 2 月同意粤港澳大湾区、成渝地区、长三角地区和京津冀地区启动建设全国一体化算力网络国家枢纽节点。三是新设立北京国际大数据交易所、上海数据交易所、深圳数据交易有限公司、西部数据交易中心等机构,其中部分数据交易所已经在产品设计开发上取得新突破并开展数据交易业务。根据南都大数据研究院的统计,截至 2022 年 3 月 17 日,全国已成立 36 家数据交易机构。四是《数据安全法》《个人信息保护法》相继出台,为数据安全使用提供了法律保障。通过这些举措,我国数据流通与交易的基础条件不断成熟。可以预见,2022 年,我国数据要素市场建设将有更大进展,一方面以数据交易所作为核心载体,围绕"数据交易前—数据交易中—数据交易后"将形成更加完备的数据交易服务体系;另一方面区块链技术等新技术的应用将不断催生新的数据交易产品,数据交易市场参与者数量和业务规模将以更快速度增长,数据供应链将与实体经济产业链加速打通融合。

（二）面临的挑战

1. 世界政治经济依然面临不确定性

2022年，世界经济贸易发展环境依然复杂。各国奉行不同的疫情防控政策和病毒不断变种使全球疫情发展趋势依然不明朗，疫情对经济社会的影响将更加凸显。俄乌战争、经济制裁、大国霸权将进一步使全球供应链复苏雪上加霜，全球通胀风险、能源风险、金融风险也将进一步增大。在此背景下，主要国际组织和机构普遍对2022年全球经济增长形势持有谨慎或观望态度，一些机构甚至还下调了之前做出的预测（见表15）。整体上，受到全球经济增长放缓的影响，2022年全球数据跨境流通、全球数字贸易、全球数字治理、全球数字空间安全、全球数字技术交流可能有所放缓。

表15 主要国际组织和机构对2022年全球经济增长预测

单位：%

机构名称	世界银行	国际货币基金组织	亚太经合组织	联合国	惠誉评级	施罗德	高盛
预测值	4.1	4.4	4.2	4.0	3.5	4.0	4.5

资料来源：各组织和机构。

2. 数字经济竞争更加广泛激烈

数字经济已经成为改变全球竞争格局的关键力量，各国和地区对数字经济资源的争夺范围更加广泛、程度更加激烈。从全球来看，相对于我国提出的公平、正义、安全、共商、共建、共享推进全球数字经济合作共赢发展和多边协同治理的倡议，美国、欧盟提出的数字经济发展和治理模式均具有一定的排他性，由新加坡、智利、新西兰3国发起的《数字经济伙伴关系协定》其影响力和包容性尚需观察。在世界市场上，美国视我国为战略对手，频频将我国通信运营、云计算、超级计算、集成电路、半导体、人工智能等领域的头部企业和研发机构纳入安全风险清单和未经核实名单，进行技术和贸易制裁打压。从国内来看，无论是沿海发达地区，还是广大中西部地区，都在积极制定数字经济发展战略规划，从各个领域发力推进数字经济发展。根据新华三集团和中国信息通信研究院共同发布的《中国城市数字经济指数蓝皮书（2021）》，我国数字经济一线城市发展保持领先，但是数字经济新一线城市快速涌现，大量的二线城市逐渐走向新一线城市，三线、四线城市持续增多，在全国范围内形成"一浪紧似一浪"的态势。显然，对任何一个城市而言，发展数字经济既迎来大趋势带来的新机遇，同时也面临地区之间、城市之间资源要素的激烈竞争。

3.芯片短缺制约风险依然存在

无论是数字经济核心产业发展，还是产业数字化转型发展，都需要使用大量芯片。2021年以来，受新冠肺炎疫情、供应链断裂、贸易摩擦、需求增长等一系列因素的影响，全球出现较为明显的芯片短缺现象，对数字化发展造成了一定的不利影响。为应对芯片短缺，全球主要芯片头部企业如英特尔、英伟达、阿斯麦、台积电、英飞凌、格芯等都纷纷制定投资和扩产计划。然而，芯片生产线的建成投产不仅涉及水电等场地因素，还涉及光刻机、焊线机、晶圆、基板等设备及原材料等因素。因此，全球芯片供给增长还需假以时日。事实上，根据德勤发布的《2022科技、传媒和电信行业预测》，从长期看，全球芯片供给将会增长并满足市场需求，但是2022年全球仍将面临芯片短缺困扰。英特尔公司、AMD半导体公司亦预测2022年全球芯片将持续面临短缺，到2023年供需平衡情况将有所好转。全球芯片龙头企业主要集中在美国、中国台湾、韩国、日本、德国等国家和地区，在芯片整体供给短缺的背景下，这些国家和地区进一步强化芯片生产和供给本土化进程，优先满足本国（地区）数字经济发展需要。在此背景下，更多依靠进口关键技术和芯片的发展中国家和地区在数字经济竞争当中将面临更大挑战。

4.数字经济监管复杂程度加大

随着数字经济持续快速发展，数字技术渗透程度和创新程度持续加深，对其适度监管和精准监管的难度也不断加大。一是全球范围内，各国围绕数字贸易、数字安全、数字技术、数字产权等领域出台了许多法规和政策，但相互之间缺乏足够的协同合作与沟通交流，数字经济跨国监管标准存在较大差异，全球数字经济协同监管任重而道远。二是数字经济新业态、新应用、新场景不断涌现，如元宇宙的出现、数字货币的应用、新型实体企业的发展等，对既有的监管体系形成冲击和挑战，及时制定既有利于鼓励数字经济创新发展又能保证各方合法利益的监管规则需要不懈探索。三是在新一轮数据要素市场建设过程中，数据流通、交易、配置规模更大、频次更高、参与者更多，区块链等新技术的引入使交易产品更加丰富多元，围绕数据交易链中各个环节产生的安全风险隐患和矛盾纠纷也必然会增多，没有成熟的监管模式必然不利于数据资源化、资产化、价值化和配置效率的提升。四是虽然数字政府、数字治理加快推进并已经取得显著成效，但是不同层级、不同部门之间数据开放共享仍缺乏有效的制度设计和评价监管，不利于数字治理能力的提升。

三 广州数字经济发展预测与趋势

（一）数字化产业有望保持较快增长速度

根据国家统计局发布的《数字经济及其核心产业统计分类（2021）》，数字经济由数字产品制造业、数字产品服务业、数字技术应用业、数字要素驱动业、数字化效率提升业等5个大类构成。基于时间序列数据的可得性，本报告对广州电子产品制造业与信息传输、软件和信息技术服务业在2022年的增长前景进行预测。采用R语言基于STL（Seasonal and Trend decomposition using Loess）时间序列分析方法对2006~2021年广州电子产品制造业月度产值数据进行分析并预测其2022年产值（见图7）。在过去16年间广州电子产品制造业产值呈现一定的波动性，但总体呈现上升发展的趋势（见图8）。可以预见，随着"十四五"时期全国数字经济迎来新一轮繁荣发展，广州电子产品制造业将继续保持较快增长态势。

表16显示了2022年1~12月广州电子产品制造业产值在80%置信区间

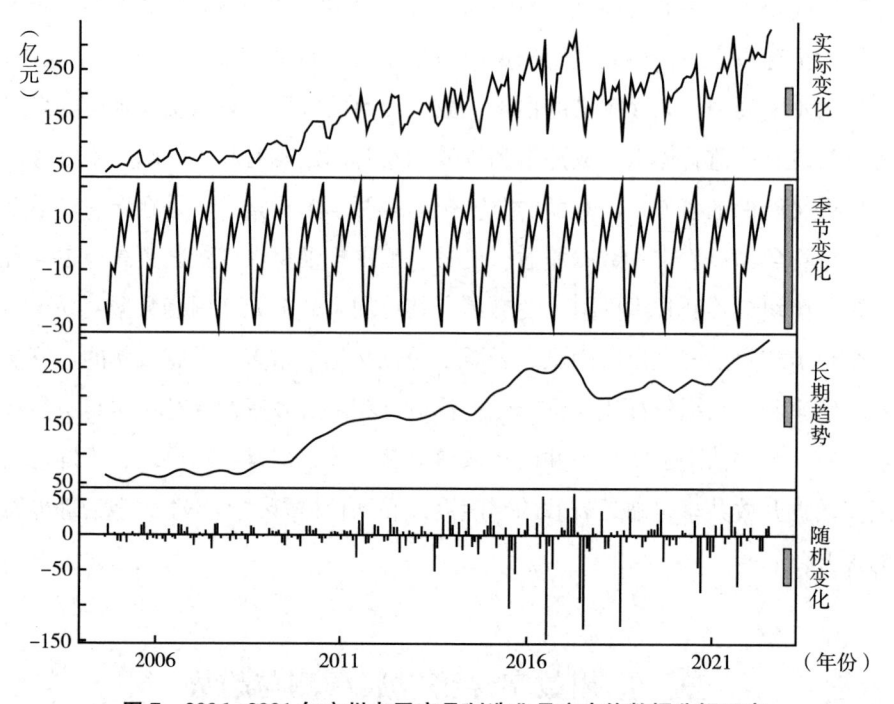

图7　2006~2021年广州电子产品制造业月度产值数据分解示意

资料来源：广州统计信息网。

和95%置信区间的预测数据。对各月份的预测数据进行累加，得到2022年广州电子产品制造业总产值有80%的可能落在区间［2502.79，5060.34］亿元，有95%的可能落在区间［1825.85，5737.32］亿元。结合广州数字经济发展态势，预计2022年广州电子产品制造业产值继续保持两位数增长，增长速度为10%左右，规模总量有望突破3600亿元。

采用STL时间序列分析方法对2016~2021年的广州信息传输、软件和信息技术服务业月度主营业务收入数据进行分析并预测其2022年产值（见图9）。总体上，2016年以来广州信息传输、软件和信息技术服务业主营业务收入呈现一定的季节性波动，整体呈现平稳上升发展趋势，持续保持两位数增长（见图10）。可以预见，随着"十四五"时期全国数字经济的新一轮繁荣发展，广州信息传输、软件和信息技术服务业将大概率继续保持两位数增长。

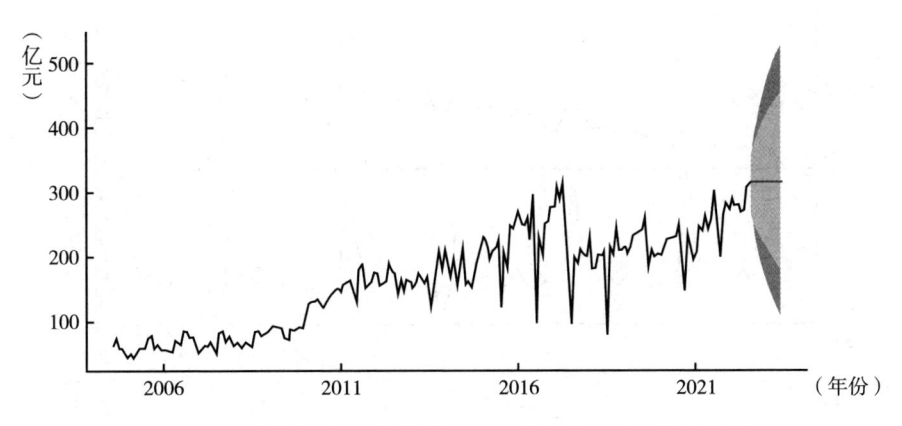

图8 基于STL方法预测2022年广州电子产品制造业产值

资料来源：广州统计信息网。

表16 2022年1~12月广州电子产品制造业产值预测

单位：亿元

月份	均值预测点	80%置信区间		95%置信区间	
		下限	上限	下限	上限
1	315.13	271.41	358.85	248.27	382.00
2	315.13	253.30	376.96	220.57	409.69
3	315.13	239.40	390.86	199.32	430.94
4	315.13	227.69	402.57	181.40	448.86
5	315.13	217.37	412.89	165.62	464.65
6	315.13	208.04	422.22	151.35	478.92
7	315.13	199.46	430.80	138.22	492.04
8	315.13	191.47	438.79	126.01	504.25
9	315.13	183.97	446.29	114.54	515.73
10	315.13	176.87	453.39	103.69	526.58
11	315.13	170.13	460.14	93.36	536.90
12	315.13	163.68	466.58	83.50	546.76

资料来源：课题组通过模型预测。

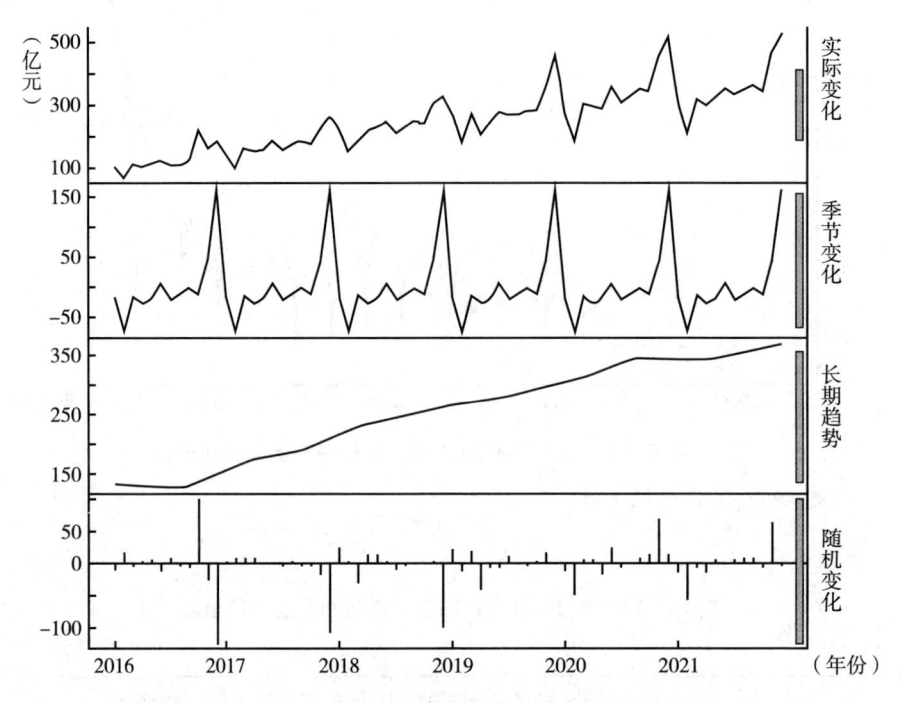

图 9　2016~2021 年广州信息传输、软件和信息技术服务业月度主营业务收入数据分解示意

资料来源：广州统计信息网。

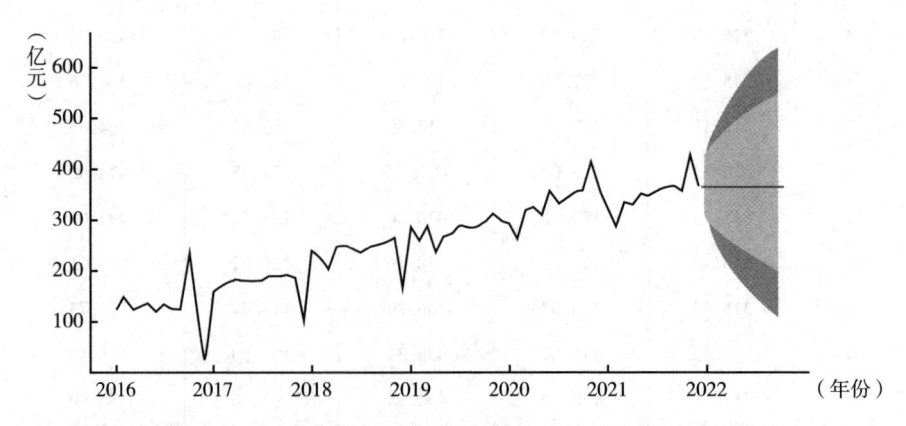

图 10　基于 STL 方法预测 2022 年广州信息传输、软件和信息技术服务业主营业务收入

资料来源：广州统计信息网。

表17显示了2022年1~12月广州信息传输、软件和信息技术服务业主营业务收入在80%置信区间和95%置信区间的预测数据，对各月份的预测数据进行累加，得到2022年广州信息传输、软件和信息技术服务业主营业务收入有80%的可能落在区间[2684.35，6077.78]亿元，有95%的可能落在区间[1786.17，6977.98]亿元，结合广州信息传输、软件和信息技术服务业发展态势进行定性分析能更合理地预测产值数据，预计2022年广州信息传输、软件和信息技术服务业继续保持两位数增长，增长速度不低于12%，主营业务收入规模有望首次突破5000亿元大关。

表17 2022年1~12月广州信息传输、软件和信息技术服务业主营业务收入预测

单位：亿元

月份	均值预测点	80%置信区间 下限	80%置信区间 上限	95%置信区间 下限	95%置信区间 上限
1	365.09	307.08	423.10	276.37	453.81
2	365.09	283.05	447.13	239.62	490.56
3	365.09	264.61	465.56	211.43	518.75
4	365.09	249.07	481.11	187.65	542.53
5	365.09	235.38	494.80	166.71	563.47
6	365.09	223.00	507.18	147.78	582.40
7	365.09	211.61	518.57	130.36	599.81
8	365.09	201.01	529.17	114.16	616.02
9	365.09	191.06	539.12	98.94	631.24
10	365.09	181.65	548.53	84.54	645.64
11	365.09	172.69	557.49	70.85	659.33
12	365.09	164.14	566.04	57.76	672.42

资料来源：课题组通过模型预测。

（二）数字化国际化绿色化交织融合发展

数字化发展是广州把握新一轮科技革命和产业变革新机遇的战略选择，事关城市未来竞争力。绿色化发展既是广州践行国家"双碳"战略的现实

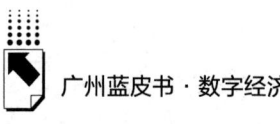

需要，也是广州增强可持续发展能力、构建美丽宜居花城的战略路径。国际化发展则是广州继续发挥改革开放排头兵优势、全面服务构建新发展格局的战略任务。未来，广州城市数字化国际化绿色化发展将交织融合、一体推进，呈现出以下特征：一是数字经济将成为广州城市国际化的重要内容，依托国家数字服务出口基地、跨境电子商务综合试验区、国家文化出口基地等载体建设，跨境电子商务、数字服务贸易、数字文化贸易等数字贸易新业态的发展将加速广州国际商贸中心和国际消费中心的全球化。依托南沙（粤港澳）数据服务试验区、中新广州知识城国际数字枢纽建设，广州与港澳、共建"一带一路"地区数据要素资源跨境流通试验将率先取得突破性进展。二是数字赋能将成为广州城市绿色化的重要支撑，随着新一代信息技术、人工智能、大数据等数字技术应用，以及产业互联网和消费互联网的渗透融合能力和连接服务能力的增强，广州生产绿色化和生活绿色化进程将会加快。三是城市国际化、绿色化发展将为数字化注入新的动力。城市国际化将加快对外开放平台建设，推进商品、服务、要素、投资、市场、规则更高水平开放交流和合作共赢，必然会从更广阔空间促进广州数字经济发展。绿色化发展意味着要建设更多的绿色工厂、绿色企业、绿色园区，提供更多的绿色产品、绿色服务，打造更多的绿色产业链供应链价值链，倡导更友好的绿色生活方式，这些将为广州数字经济发展提供丰富的应用场景和庞大的市场需求。

（三）数字化发展两种路径方向逐渐明晰

通过供给侧结构性改革和需求侧管理，推动数据要素循环流转，促进生产、分配、流通、消费各个环节全面数字化发展，是数字经济与实体经济融合发展的内在逻辑主线。围绕这一逻辑主线，广州数字化发展的两种路径方向将逐渐明晰：一种是以供给侧数字化作为起点，传导带动需求侧数字化发展，即从生产端数字化到消费端数字化；另一种是以需求侧数字化作为起点，传导带动供给侧数字化发展，即从消费端数字化到生产端数字化。对于第一种路径方向，典型的案例是广州纺织服装行业的数字化，代表性企业如广州致景信息科技有限公司。该公司作为行业数字化综合服务平台型企业，面向纺织服装行业的生产者和生产环节，通过"百布""全布"等平台利用大数据等数字技术为各类生产者提供高效快捷且价格低廉的原材料促进供需对接，通过"飞梭智纺"平台为生产企业的织布机和生产线运行提供监测及订单分配等服务，在提高生产端数字化程度以及行业整体生产效率的同时，也使生产者能够更好满足需求端个性化、定制化需求，并由此引导带动消费端的数字化。对于第二种路径方向，典型的案例是广州家居行业的数字化，代表性企业如广东三维家信息科技有限公司。该公司作为家居行业互联网平台企业，首先面向消费者提供可视化的3D家居云设计系统，利用人工智能、云计算、大数据等技术为消费者量身设计家居，然后通过3D家居云制造系统将消费端的需求传递到生产端，实现营销、设计、生产、安装全过程、全流程数字化。

（四）数字赋能发展的链路多元协同并进

经过持续推动和积累，广州数字经济发展基础更加扎实，发展水平整体处于国内主要城市前列。未来，围绕打造数产融合的全球标杆城市，广州数字经济将广范围、多领域、深层次、立体化全面赋能实体经济发展，形成更优越的数字经济产业新型生态体系。一是数字技术赋能型数字经济生态群落，依托粤港澳大湾区国家技术创新中心、国家新型显示技术创新中心、人工智能与数字经济广东省实验室（广州）、相关大院大所等重大数字科技创新平台，相关原始性数字创新技术将通过"产学研用"等形式更多从实验室走向市场，培育出新的数字经济前沿产业，同时通过融合渗透推动传统产业数字化转型。二是数字平台赋能型数字经济生态群落，依托工业互联网双跨平台、垂直行业工业互联网平台、第三方平台型企业的连接带动作用，传统行业的大、中、小企业将可以更好实现资源和信息共享，促进产业链整体数字化转型。三是数字设施赋能型数字经济生态群落，依托超算中心、智算中心、数据中心、测试中心、互联网交换中心等数字基础设施，将形成更加丰富的数字应用场景，带动算力算法产业、人工智能产业、大数据产业、工业互联网等产业发展,为实体经济数字化转型提供更好服务。四是数据市场赋能型数字经济生态群落,依托广州数据交易有限公司等数据交易和数据服务公司或平台,数据要素市场建设步伐将加快,数据资源开发利用效率将得到进一步提升,并推动数据交易、数据安全、数据服务产业发展壮大。五是数字空间赋能型数字经济生态群落,利用虚拟现实技术(VR)、增强现实技术(AR)、混合现实技术(MR),元宇宙等数字空间相关的新兴数字经济业态将会在探索中发展。依托数字空间和虚拟空间的无边界性和广连接性,发挥粤港澳大湾区核心引擎功能,立足广州的跨区域虚拟产业集群将得到进一步发展。

(五)数字经济发展的营商环境更加优化

2018年以来,广州聚焦推动现代化国际化营商环境出新出彩的目标,持续推进营商环境改革与优化提升。2021年1月,广州按照国家营商环境创新试点城市的建设要求,正式发布建设国家营商环境创新试点城市的实施方案,意味着其营商环境改革进入5.0时代。在营商环境5.0版改革当中,广州专门针对数据要素市场建设、数字经济监管提出了明确的改革目标任务要求。在数据要素市场培育方面,明确相关部门单位职责,大力推动数据要素合作试验区建设、数据跨境流动试点、数据海关试点、数据立法、数据经纪人执业、公共数据资源开放利用试点、数据安全管理等。在数字经济监管方面,明确提出有利于促进数字经济发展和数据要素流通的监管规则体系。另外,在发展数字经济领域,广州也已经明确建设数字经济引领型城市的目标,并制定了一系列促进数字经济发展的纲领性文件以及针对数字经济具体行业的专门性政策规划。智能网联和新能源汽车、软件和信创、超高清视频和新型显示、半导体与集成电路、人工智能、信息安全、卫星互联网、光通信与太赫兹、区块链与量子信息等数字核心产业作为重点建设产业链被纳入广州"链长制"工作体系当中。2022年,《广州市数字经济促进条例》正式出台实施,以法律形式为数字经济发展保驾护航。综合各方面因素来看,2022年广州数字经济发展的营商环境将更加优越、更可预期。得益于此,可以预见，无论是在新增市场登记主体当中还是在创新型企业或者独角兽企业当中，数字经济企业必将占据主导地位。

四 广州数字经济发展对策与建议

（一）提升数字基础设施服务效率，夯实数字经济底座功能

1. 加快提升数据中心利用和服务效率

统筹构建协同发展的算力运营体系，促进数据中心的建设方和网络的提供方之间协同发展，促进数据中心内部和数据中心间的互联网络一体化发展，促进企业内部的数据中心建设部门和网络的管理部门协同，形成上下左右"一盘棋"，逐渐实现从"数网协同"向"算网协同"更高等级的算力生态升级。坚持需求引领，推动数据中心向云计算中心转变，改变重数据存储轻数据计算、重设备租赁轻增值服务的格局，大力挖掘和提升各类算力设施的投入使用效率。坚持技术更新和绿色升级相结合，按照国家标准要求，推动能源消耗高、计算效率低的算力设施改造升级，加快实现计算型云数据中心PUE低于1.3的目标。推动企业规模小、资源分散、效率低的自用型数据中心转型升级，提高利用效率和集约化规模化发展程度。加快淘汰老旧以及小规模、低效率算力设施，为新建智能计算中心、边缘计算中心等高性能算力设施腾出资源和空间。激活超级计算和云计算等广州的优势算力，继续支持国家超级计算广州中心软硬件扩容升级和技术更新，拓展国家超级计算广州中心应用需求，重点服务广州智慧城市建设、人工智能与数字经济发展，开发和开放更多的应用软件平台和算力资源。采用先进技术一体化推进云计算基础设施、云计算平台和云计算软件建设，提升数据分析处理和计算能力，增强广州云计算辐射影响力和算力输出能力。

2. 协同共建新型算力中心和算力网络

联合广州周边拥有良好的自然资源以及电力、安全、网络等基础设施的城市，以市场需求为导向，依托有实力的头部数据中心运营商，降低数据设

施使用费用，提高使用低碳、零碳能源比例。创新共享模式共建数据中心，以广州为主导，以都市圈、城市群庞大需求为导向，适度规划和建设符合市场实时性需求的新型数据中心，优化广州都市圈算力基础设施布局，统筹好城市内部和周边区域的数据中心布局，建设内外一体化的算力网络。提早谋划对接"东数西算"战略，随着数字技术向经济社会各领域全面持续渗透，未来广州对算力需求会越来越迫切，而大规模发展数据中心的难度和局限性大，应充分对接国家"东数西算"工程，将实时性算力需求与韶关国家级算力枢纽对接，将非实时性算力需求与全国大数据一体化网络融入对接，鼓励有实力的大数据企业参与算力网络建设，持续优化算力资源布局，解决可能出现的算力资源不足问题。

3. 建设物联网示范应用场景

物联网是数字技术应用和基础设施布局的更高层次，万物互联是数字城市的高级形态。国家、广东省都明确要加快物联网建设，建设新型智慧城市。近年来广州数字基础设施的建设正加快向全域拓展，前期的5G、IPv6等基础设施的建设，云计算、大数据、工业互联网的广泛渗透，为物联网的建设奠定了良好基础。未来，进一步加快推动物联网建设。一是围绕应用场景建设需要，优先在政务、交通、能源、制造、教育、医疗、社区、家居等领域，增建物联网基础设施，搭建数字服务平台，布局形成物联网生态系统。二是构建协同各方的合作机制，可以按照场景搭建集聚传感器厂商、通信模块厂商、电信运营商、中间件运营商、系统集成商、服务提供商的组织平台，引入社会资本、金融资本、政府投资等金融支持，以广阔的潜在市场需求，吸引各方共同建设若干示范应用场景。

4. 提高5G网络覆盖密度并适时推进6G布局

加大力度布局新一代信息基础设施，以广阔的市场需求带动5G、6G的广泛应用和可持续研发创新，进一步扩大5G网络覆盖面，在企业生产、城市治理、居民生活中挖掘新型应用场景，提高5G小基站建设覆盖率。以广州人工智能与数字经济试验区、广州科学城、南沙科学城、白云湖等重点区域为带动，优先推动城市基础设施5G化改造，扩大5G设施设备应用，创新应用场景，加快建设万物互联城市。加强6G领域研发创新，以引智育才为关键，鼓励高端新一代信息技术人才来广州创新创业，快速构建6G产业人才队伍，促进信息技术上下游企业及配套企业协同发展。支持5G、6G终端、核心器件、材料、设备应用、运营等领域的中小企业协同发展，加强与大企业、强企业合作，尽快形成布局6G赛道的先发优势。

（二）聚焦前沿布局战略关键领域，抢占数字经济发展高地

1. 畅通数据要素流通交易链网

在《个人信息法》《数据安全法》《网络安全法》《广州数字经济促进条例》的框架下，加快制定《广州市数据条例》，对公共数据资源共享、数据市场建设、数据改革创新、数据安全保护、数据开放合作、数据权益保障等方面进一步细化明确，为提高数据生产要素配置效率提供规则依据。支持广州数据交易有限公司围绕数据开放、共享、交易等流程，加快开展数据资产评估和定价、数据确权等数字流通关键环节的研究设计和试验试点，率先形成广州经验。以广州数据交易有限公司为基础，加快筹建广州数据交易所，建设数据交易平台、数据交易系统、数据交易场所以及其他数据交易设施，制定数据交易规则指引，培育以数据交易所为核心的数据要素流通交易生态体系。面向未来，站在全国统一数据交易市场建设的高度，推动广州与北京、上海、深圳等其他城市数据交易机构、数据交易系统和数据交易基础设施等的开放合作与互联互通，共同畅通国际国内数据要素流转循环。

2. 提早抢占元宇宙发展的未来赛道

元宇宙是依托区块链技术、交互技术、电子游戏技术、人工智能技术、智能网络技术、物联网技术等新技术的应用形成的虚实相生相融的网络世界。根据德勤中国发布的《元宇宙系列白皮书——未来已来：全球XR产业洞察》，元宇宙将形成以提升现实世界生产效率为核心的产业元宇宙和以丰富人类精神世界为核心的消费元宇宙。在经历概念起源和萌芽阶段之后，元宇宙发展目前正处于起步阶段（见表18）。

表18 元宇宙发展五个阶段

发展阶段	大致时间	主要特征
概念起源	1992年	美国科幻小说家尼奥·斯蒂文森在其出版的《雪崩》中描绘平行于现实世界的网络世界,被认为是元宇宙的概念原型
萌芽阶段	2016~2020年	在部分行业出现一些技术单点的线上化、数字化与虚拟化应用尝试,在产业元宇宙领域,主要体现为依托虚拟技术、数字技术搭建形成的仿真场景在各行各业的试点应用,如医生在虚拟场景见习培训等。在消费元宇宙领域,主要体现为以2D为呈现形式的虚拟体验
起步阶段	2021~2030年	形成分散化、单行业、多中心的元宇宙小生态体系,在产业元宇宙领域,相关技术在垂直行业内实现全产业链、全行业虚拟化应用。在消费元宇宙,虚拟体验感更加真实强烈,虚拟社会体系逐渐形成
发展阶段	2031年至未来某年	实现跨平台、跨行业的生态互通及融合,形成聚合式、围绕产业和个人双中心的两大元宇宙生态体系。在产业元宇宙领域,行业间数据和标准逐渐打通共享融合;在消费元宇宙领域,形成完整的虚拟生活场景及内容,不同平台虚拟资产及信息实现流通及共享
终局阶段	未来	产业元宇宙和个人元宇宙持续融合,形成元宇宙终极形态

资料来源:德勤中国《元宇宙系列白皮书——未来已来:全球XR产业洞察》,2021年12月。

2021年以来,为抢占发展先机,国内一些城市如深圳、成都、海口、武汉、合肥等纷纷将发展元宇宙写入其2022年的政府工作报告,厦门、上海虹口区、北京通州区、无锡市滨湖区等地则已经公布元宇宙发展措施意见或者规划计划。为增强数字经济前沿产业发展能力,广州可提早前瞻谋划发展元宇宙产业。一是从国际视野、国家高度出发,结合广州特色,尽快研究制定广州元宇宙发展促进措施或者规划方案,明确发展元宇宙的思路目标和重点任务。二是加快组建广州元宇宙发展协会、联盟组织和公共服务平台,凝聚各方形成推动元宇宙发展的氛围与合力。三是尽快推出一批元宇宙示范应用项目和元宇宙示范基地、园区,发挥广州科研创新优势,通过产学研结合等方式组建元宇宙技术与应用创新中心,带动元宇宙发展。四是提早做好发展元宇宙所需要的技术储备、人才储备、知识储备和监管储备,加强宣传教育引导社会正确认识元宇宙概念及其发展趋势。

3. 积极申报创建国家数字贸易示范区

国家"十四五"服务贸易发展规划明确提出要在全国布局建设数字贸易示范区。商务部则明确将国家数字服务出口基地作为我国打造数字贸易示范区的重点。浙江、北京等地已经开展相关行动，如浙江已经发布《数字贸易先行示范区建设方案》，北京发布了《促进数字经济创新发展行动纲要（2020~2022年）》，其都明确提出要建立数字贸易示范区。广州天河中央商务区是国家数字服务出口基地12个园区之一，已经有良好基础，因此要抓住国家推动部署数字贸易示范区的机遇，尽快提出申报方案。未来可以在天河中央商务区的基础上，以广州人工智能与数字经济试验区为引领，联合广州科学城、南沙自贸片区、中新广州知识城、广州临空经济区等重点开放型功能区，发挥广州作为国家信息枢纽城市和国家级跨境电商综合试验区优势，积极对接RCEP、CPTPP、DEPA等国际协议，搭建数字贸易平台、释放数字价值、推进数字合作，高水平打造国家级数字贸易示范区。

4. 打造珠江数字经济发展示范带

打造数字经济引领型城市，广州需要强化重大功能区的引领作用，促进数字技术创新成果加快转化、广泛应用、全面渗透。为此，近期内应以广州人工智能与数字经济试验区为核心，串联起广州科学城、南沙科学城等珠江沿线重要片区和组团，高水平打造珠江数字经济发展示范带。特别是广州人工智能与数字经济试验区正处于基础设施基本建成并快速成长、增长阶段，应进一步优化建设管理机制，壮大数字经济产业实体，加快释放试验区的辐射带动功能。在沿江两岸大力发展人工智能、新一代信息技术等数字核心产业，促进当前发达的软件信息业更多面向制造业的关键环节、中间环节，带动实体产业高质量数字化转型、自主创新。以市场需求促技术发展，在沿江两岸城市更新、基础设施和楼宇建设、生活服务、社区治理中广泛运用数字创新成果，加快推动数字孪生、人工智能、无人驾驶等数字化技术应用，着力构建沿江全流域数字治理新模式和全流域智能体验新模式，率先打造适应数字时代发展的数字化样板区，充分展现充满科技感、现代感的智慧珠江，持续不断开发应用新场景，建设数产融合的国际样板。

（三）全面推动数实深度融合发展，释放数字经济市场活力

1. 高质量推动服务业数字化转型

广州正努力建设现代服务业强市，推动服务业数字化转型是重要路径之一，当前广州服务业千行百业都不同程度地推动数字化升级、改造、转型，但也要注重提升数字化转型的质量，持续发挥广州国际商贸中心、建设国际消费城市的优势，扩大行业数字化转型的覆盖面，拓展应用新场景，构建面向数字时代的高品质的现代服务业体系。一是以数字化促进生活性服务业高品质发展。数字生活已经广泛开展，要进一步以数字化方式提升生活服务品质，鼓励加快发展"线上服务+本地电商"产供销一体的新商业模式。以数字化方式提高"购在广州""游在广州""食在广州"品牌影响力。加强服务端与产品制造端的数字化一体化对接，推动工厂、车间数字化升级，提高生活产品的产销精准性、服务及时性，鼓励更多的街边小店、小微店对接电商平台提供服务。更加注重加强信息安全与保护，治理平台垄断、信息泄露、欺诈违法等乱象。二是加快以数字技术赋能生产性服务业高端化发展。围绕广州现代化服务业强市建设目标，重点提升现代物流、金融服务、会展展览、文商旅、教育医疗等优势领域的数字化水平和质量，大力发展数字贸易、新型数字消费、信息消费等新业态。支持总部企业以链条式、体系化带动上下游机构集体数字化转型，发展数字化时代的总部经济。集聚互联网龙头企业，加强与数字企业、平台企业深入合作，鼓励其参与新型智慧城市建设。

2. 建设智能制造灯塔工厂

灯塔工厂是全球制造业数字化智能化和全球化4.0的示范者，代表着世界上最先进的工厂水平，由世界经济论坛和麦肯锡咨询公司评选。从行业看，灯塔工厂主要集中在电子设备、消费品、汽车、家用电器、电子元件、制造及医疗设备、工业设备等先进制造业行业。从经验看，根据富士康工业互联网股份有限公司等发布的《灯塔工厂引领制造业数字化转型白皮书》，灯塔工厂大规模运用了代表工业4.0的先进新技术，采用敏捷式组织管理方

式，重点推进整个生产网络、端到端价值链和商业模式转型。从灯塔工厂的评选流程看，首先由有意向的企业在网络上填写问卷申请，再由世界经济论坛团队审核、考察和评选。① 在新发展阶段，建设灯塔工厂树立标杆示范对广州推进产业数字化转型和制造业立市均具有极其重要的意义。根据全球灯塔工厂建设实践，广州可以汽车制造、电子产品制造、都市消费工业、智能装备、新一代显示、无人化装备、医药制造等具有优势的先进制造业为重点，支持重点企业通过价值链数字化、生产管理数字化、数字新技术应用、业务模式创新等措施革新创建灯塔工厂，并逐渐将灯塔工厂经验复制推广，建设灯塔企业、灯塔产业及产业集群。

3. 培育数实融合的新型实体企业

新型实体企业是具有强大数字化带动能力和供应链整合协同能力的实体企业，其既有实体企业的特征也有平台企业的特征，既有轻资产投入的线上业务也有重资产投入的线下业务，典型企业如京东、小米、华为等。根据中国企业评价协会发布的2021新型实体企业百强榜，入选该榜单的企业主要为行业头部企业或者独角兽企业，其中包括世界500强企业12家、中国500强企业21家、民营500强企业20家，足见新型实体企业的重要地位。未来，广州可把培育新型实体企业作为推动数字经济和实体经济深度融合的重要举措。一是通过有计划遴选和支持，在广州主导产业、支柱产业、特色产业中培育一批以数据为驱动力，兼具平台服务功能，立足实体产业、服务实体产业的新型实体企业。二是推动互联网、大数据、人工智能等领域的数字技术与制造企业深度融合，通过创建行业数字服务平台延伸发展数字化工业设计、数字化供应链、数字化营销、数字化集成服务、数字化运营维护等环节，持续培育一批国家级服务型制造示范企业。三是支持推动数字技术创新企业、信息服务与软件企业、数字平台型企业、数字化服务供应商和制造业企业跨界组建创新共同体或资源重组共享，厚植新型实体企业成长的沃土。

4. 推动数字人民币向重点场景拓展

引导支持银行与相关机构合作，推动 ATM 机、智能柜员机、POS 机以

---

① 网络申请问卷网址：https://weforum.eu.qualtrics.com/jfe/form/SV_037zTMHQYJnkVcG。

及银行内部支付结算系统进行改造升级，提升数字人民币使用所需的相关基础设施的覆盖率。鼓励各类电子商务平台公司、大型商超、内外贸易场所率先安装数字人民币使用设备，对接金融机构数字人民币支付结算系统。引导数字人民币运营银行扩大白名单用户数量，积极主动推动数字人民币优先向重点零售端场景拓展，推进数字人民币与刷脸支付、NFC支付等支付方式的融合兼用。结合广州特色村镇、功能区建设，积极创建数字人民币使用示范村、示范小镇、示范商圈和示范区等，加快形成示范带动效应。在个人生活、民生服务等领域推动数字人民币使用普及的同时，在如财政补贴、税收优惠、行政收费等政务服务领域逐步提高数字人民币使用比例。依托国际商贸中心和国际消费中心城市建设，探索数字人民币在跨境贸易和消费中的使用与推广模式。建立数字人民币推广使用监管监测机制，及时调查反馈实践中面临的问题，不断完善数字人民币使用的生态体系。

（四）构建政府与市场协同新生态，优化数字经济发展环境

1. 强化数字经济政策法规体系宣传宣讲

围绕推动数字经济发展，广州已经制定完善的政策法规体系，《广州数字经济促进条例》以法律形式对数字经济发展和城市数字化转型进行引导和保障。《广州市国民经济和社会发展第十四个五年规划和2035年远景目标纲要》《广州市加快打造数字经济创新引领型城市的若干措施》等明确了广州建设国际一流智慧城市、数字经济引领型城市、数产融合的全球标杆城市的长远目标及重点任务。在数字化产业发展、产业数字化转型、数字基础设施建设、数字政府建设等数字经济的具体领域，广州也出台了一系列具体的专项政策措施、重大行动计划或者方案。这些法规政策层次不同、领域广泛、专业性强，为提高社会知晓度和政策影响力，需要加快制定较为系统的数字经济政策法规宣传宣讲计划，通过绘制数字经济产业地图、编制政策汇编、解读政策文件、印发政策简明读本、解读定向政策、设置网页专栏等多种方式进行全面公开宣传，依托各类行业协会、社会组织、智库机构定期举办广州数字经济政策宣讲会、申报会、讨论会、反馈会，畅通政企双向互动

渠道，增强数字经济企业对政策法规的理解和利用能力，使各项改革举措和政策法规真正落地见效。

2. 提高政策供给与市场主体需求适配度

提高市场主体获得感进而推动市场主体发展，是政府制定实施数字经济法规政策以及优化数字经济营商环境的主要落脚点。为实现这一目标，一是以营商环境试点城市建设为契机，加强数字经济动态监测评估，联合北京、上海、重庆、杭州、深圳等试点城市，提议国家层面及时修订法律法规和标准要求，推进国内规则和国际规则有效对接，健全完善数字经济领域立法。二是加快推进智能汽车、智慧医疗、智慧教育、智慧社区等数字与产业融合领域以及数字经济新兴行业的行业标准和认证体系的制定，促进数字产业有序健康持续发展。三是加快构建覆盖企业—产业链—产业集群的政策链条，更加注重引导形成多层次、跨地域、相融合的数字经济生态，协同推进企业数字化、产业链数字化和产业集群数字化。四是加快构建大中小企业协同数字化转型的政策链条，对大企业数字化转型更加注重使用"一企一策"提高政策精准性，对中小企业数字化转型更加注重发挥数字服务平台型企业的赋能作用，最终实现从依靠政策支持数字化转型走向依靠市场支持数字化转型。五是强化支持国有大型企业做大做强政策与支持民营企业做优做活政策之间的协调性，使更多数字经济市场主体分享数字经济发展的红利。

3. 高水平推进新型智慧城市建设运营

高水平建设城市大脑全息数字化服务平台，进一步提升城市应急响应能力和治理效能。健全政务数据开放共享制度体系，推进公共数据开放共享。在常态化疫情防控背景下，尤其要重视加强公安、交通、卫生、健康、城管、工商、民政等相关部门信息共享和沟通合作，更加高效、及时、精准地对相关数据进行高质量整合，提高社区数据的准确性，健全社区、街道、市区信息双向快速反馈机制，全面增强社区数字化治理能力。全面建设数字政府，精简审批事项，优化在线办理流程，打破"数字孤岛"，实现"一次认证全网通办"。以广州作为试点城市为契机，建议国家层面加快建设全国一体化政务服务平台，实现全国各地政务服务互通互认互办，改革属地监管模

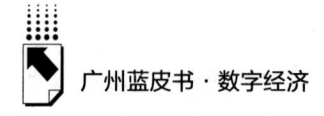

式，加强央地联动与异地协作，减少地方之间的政策差异，加快实现全国一体化治理。

4.加快明确数字经济统计监测机制

世界主要经济体和国家都已经或正在制定数字经济统计监测方法和目标，我国国家层面、多个省（区、市）层面都相继明确了"十四五"时期数字经济规模、增速、细分行业发展目标以及主要指标的统计监测等重要工作。广州打造数字经济引领型城市，需要尽快明确数字经济统计监测方法、细分指标，完善统计监测工作机制，为经济运行、政策制定、行业监测和评估等提供可靠可信依据。特别是数字经济增加值、贡献度等规模类、增速类、结构类的重要指标应尽快明确，做好动态跟踪分析、监测，及时发布数字经济总体数据、行业数据等指标。尽快构建数字经济的评价体系、相关考核机制，把数字经济的相关指标纳入全市国民经济社会发展的指标体系中，做到较为全面、精准地反映数字经济发展状况。

参考文献

德勤中国：《元宇宙系列白皮书——未来已来：全球 XR 产业洞察》，2021 年 12 月。

富士康工业互联网股份有限公司、e-works 研究院、中信戴卡股份有限公司：《灯塔工厂引领制造业数字化转型白皮书》，2021 年 10 月。

赛迪顾问股份有限公司：《2021 中国数字经济城市发展白皮书》，2021 年 9 月。

清华大学数据治理研究中心：《中国数字政府发展研究报告（2021）》，2021 年 10 月。

腾讯研究院：《数字化转型指数报告 2021》，2021 年 11 月。

习近平：《不断做强做优做大我国数字经济》，《求是》2022 年第 2 期。

国务院：《关于印发"十四五"数字经济发展规划的通知》（国发〔2021〕29 号），2022 年 1 月。

中国工业与应用数学学会区块链专委会等：《2021 年中国城市区块链综合指数报告》，2022 年 1 月。

中国信息通信研究院：《中国数字经济发展白皮书 2021》，2021 年 4 月。

中国信息通信研究院：《中国 5G+工业互联网发展报告 2021》，2021 年 12 月。

综合发展篇

Comprehensive Development Reports

B.2 广州数字经济立法的逻辑与重点

沈 奎[*]

摘　要： 新一轮数字经济浪潮是基于数字技术和组织创新集群的涌现与扩散而兴起的。广州要顺应全球数字经济发展大势，以习近平总书记关于数字经济发展的重要论述为指引，完整准确全面贯彻新发展理念，从广州的实际出发，登高望远，坚持顶层设计与广州实际相结合、系统布局与突出重点相结合、借鉴先进与广州创新相结合、经验总结与适度超前相结合的原则，加快推动数字经济立法，构建数字经济全要素发展制度体系，为广州数字经济行稳致远提供法治保障，打造具有全球影响力的数字经济引领型城市。

关键词： 数字经济　产业革命　立法　广州

---

[*] 沈奎，广州市人大常委会预算工委主任。此文根据笔者在《广州市数字经济促进条例》立法系列调研会上的部分小结讲话整理。

一 全球数字经济的演进与发展趋势

"数字经济"不是一个新概念,相关提法从20世纪90年代就开始出现,相关组织、机构和学者在界定数字经济概念时主要强调数字技术、网络、数据要素以及其对经济的作用。中国信息通信研究院将数字经济的内容概括为数字产业化、产业数字化、数字化治理、数据价值化和数字基础设施五大部分,其中,数字产业化和产业数字化是数字经济的核心,数字化治理是数字经济的保障,数据价值化是数字经济的驱动力,数字基础设施是数字经济的基础,这种概括比较贴近实际。广州数字经济的立法可以此为逻辑架构,结合地方实际,建立数字经济全要素发展制度体系。

(一)数字经济是一场新的产业革命

产业革命有两个基本标志:一是技术和组织创新集群的涌现。从技术创新的角度看,近20年来人工智能、大数据、云计算、物联网、区块链、数字孪生、边缘计算、虚拟现实/增强现实、量子技术以及新一代互联网等不断创新和涌现。从组织创新角度来看,平台经济、共享经济、虚拟组织、黑灯工厂、柔性制造、联盟组织、蜂群组织、液态组织等新的组织方式、新的商业模式层出不穷。例如我们调研的广州致景信息科技有限公司创立的百布网,以物联网、云计算、人工智能、区块链等数字技术,将全球最大的布料市场(广州中大布匹市场)一万多家布料批发商、占全国1/3的分属于上千家织布厂的几十万台纺织机、几百家服装厂、设计中心乃至棉田的数据连接起来,对服装上下游产业链各环节的需求端与供给端的数据自动实时适配,形成一种颠覆传统纺织产业生态的新的产业组织模式。这些新的产业组织模式还在快速迭代演化,我们难以用一种通用的概念来描述与定义它们。二是创新在经济社会各个领域广泛扩散。我们看到在制造业领域,工业4.0时代已经到来,工业互联网技术加快创新应用,助推智能制造业快速发展;在能源领域,智慧能源技术在电源、电网、负荷、储能端广泛应用;在交通领域，智慧交通、智能网联汽车、自动驾驶加快发展；在建筑业领域，BIM技术从设计端到建造、运维端广泛使用，数字工地、建筑机器人、智慧楼宇越来越普及；在服务业领域，数字化应用更早更广，商业、金融、物流、医疗、教育、文化、旅游、人力资源、社区等领域数字化应用场景不断涌现，传统电子商务也正在向智能商业演化，无论是生产性服务业还是生活性服务业领域都与数字技术息息相关；在农业领域，数字农业应用越来越广，未来最具颠覆性的技术和生产经营模式很可能出现在农业领域；城市治理、公共服务等其他领域的数字化也在快速推进，智慧城市、数字政府、数字社会不断迭代。总之，数字技术对经济、社会、政治、文化、生态各领域的扩散已经呈现泛在化趋势，如空气一样，无处不在。因此无论从创新还是从扩散来看，人类现在确实正面临着一场新的产业革命。数字经济是一种新的经济形态，而不是一种新兴产业。这是对数字经济含义的一个基本认识。

（二）数字经济正处在技术创新导入的初中期阶段

从产业革命史的角度看，数字经济可以上溯到20世纪50年代电子计算机的出现。但我们现在所说的数字经济主要还是发生在互联网出现以后，大体上经历两个阶段：1993年至2010年是数字经济第一阶段。1993年互联网开始兴起，1994年登陆中国，互联网时代由此开启，数字经济这个概念也同时出现了。之后出现的"新经济""网络经济""信息经济""互联网经济"等都是指互联网条件下的新经济形态。这20多年诞生了一大批的互联网公司，像中国的BAT、华为、京东等，美国的微软、谷歌、苹果、Facebook、亚马逊、英特尔等。第二阶段是从2010年开始直至今天，数字技术的发展速度超出以往任何时期，先后涌现云计算、大数据、物联网、工业互联网、4G、脑机接口、区块链、5G、人工智能、生命科学、量子信息、能源网络等新技术，呈现出新技术蜂聚涌现的景象。互联网经过30多年的发展，如今正处于Web 2.0向Web 3.0时代演进的重要时点，这一演进或将引发新一轮信息革命。但同时也要看到，目前这一系列新技术尚处于起步阶段，有的尚不成熟。比如人工智能，目前在很大程度上只是在杰弗里·辛顿等 2006 年的多层人工神经网络理论的推动下，在深度学习领域有所突破，在应用上需要消耗大量的数据和算力以及由此产生大能耗，成本很高。类脑科学还处于起步阶段。5G 也只是从 2020 年开始商用。区块链从比特币向经济社会其他领域延伸应用也是最近几年的事情。技术扩散仍然处于技术导入的初中期阶段，处于新技术蜂聚的前期。从历史上看，一场新的产业革命发生并不一定很快就能带来经济繁荣。这个阶段发生的事情更多是"创造性毁灭"，也就是我们通常说的新旧经济动能转换的痛苦期。只有技术扩散进入成熟期，新的组织模式基本定型，新的基础设施基本建成，才能带来新的繁荣周期。从长周期的角度看，当前世界经济仍处于 20 世纪 70 年代开始的康德拉季耶夫长波周期的衰退期，2008 年开始的经济下行趋势仍然没有改变。这是对数字经济发展所处的历史方位的基本判断。

（三）数字经济底层技术的特点是跨界融合、互为振荡

综观全球，"5G+""人工智能+""区块链+"等快速发展，其中的"+"说明技术互为前提、互为基础。如果没有人工智能算法上的突破，大数据、云计算和 5G 的发展就会受到制约，反过来，如果没有大数据的驱动、云计算算力的支撑、5G 通信速度的突破，人工智能深度学习的算法也难以实现应用。数据、算力、算法、通信四个基本要素互为振荡，这就是这一波人工智能乃至数字经济浪潮的技术底层逻辑。多技术跨界融合、互为振荡，催生一系列新的应用场景、新的业态、新的组织及新的经济形态。其中一个基本趋势是打通物理世界和虚拟世界的界限，涌现出所谓"元宇宙"、数字孪生等新的发展模式。另一个趋势是对跨界复合型人才需求的急剧增长，这类人才成为数字经济最稀缺、昂贵的资源。企业普遍存在"人才焦虑症"。当然在众多的技术里面，人工智能是一个牵引性的通用技术。当前，人工智能已演化出计算智能（自然计算、数据挖掘等）、感知智能（机器视觉、模式识别等）、认知智能（机器人、知识图谱、自然语言理解等）、行为智能（机器人等）、群体智能、混合智能（人机融合等）、情感智能、类脑智能（人工神经网络、类脑计算等）等极其复杂的创新生态集群，推动了其他一系列

技术的发展。人工智能产业生态已形成技术创新、工程实践、可信安全三个支柱,从没想迅速转化为现实"智能"是属于人的智力层面的东西,人工智能实现了人的脑力解放,其革命性相当于机器解放了人的体力。如果说上一轮数字经济的标志性通用技术是互联网及 CPU 技术,那么这一轮跟它比肩的应该是人工智能及 GPU 技术。数字经济的本质特征是智能经济。这也就是为什么现在各国把人工智能放在国家战略高度来发展的原因。

(四)数字经济时代的基础设施结构发生重大变化

回顾过去几次产业革命,基础设施,特别是交通运输和通信基础设施的变化,是推动产业革命的底层要素和重要基础。比如,19 世纪中后期发生的蒸汽机革命,出现了铁路、电报、蒸汽船等基础设施;20 世纪初发生的电气革命,出现了钢轨、钢制船舰、电话等基础设施;20 世纪中叶发生的化工革命,出现了无线电、高速公路、机场、航线等基础设施;当前正在发生的信息革命,除 20 世纪 90 年代以来发展的互联网信息高速公路外,大型数据中心、超算中心、人工智能算法平台以及各类大科学装置,已成为国民经济及社会生活不可或缺的重要基础设施。

二 广州数字经济立法的重点

广州数字经济立法,要顺应全球数字经济发展趋势,以习近平总书记关于数字经济的重要论述为指引,完整准确全面贯彻新发展理念,立足自身发展基础与优势,正视短板与痛点,锚定建设具有全球影响力的数字经济引领型城市的发展目标,全方位构建数字经济全要素的制度体系,应突出以下重点内容。

(一)构建数字技术创新体系

数字技术的创新是一个系统行为,支撑创新需要一个底座,这个底座就是数字技术创新体系。传统的创新理论通常从区域、空间的维度来研究，如国家创新体系、区域创新体系、城市创新体系等。而从某一个技术或产业领域去研究创新体系的较少，往往出现"系统失灵"问题。所谓数字技术创新体系，就是指建立数字经济相关领域的基础研究及应用基础研究（如应用数学）、技术创新（如算法、软件、器件、工艺）、成果转化、产业孵化、人才支撑、资金保障、政策支持的相互贯通的全生命周期制度体系，广州要更加专注于构建数字技术创新体系，实现更多广州创造、广州发明。

广州推进数字技术创新要聚焦高端芯片、操作系统、人工智能算法、传感器、数据库、边缘计算、区块链、网络安全、虚拟现实和增强现实、多模态软件算法平台等。适度超前布局量子技术、神经芯片、下一代通信网络等领域的前沿技术，增强技术储备。积极参与或者发起通用处理器、云计算系统和软件核心技术的一体化研究。鼓励支持数字技术之间以及数字技术与生物医药、材料、能源等技术领域的融合交叉创新。支持数字技术的开源社区等创新联合体的发展，鼓励企业进行软件、硬件设计和应用的开源，形成技术生态。构建国家级综合性技术创新平台、跨学科交叉型创新平台、行业型创新平台、产业集群型创新平台、生态型创新平台、工程化技术平台、资源配置型平台、虚拟创新平台、软件设计平台等具有不同功能和组织模式的数字经济创新平台，促进平台之间协同创新。

（二）发展数字经济核心产业

数字经济的核心部分有两个层面，即数字产业化和产业数字化。数字产业化是指基于数字技术、数据要素的经济活动，它为产业数字化发展提供数字技术、产品、服务、基础设施和解决方案。这是一种由数字技术的创新及应用而产生的新的经济部类。产业数字化即通过对制造业、建筑业、农业、服务业等现有产业的数字化改造，提高其全要素生产率。从经济价值形成的过程来看，数字产业化是从 0 到 1 的过程，产业数字化则是从 1 到 N 的过程，后者占数字经济规模的比重大于前者，中国信息通信研究院对二者比例的估算为 2∶8。国家统计局 2021 年 6 月发布了《数字经济及其核心产业统计分类（2021）》，该标准是基于中国《国民经济行业分类（2017）》而编制的。该标准定义的"数字经济核心产业"属于数字产业化范畴，包括数字产品制造业、数字产品服务业、数字技术应用业和数字要素驱动业四大类；定义的"数字化效率提升业"属于产业数字化的范畴，包括数字农业、智能制造、智能交通、智慧物流、数字金融、数字社会、数字政府等。

广州要立足于自身的产业和技术基础优势，顺应市场发展趋势，对接国家及区域发展战略，确立数字经济核心产业的发展重点。以下八个领域应考虑列入优先选项：一是人工智能产业，构建算法、算力、数据协同发展的产业生态。特别要重视算法创新体系的建设，这是人工智能乃至数字经济的灵魂。要依托琶洲实验室等平台以及云从科技、科大讯飞、百度等人工智能头部企业，支持相关的企业和研发机构，重点开展算法基础研究和技术创新，推动国家应用数学广东中心的建设，建立算法应用转化体系，构建共享算法体系和算法创新联盟，参与评定标准和测评体系，培养算法人才队伍等，使广州成为重要的国际性人工智能算法创新中心。二是半导体和集成电路产业，依托粤芯、高云半导体、安凯微电子、无线电集团等企业及高等院校培育壮大芯片设计、制造、封测、装备、应用等产业链，推进新一代半导体及智能传感器等电子元器件产业发展。三是智能装备与机器人产业，要依托瑞松、广汽、小鹏、亿航、佳都、广电运通、树根互联、广州数控等企业，支持高端数控机床、增材制造装备、机器人、精密仪器、智能车载设备、可穿戴智能设备、智能医疗设备、金融电子设备、智能照明等产业发展，推动制造装备、生产线、车间、工厂等的智能化改造，培育壮大海洋工程、航空航天、智能无人飞行器、超级工厂系统等新型智能装备产业。四是超高清视频及新型显示产业，依托国家新型显示技术创新中心及博冠、乐金、TCL等企业壮大前端采集、内容制作、编码解码、传输储存、终端呈现、行业应用全产业链。五是软件信息服务业，要依托粤港澳大湾区国家技术创新中心、广州软件园以及华为、统信、巨杉、南方测绘等软件头部企业，加快从消费类软件服务业向工业级软件服务业提升，大力发展基础软件、工业软件、新兴平台软件、行业应用软件、互联网服务、地理遥感信息及测绘地理信息服

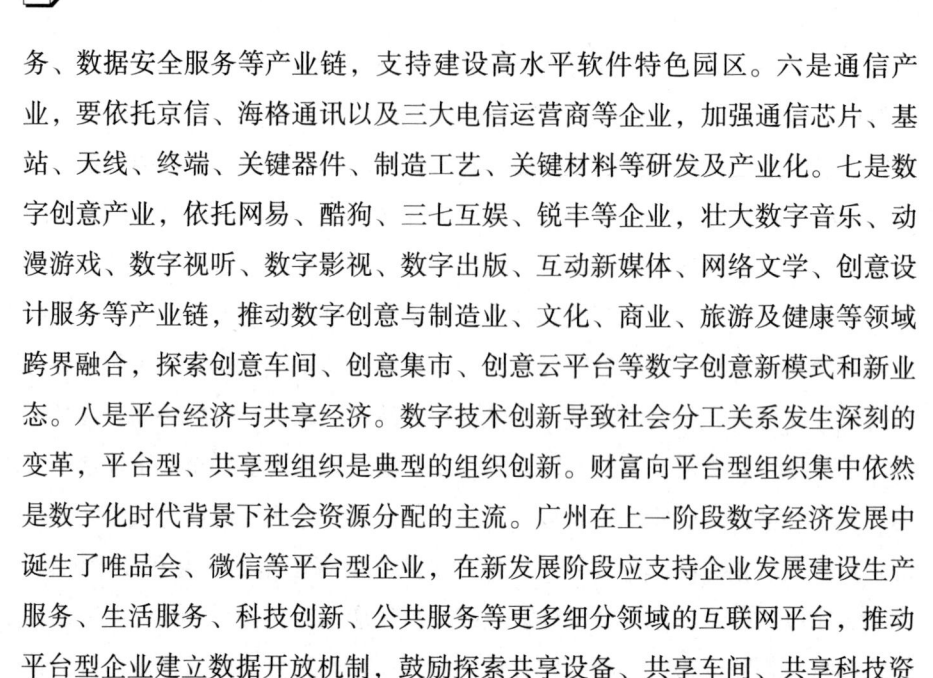

务、数据安全服务等产业链，支持建设高水平软件特色园区。六是通信产业，要依托京信、海格通讯以及三大电信运营商等企业，加强通信芯片、基站、天线、终端、关键器件、制造工艺、关键材料等研发及产业化。七是数字创意产业，依托网易、酷狗、三七互娱、锐丰等企业，壮大数字音乐、动漫游戏、数字视听、数字影视、数字出版、互动新媒体、网络文学、创意设计服务等产业链，推动数字创意与制造业、文化、商业、旅游及健康等领域跨界融合，探索创意车间、创意集市、创意云平台等数字创意新模式和新业态。八是平台经济与共享经济。数字技术创新导致社会分工关系发生深刻的变革，平台型、共享型组织是典型的组织创新。财富向平台型组织集中依然是数字化时代背景下社会资源分配的主流。广州在上一阶段数字经济发展中诞生了唯品会、微信等平台型企业，在新发展阶段应支持企业发展建设生产服务、生活服务、科技创新、公共服务等更多细分领域的互联网平台，推动平台型企业建立数据开放机制，鼓励探索共享设备、共享车间、共享科技资源、共享物流、共享出行等共享经济新型组织模式。同时，要引导对平台型企业的监管，促进平台型企业健康持续稳定发展。

（三）推动制造业数字化发展

数字化、智能化、网络化与制造业的深度融合是制造业数字化转型的主流。广州处于世界制造业最发达的粤港澳大湾区的核心区域，率先探索制造业数字化转型具有特殊意义。广州重新提出制造业立市，但要思考在数字经济时代靠什么实现制造业立市。数字化时代，制造业与服务业的边界发生了深刻变化，呈现两个新趋势：一个趋势是制造业服务化，如汽车制造业数字化、智能化、网络化发展要求软件定义汽车，汽车制造的供应链面临重构，软件与信息服务业成为汽车产业的核心组成部分；又如广州埃沃定制由一家只有100多人的普通服装制造厂，通过数字化转型发展成为拥有2家共享工厂和1000多家门店的全国最大的服装个人定制服务商。另一个趋势是服务业制造化，随着物联网、宽带无线通信、人工智能等技术应用，互联网平台服务业可实现消费终端到工厂机器设备的实时连接，形成一种虚拟工厂平台。比如树根互联公司通过工业互联网平台将分布在全球各地的上万台工程机械设备的运行进行实时调配；又如广州致景公司通过百布平台实现需求端与供给端数据实时适配，超越传统B-C的电商模式，赋予了传统互联网服务商"制造型"特征。数字技术突破了时空限制，强化了中心城市制造业大脑的功能，推动制造业创新链、价值链、供应链、人才链的重构。中心城市因其处在城市网络的核心节点地位，更趋向于数据、研发、设计、人才、品牌、营销的集聚，通过网络实时联结离散于全球各地的生产场所。广州要继续巩固其作为大湾区制造业中心的地位，除了要保留一定规模物理意义上的生产空间（工业区块）、扩大制造业的"单体规模"外，更重要的是要依托其强大的基础设施和人才资源，建立一大批像明珞、致景、树根互联等细分领域的"工业大脑"，增强对全球制造业的影响力、控制力，扩大制造业的"互联规模"。广州要致力于建设成为粤港澳大湾区工业互联网的核心枢纽城市。

要建设完善的制造业数字化的基础设施，包括数据中心、智能计算中心、网络设施、标识解析体系等。构建工业互联网平台体系，既要建立综合性的平台，如华为、树根互联等"双跨"型综合工业互联网平台，也要大力发展细分领域的行业性专业性的平台，如明珞的离散型制造CPS（Cyber-Physical Systems，虚拟物理系统）创新中心、三维家的家居制造平台、致景的服装制造平台、视源的电视板卡制造平台、达意隆的饮料包装生产平台等。促进智能制造技术攻关，重点支持工业软件、芯片、传感器、核心器件等。工业互联网的前提是互联对象的数字化，数字化转型仅仅赋能于单个企业是远远不够的，需要考虑关联企业的整体数字化。抓住产业龙头企业或产业链的"链主"及关键环节，推动上下游企业"集群"数字化转型。培育灯塔企业是促进技术扩散的最有效方式，要鼓励制造业龙头企业联合工业互联网平台商，打造一批智能制造及工业互联网灯塔企业。谋划建立广州智能制造应用场景体验体系，建立国家级、省级工业互联网应用示范基地，向社会大众推广广州智造。建立工业互联网安全监管机制，对工业企业上云上平台的设备安全、控制安全、网络安全、平台安全、数据安全等开展评估和检查。充分发挥企业技术平台的检测功能，开展行业测评、监管。促进标准体系建设，鼓励企业参加或发起行业标准、国家标准和国际标准体系建设。

（四）探索建筑业数字化发展

建筑业数字化是产业数字化的重要领域。广州是建筑业强市，设计、建筑企业云集，数字建筑发展前景广阔。从系统科学的角度看，城市系统属于分型结构，它的特点类似树形结构，即每一根树枝的结构与整棵树的结构类似。每一栋建筑其实是一个城市系统的浓缩，基本上涵盖了城市的所有元素。数字建筑是智慧城市的基本单元。建筑业数字化的发展方向，是促进建筑勘探设计、物料采集、建造、运营、监管等建筑业全链条的数字化转型，实现建筑业的提质增效。要促进数字技术在建筑业的应用，特别是推广BIM（建筑信息模型）在建筑设计与建造领域的应用。开发和应用智能建造的技术，例如建筑机器人等。构建建筑业的数字化平台，如建筑产业互联网平台、BIM正向设计平台、建筑物料采集平台等，形成良好的产业生态。促进建筑工地管理数字化，推广智慧工地。实现智能建造与建筑工业化协同推进，特别是加强装配式建筑。同时，要促进政府建筑审批监管的数字化改造，适应建筑业数字化的发展需要。审批环节可以接受BIM的电子文档的报批，同时要加强BIM和CIM（城市信息模型）的对接，建立建筑质量安全的数字化管理系统。

（五）推动数字农业发展和数字乡村建设

农业由于其生产的多样性、差异性特点，标准化程度较低，是当前数字经济渗透率较低的领域，也正是大有作为的领域。人类从原始的采集、狩猎转为有目的地进行种植畜养，这是人类历史上发生的第一场产业革命，即农业革命。后来的工业革命时代，农业生产通过机械化和化学化（化肥、农药的使用）发生了巨大的进步，也产生了严重的后遗症。当下出现的数字农业或智慧农业，将颠覆传统的种养方式，极大地提高农业生产力，实现农业生产与生态保护的平衡。广州要在数字农业方面全面、系统、登高望远地进行规划、布局和推动。数字农业将会为广州农业打开一片新的天地。数字乡村是乡村振兴战略的重要组成部分，也是实现城乡公共服务均等化的抓手。广州地域面积 2/3 是农村地区，农村人口 200 多万，推动乡村数字化是城市治理现代化不可或缺的组成部分。发展数字农业的目标定位是实现从种子到餐桌的全产业链的数字化。全产业链包括种子研发、农产品的生产、营销、物流、金融、消费和安全质量的控制等环节，重点包括有岭南特色的水稻、蔬菜、水果、渔业、畜禽等领域的数字化转型。要促进农业数字化的技术支撑，包括种质资源的研发，数字农业装备设施的研发和推广，如农用无人机、传感器、机器人等。促进数字农业平台建设，一类是政府为主体建设的农业公共平台，要整合数据资源，普惠广覆盖；另一类是以农业龙头企业为主体建设的各种专业细分领域的农业数字化平台，如荔枝、丝苗米、迟菜心等平台，要大力促进支持。要促进农产品的数字化营销，包括电商直播、物流、金融、供应链金融、信贷、保险等等。促进农产品的质量安全管理的数字化，广泛推行区块链溯源技术于农产品质量安全管理。促进示范工程的应用推广，建立一批有代表性的数字农业产业园和示范项目，并将这些示范项目与国家和本省的数字农业农村的工程规划对接起来。建设数字农村，首先要实现数字化发展规划城乡一体化，促进网络基础设施的建设，包括宽带、4G、5G 和天地一体等设施。促进电商基础设施建设，主要是冷链配送系统。促进数字农田和数字果园的建设，高标准农田基础设施建设的布局与建设内容，应增加数字化的设施，可以在局部地区先做示范。促进公共服务的数字化，包括乡村教育、医疗、养老、就业、民政等等。促进乡村治理的数字化，包括集体资产平台、村务公开、村民自治等数字化。推进新农民队伍的建设和培养，向广大农民普及数据终端使用的基本知识，弥合数字鸿沟。

（六）拓展数字商贸发展

广州是千年商都，商业根基雄厚深广，商贸数字化是广州数字经济发展的重点领域，通过数字化巩固广州的商贸中心优势。要推进线上线下一体化，促进电子商务、专业市场数字化、数字商圈、新零售、数字服务贸易、数字会展、数字化营销、数字化餐饮、跨境电商等数字商贸新业态的发展。推进消费互联网和产业互联网融合发展。消费互联网时代主要的商业模式是B2C，产业互联网时代商业模式不仅有B2C、B2B，还有B2B2C等等。产业互联网作为新赛道，必将催生新企业。广州要顺应新的潮流，在新的赛道里培育和孵化新的头部企业。推进垂直领域的专业化。大平台是工业时代和上一代流量化的互联网经济的产物，下一代数字经济未必再现巨无霸式企业生态，而可能是基于算力中心云平台在细分领域实现价值赋能的"小而美"式的企业生态。广州经济的特点是综合性强、产业门类齐全，应在数字时代按照专业化的思维，在各行各业催生一批"小而美"的数字企业。发挥跨境电商优势，打通跨境电商运营平台与数字口岸平台、物流数字化平台以及数字营销平台的连接，建设全球跨境电商重要枢纽。

（七）推动物流数字化发展

从国家物流的总体战略布局来看，我国未来5~10年将建立五大类国家物流中心，即港口型、空港型、生产服务型、商贸型、陆港型物流中心。广州在国家的物流战略布局是一个综合型的物流中心，包括上述前四类，优势明显，未来应加快推动物流数字化转型。要促进物流综合信息平台的建设，搭建空港、港口、铁路等物流公共平台，扶持和支持企业级供应链平台建设，加强政企之间、企业之间以及地方和国家平台之间的信息共享和标准统一。促进城市物流体系的数字化转型，重点包括支持和鼓励货运车辆的智能化改造和智能终端的普及应用，进行物流信息的采集标准处理；支持发展云仓等智能仓库建设；支持在城市社区和农村建设智慧物流配送中心，加强城市配送的电动车和小货车的数字化监管；建设社区级的智慧邮箱；促进物流企业的数字化改造，特别是传统物流企业的数字化改造；建设智慧物流园区。促进国际物流的数字化，重点包括促进智慧口岸的建设，完善单一窗口平台的功能，支持和发展智能卡口或者智能通过系统的建设，推行无纸化、报关、诚信系统等；参加数字"一带一路"建设，积极参加数字中欧班列系统建设；积极参加中国—东南亚铁路的数字化平台的建设和对接；加强与海上丝绸之路沿线城市港口的数字对接；促进跨境电商物流的数字化，推动粤港澳大湾区物流平台和数字化的联通。

（八）推动医疗健康数字化

健康医疗服务具有双重性，一方面它是公共品，是政府需要承担的责任；另一方面它又是一个经济部门，属于现代服务业的一个分支，受市场规律支配。因此在健康医疗数字化立法时，要从这两个维度来考虑。数字技术和生物医学这两个技术领域有天然的融合基因。作为一个生理形态的人，在医学的意义上只是一堆数据。医生的诊疗过程实际上是用各种方法把病人的各种数据检测、表达出来，并基于这些数据分析病症和提出治疗方案，现在部分手术医生也可以由机器人来代替。新一代信息技术使得数字医疗有一个新的飞跃，是重要的应用场景。数字中国和健康中国这两大战略的融合，为医疗健康事业发展提供了一个非常好的机会。

广州有非常好的数字医疗发展基础。第一，广州有发达的医疗体系和相当高水平的人才。以医学为主题的广州国家实验室的成立，进一步提高了广州的健康医疗及研究水平。第二，广州有标杆。广州市妇女儿童医疗中心是全国智慧医院的标杆，中山医系、省医系、南方系等省属医院的数字化水平较高，有了标杆广州就有推广的方向。第三，广州有相对完善的数字基础设施。无论是5G网络基础设施还是数据中心广州在国内都属于第一梯队，为开放智慧医疗的各种新的应用场景提供了很好的条件。广州在数字健康医疗领域应该先行一步。

要支持医疗机构的数字化改造，促进医疗大数据的共享，包括检验、检查、病历等信息的共享。促进数字医联体建设，推进高等医院—基层医院—社区卫生服务中心—签约家庭医生一体化全链条的数字化。促进智慧医疗便民服务，增强智慧医疗对群众带来的获得感，包括临床辅助诊断决策、远程医疗、市民的个人健康管理、公共卫生管理防控、预约挂号、健康科普等。加强政府对医疗数字化标准的制定和对医疗数字化的评估、协调、安全监督。促进第三方医疗服务体系的数字化，包括第三方检测、药物配送体系的数字化，促进互联网医院和互联网药店体系的建设。

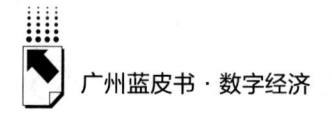

（九）推动中小微企业数字化转型

企业数字化转型的要义就是通过全链条的数字化转型实现企业价值链的重塑，进而提高其生产力，其主要环节包括产品内容的数字化、设计的数字化、制造生产的数字化、营销的数字化以及管理的数字化等。广州市场主体当中，约80%为小微企业。因此，中小微企业的数字化转型是广州数字经济发展的基础。推动中小微企业数字化转型的关键是要实现中小微企业数字化转型的需求和技术供给的匹配。在需求端，主要是获客、融资、供应链或者人群、管理提升、初创服务等；在供给端，主要有平台服务商、技术解决方案提供方、标准咨询机构以及行业协会等。政府要做的是把需求与供给两端更好地匹配对接起来，有效促进中小微企业实现数字化转型。各级政府应当协同平台服务商、技术解决方案提供方、行业协会以及园区管理方等机构，合作建立中小微企业数字化转型的服务体系。要建立并推行企业数字化转型的标准体系，引导企业高质量完成数字化转型。发挥头部企业、标杆企业的带动作用，促进多主体合作协同推动产业集群上下游企业数字化转型。加强对企业家的数字化培训，重点是企业一把手，提高企业家数字化思维、意识和能力。完善政策支持机制，将促进中小微企业数字化转型纳入市高质量发展专项资金支持范围。

（十）开发利用数据要素资源

数字经济就是以数据要素为主要驱动的经济，开发利用和管理数据资源，实现数据的价值化，是数字经济发展的重要基础。在公共数据资源方面，应该用全过程数据治理的概念来构建公共数据的制度体系，包括数据的采集制度、数据共享目录制度、数据标准的建立制度、数据质量的保障制度、公共数据的开放制度、数据安全制度等的建设，建立城市级公共大数据平台，夯实城市数字基础。广州市公共数据的治理在全国是走在前列的，应该总结广州在数据治理方面的实践经验，用法规的形式加以固化。在个人数据和数据安全方面，主要落实国家个人信息保护、数据安全方面的法律、政策要求。在数据要素流通方面，要分级分类来处理，包括政府和政府之间、政府和企业之间、不同区域之间的数据流通。探索建立数据交易平台，促进广州与大湾区不同区域和层次之间的数据共享流通，探索建立大湾区数据共享平台或交易场所。数据要素流通涉及主权或产权，在产权暂时难以定义的情况下，可考虑产权与使用权、占有权、分配权相对分离，从实际需求和供需双方协商出发，促进数据流通。同时，要积极探索数据资产管理制度。对于数据要素市场改革与构建，广州要大胆试验。

（十一）推动数字基础设施建设

在数字经济时代，算力是城市核心竞争力的重要标志，数字基础设施和算力基础设施是城市基础设施的重要组成部分，就像水、电、路等传统基础设施一样。随着人工智能、物联网、5G、大数据等技术的进一步广泛应用，"算力海啸"即将到来，现有算力设施还远远不够，加快数字基础设施的建设迫在眉睫。广州作为超大规模的国际大都市和粤港澳大湾区的中心城市，应坚持适度超前、融合创新、绿色低碳、协同高效、安全稳定、开放共享原则，加快建设云计算数据中心、智能计算中心、超算中心、边缘计算中心、区块链计算中心等数字基础设施，努力建设国际数据枢纽和国际算力中心。为实现这一目标，要强化统筹规划，将算力基础设施纳入城市发展规划之中，使其成为城市体系的有机组成部分。要在建设数据中心这些算力硬件基础设施的同时，构建算法创新体系等数字软件基础设施。在国家"东数西算"的战略框架下，超前做好与粤港澳大湾区国家算力枢纽节点（韶关）的对接协同，把着力点更多地放在构建广州算法创新体系上，并推动算法产业化。同时，需要对城市中的传统基础设施，如交通、能源、环保、市政管线、园林绿化、给排水工程等进行数字化改造。

（十二）推进城市治理数字化

城市治理的数字化是数字经济发展的重要条件。在数字化场域下，非数字化的城市治理体系与数字经济发展是不相匹配、不可兼容的。企业的数字化转型与城市治理的数字化是车之双轮，共同驱动数字经济发展。城市治理的数字化，一方面保障数字经济发展有良好秩序，形成健康的发展生态；另一方面可以创造出大量的现实应用场景，从需求侧引导、激发、催生新的技术创新和产业发展。要建立起城市治理数字化的基本制度体系，将城市治理关键环节的数字化加以制度规范。

比如在城市治理数字化平台建设上，要加强顶层设计，统筹建设城市运行管理中枢，推动城市运行数字体征系统建设，实现数字化城市体检，提高城市治理的精准性。在城乡规划建设管理数字化领域，要建设完善本市国土空间基础信息平台和智慧城市时空大数据平台，提升对区域、市域、片区、街区、地块、建筑等不同层次空间要素的数字化表达能力，建设全感知、全周期、全要素、全开放的智慧规划体系；建设城市信息模型平台，构建涵盖地上地下、室内室外、现状未来三维空间全要素的城市建设基础数据库，探索建设数字孪生城市。在政务服务数字化领域，要建设一体化政务服务平台和移动政务平台，推动政务事项和公共服务事项线上线下融合办理，实现全程网办、市内通办和跨域通办；鼓励公共管理和服务机构、企事业单位、社会团体在经济社会活动中广泛应用电子证照和电子印章服务。在市场监管数字化领域，要运用数字化技术对企业实施信用风险分级分类监管，引导数字经济领域市场主体依法经营、公平竞争，加大对滥用市场支配地位、实施协议垄断、从事不正当竞争活动等行为的监管，保护市场主体和消费者的合法权益。在公共安全及应急管理数字化领域，要加强对数字基础设施和高科技企业等重点单位网络安全的监管与保护。建设应急管理综合平台，建设具备风险感知、检测预警、响应处置等功能的安全生产数字化体系，构建覆盖应急管理事前、事发、事中、事后全链条业务的数字化管理体系，等等。

三　数字经济立法需把握的原则

党的十八大以来，习近平总书记发表了一系列推动网络强国、数字中国以及数字经济发展建设的重要论述。广州推动数字经济立法，首先应深刻学习领会习近平总书记的这些重要论述的精神，从广州实际出发，加快数字经济领域立法，以《广州数字经济促进条例》为总纲，构建数字经济法制体系、政策体系、行动方案体系，通过法治保障，确保广州数字经济发展朝着和沿着正确的方向和轨道行稳致远。要做到顶层设计与广州实际相结合，即把握中央顶层设计的有关文件精神和工作部署，如"十四五"规划关于数字化发展的部署，各专项领域的文件内容，确保中央、省的顶层设计在广州落地。要做到系统布局与突出重点相结合，着眼于发挥法律的力量建立更加完善的广州数字经济发展全链条制度体系，营造优越的数字生态，构筑广州数字经济发展的制度底座。要做到借鉴先进与广州创新相结合，跟踪了解全球标杆城市及国内先进城市的数字经济动态和先进经验，站在全球数字经济的浪潮之巅走好广州的路。要做到经验总结与适度超前相结合，牢牢把握数字经济各个领域在国内外的技术与业态发展趋势，从5年、10年乃至更长远的时间尺度来谋划广州数字经济发展。在数字经济发展仍然处于技术导入的初中期，各种新技术新业态新模式如雨后春笋般涌现，目前还有无限的创新开阔地，广州应以开放包容的精神，以拥抱的姿态看待数字经济，多说"促进"，慎说"禁止"。

广州自建城以来，一直是一座开放的城市，特别是近现代以来，是新文化、新思想、新技术、新经济、新革命的策源地。新时代广州成为数字经济的策源地，是历史逻辑使然，是国家使命使然，是广州经济高质量发展现实需要使然。如果说在数字经济的1.0阶段，广州没有出现BAT、华为、京东这样的数字经济头部企业，那么在数字经济2.0时代，广州不能再次错过发展机遇。广州应该有雄心有信心有耐心培养一批未来的数字经济头部企业，成为具有全球影响力的数字经济引领型城市。在当下城市竞争的"场域"中，唯求新求快求变求实者胜，除此之外别无他途。

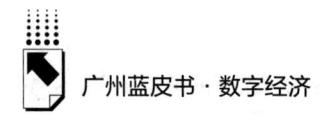

参考文献

习近平:《不断做强做优做大我国数字经济》,《求是》2022年第2期。

中共中央党史和文献研究院编《习近平关于网络强国论述摘编》,中央文献出版社,2021。

国务院:《"十四五"数字经济发展规划》,2021年12月。

国家统计局:《数字经济及其核心产业统计分类(2021)》,2021年5月。

中国信息通信研究院:《中国数字经济发展白皮书(2021)》,2021年4月。

〔美〕克里斯·弗里曼、〔葡〕弗朗西斯科·卢桑:《光阴似箭——从工业革命到信息革命》,沈宏亮译,中国人民大学出版社,2007。

莫宏伟主编《人工智能导论》,人民邮电出版社,2020。

广州市人大常委会预算工委编《广州市数字经济促进条例》立法资料汇编(第四册 调研报告),2021年9月。

沈奎:《关于数字经济发展的几个理论问题》,《南方经济》2021年第10期。

B.3 广州建设数字经济引领型城市路径研究

张振刚 户安涛 叶宝升 罗泰晔*

摘 要： 数字经济正成为广州经济增长的重要引擎，广州旨在建设成为具有全球影响力的数字经济引领型城市。通过借鉴北京、上海、深圳等数字经济发展较为领先城市的经验，本文提出广州应从"点、线、面"进行统筹发展。以科技创新为核心，以自主创新、协同创新、开放创新和数字创新为途径，在重点领域、关键技术上实现新突破。大力推进"数字化治理、数字价值化、数字产业化、产业数字化"，发挥数据链融通产业链、强化创新链与提升价值链的赋能功能。构建智慧城市体系、数字经济产业体系、智慧城市社区精准化服务体系及智慧城市生态体系，全面推进城市高质量发展，实现老城市新活力、四个出新出彩。

关键词： 数字经济 数据要素 数字创新 引领型城市

以习近平同志为核心的党中央高度重视发展数字经济。《中共中央关于制定国民经济和社会发展第十四个五年规划和二〇三五年远景目标的建议》明确提出"发展数字经济，推进数字产业化和产业数字化，推动数字经济和实体经济深度融合"，表明数字经济已上升为我国经济发展的重要

---

* 张振刚，华南理工大学工商管理学院二级教授，博士，广州数字创新研究中心主任，博士生导师，研究方向为数字经济、数字创新；户安涛，华南理工大学工商管理学院博士研究生，研究方向为数字经济、数字创新；叶宝升，华南理工大学工商管理学院博士研究生，研究方向为数字经济、数字创新；罗泰晔，华南理工大学工商管理学院博士研究生，研究方向为数字经济、数字创新。

战略。后疫情时期，数字经济将成为我国经济高质量发展的新动能、新引擎。

一 广州数字经济发展面临的主要问题

经过调查研究发现，当前广州数据要素流通和数字经济发展方面存在以下问题。

（一）数字经济核心产业发展尚有差距

广州人工智能、大数据、云计算等新兴数字技术基础研究有待加强，集成电路产业发展任重道远。例如，人工智能领域人才和技术主要分布于北京、上海、深圳、杭州等地，与这些城市相比，广州还有一定差距。广州的相关产业缺乏如北京的百度，上海的中芯国际、韦尔股份，深圳的腾讯、华为、中兴、深南电路，杭州的阿里、海康等具有明显带动作用的龙头企业。根据芯思想研究院发布的 2021 年中国大陆城市集成电路竞争力排行榜，上海、北京、无锡、深圳、武汉、合肥、成都、西安、南京、苏州排名前 10，广州仅列第 12 名。[①] 可喜的是，广州投入 135 亿元兴建的广州市粤芯半导体技术有限公司，是国内第一家以"定制化代工"为营运策略的 12 英寸芯片制造公司，具有良好的发展前景。

（二）产业数字化水平仍有较大提升空间

规模以上工业企业数字化转型进程较快，但中小企业"不会数字化、不敢数字化、不想数字化"的现象较为普遍，在进行数字化转型时主要面临专业人才匮乏、缺乏统筹管理、缺少整体战略以及技术能力不足等问题

---

① 中国半导体行业协会：《2021 年中国大陆城市集成电路竞争力排行榜》，http：//www.csia.net.cn/Article/ShowInfo.asp？InfoID=100886，2021 年 4 月 2 日。

（见图1）。服务业数字化水平不高①，生活服务业产业链上游原材料供应、物流运输环节以及生产性服务领域的数字化程度亟须提升。

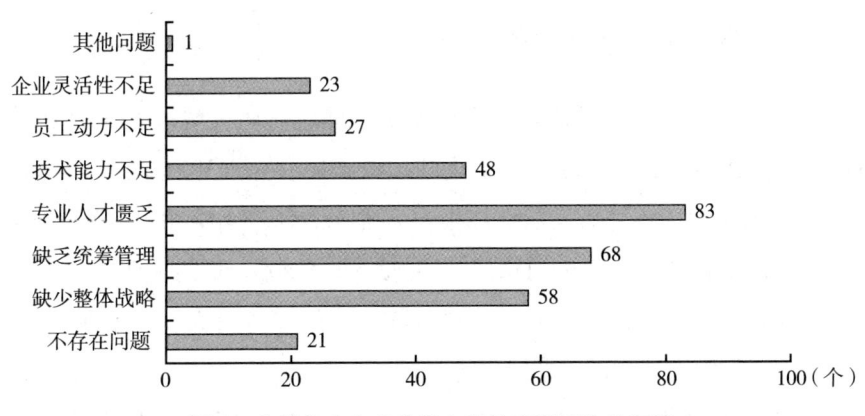

问题	数量（个）
其他问题	1
企业灵活性不足	23
员工动力不足	27
技术能力不足	48
专业人才匮乏	83
缺乏统筹管理	68
缺少整体战略	58
不存在问题	21

图1　广州市中小企业数字化转型所面临的问题

资料来源：课题组现场问卷调查（2021年7月31日，广州市工信局组织制造业中小企业研修班，课题组现场对参加培训的广州市先进制造业中小企业的中高层管理者开展问卷调查，共发放200份问卷，回收有效问卷157份，有效问卷占比为78.5%）。

（三）数据要素流通制度性探索处于起步阶段

首先是政府和企业的数据共享开放有待进一步加强，部分政府数据处于"沉睡"状态、采集的数据质量不高，企业数据流通存在投入成本大、难以实现对数据全生命周期管理，企业担心机密泄露，尚难以打破数据流通壁垒。其次是数据交易市场发展较为缓慢，受数据交易隐私保护、数据安全等上位法缺失的影响，广州在数据确权、定价、交易及市场监督等环节的实践较为谨慎，数据交易平台化、规模化、产业化发展受限。为此，广州扎实推进数字经济立法工作，《广州市数字经济促进条例》已由广州市人大常委会会议表决通过，广州成为全国首个对数字经济立法的省会城市和国家中心城市。在数据要素流通和市场化配置方面，广州提出应当建

---

① 中国信息通信研究院产业与规划研究所、美团研究院：《中国生活服务业数字化发展报告》，http://www.huanjing100.com/p-11267.html，2020年5月。

立城市大数据平台,实现对全广州公共数据资源统一、集约、安全、高效管理。

(四)数字基础设施建设不平衡

一方面,5G等基础设施优先在广州中心城区布局,城市更新和旧城改造所需要搭建的云、网、端等数字化基础设施还未完全开展建设,《2021-2022中国人工智能计算力发展评估报告》显示,2021年广州的人工智能算力基础设施发展水平位列全国第7[①](见表1),落后于北京、杭州、深圳、南京、上海和苏州。另一方面,广州目前打造的"城市大脑"在城市感知和智能决策方面与杭州的"城市大脑"平台仍有一定差距,杭州城市大脑包括48个应用场景,日均协同数据1.2亿条,并于2021年1月8日正式发布杭州城市大脑数字界面。

表1 中国人工智能算力发展城市排行榜

排名	2021年	2020年	2019年	2018年
1	北京	北京	北京	杭州
2	杭州	深圳	杭州	北京
3	深圳	杭州	深圳	深圳
4	南京	上海	上海	上海
5	上海	重庆	广州	合肥
6	苏州	广州	合肥	成都
7	广州	合肥	苏州	重庆
8	济南	苏州	重庆	武汉
9	成都	西安	南京	广州
10	合肥	南京	西安	贵阳

资料来源:IDC和浪潮信息联合发布的《2021-2022中国人工智能计算力发展评估报告》。

---

① 《2021年中国人工智能城市排行榜公布》,仪表资讯网,https://www.ybzhan.cn/news/detail/96560.html,2021年11月11日。

二　先进城市数字经济发展的主要经验

伦敦、北京、上海、深圳和杭州作为国内外数字经济发展领先的城市，它们的发展经验对广州促进粤港澳大湾区数据要素流通、打造数字经济引领型城市具有借鉴意义。

（一）制定相关战略规划及法律法规

2020年9月北京发布《国家大数据交易所设立工作实施方案》以规划设计大数据交易基础设施建设，之后又出台了建设全球数字经济标杆城市的实施意见。深圳2020年7月发布《深圳经济特区数据条例（征求意见稿）》，提出数据权以及深港澳数据融通机制以推进地方数据立法。上海在数字经济领域的制度政策极为完善，先后出台了城市数字化转型、经济数字化转型、生活数字化转型、商业数字化转型以及算力算法、人工智能等领域的规划和政策。

（二）设立专门机构和平台以推进数据要素流通

深圳成立"数据要素产业化专委会"，推进数据要素跨境、跨地区合作机制建设。上海打造数据安全流通平台"安全屋"保障数据要素安全流通。北京、上海、贵阳、深圳、重庆等城市纷纷通过成立数据交易所探索数据要素流通交易模式。

（三）利用比较优势推进数字经济发展

上海利用亚太信息通信枢纽优势着力打造"数字贸易国际枢纽港"。深圳利用特区政策优势以及邻近港澳的区位优势着力打造"数字经济创新发展试验区"。杭州利用跨境电商综合试验区优势着力打造"数字经济第一城"。

（四）以头部企业创新引领驱动数字经济发展

深圳以华为、腾讯、大疆为龙头发展云计算、区块链、大数据等新兴产业。杭州以阿里、海康威视为龙头打造电子商务、云计算、数字安防等产业集群。北京和上海等城市头部企业对数字经济生态引领作用亦十分明显。

三 广州市加快建设数字经济引领型城市的对策建议

为加快数字经济创新发展，打造数字经济引领型城市，广州应从"点、线、面"进行统筹发展。以科技创新为核心，以自主创新、协同创新、开放创新和数字创新为途径，在重点领域、关键技术实现新突破。大力推进"数字化治理、数字价值化、数字产业化、产业数字化"，发挥数据链融通产业链、强化创新链与提升价值链的赋能功能。构建智慧城市体系、数字经济产业体系、智慧城市社区精准化服务体系及智慧城市生态体系，全面推进城市高质量发展，实现老城市新活力、四个出新出彩。

（一）加强四个创新，在重点数字创新科技领域突破关键"点"

1. 加强自主创新

一是实施数字创新重大基础研究和科技攻关专项，提高新技术、新应用的试验和建设规模，加大操作系统、新一代集成电路等基础技术创新攻关力度，加快窄带物联网（NB-IoT）、低功耗广域网（LPWAN）等通用技术的产业发展。二是建立开放式组织机制，加强工业软件、光刻技术、精密仪器等"卡脖子"技术协作攻关突破，深入实施广州市产业技术重大攻关计划未来产业关键技术研发专题，加大云计算、人工智能、区块链等关键技术研发攻关力度。三是超前布局第六代移动通信技术（6G）、8K等前沿技术，借鉴人工智能应用示范项目的成功经验，加强前沿技术研发和颠覆性技术应用创新。四是大力加强数字创新领域的高价值专利组合的培育、创造、转化和保护，鼓励数字创新领域的PCT专利申请，着力推进数字经济领域的首台套设备政策实施。

2. 加强协同创新

一是借鉴长三角地区"跨区域创新券"等经验，积极建设南沙（粤港澳）数据服务试验区，创新机制，推动数据要素跨地区、跨领域流动。二是继续优化数字创新相关科技成果转化服务体系，重点引进和扶持一批优秀的科技创新服务中介机构，完善科技创新服务网络，提升服务大湾区各企业科技成果转化的水平，同时推广广深七项深化合作专项协议经验，深化粤港澳科技创新合作。三是以数字创新赋能广深科技创新走廊（"一廊"）共享机制建设，强化十大核心创新平台（"十核"）间对接合作，发挥多个数字创新节点（"多点"）的示范效应，强化广深科技走廊建设，构建世界级数字经济协同创新生态系统。

3. 加强开放创新

一是吸引人工智能、大数据、云计算等领域技术优势企业落地广州，同时鼓励本土领军企业走向国际，链接全球创新资源。二是布局更多重大创新平台和重大科技基础设施，如香港科技大学（广州）和冷泉生态系统观测与模拟装置等，吸引全球优质数字创新资源走进来，同时发挥华南技术转移中心等本土公共创新服务平台功能，开展国际合作，增强广州对数字经济创新高端资源的汇聚能力。三是建立数字经济创新协调小组，统筹数字经济创新政策制定及执行、数字创新能力建设、数字创新知识产权服务等，进而优化区域内数字创新要素配置，促进科技开放创新。

4. 加强数字创新

一是引导在穗企业、高校和研发机构之间形成深层次的合作机制，大力支持数字创新联合攻关，大力发展与数字经济相关的新领域、新技术。二是整合内部数字经济资源，建立数据资源共享共建信息机制，提升数据资源共享水平。三是以广州人工智能与数字经济试验区、广州国家区块链发展先行示范区、横沙数字经济产业园等数字经济园区为基础，以头部企业为带动，以数字化、网络化、智能化为手段，大力促进数字经济创新产业生态化、平台化和集成化。鼓励龙头企业探索数字化转型升级新实践，例如金域医学集团探索构建数字化、网络化和智能化赋能的"两库一中心一基地"，构建融通医学检验、诊断、治疗和生物制药、医学研发各环节的智慧医疗新生态，打造若干世界级数字经济创新产业集群。

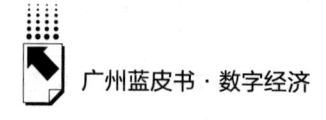

（二）加强数字经济"四化"功能，构建"四链"融合的数字经济生态链

加强数字化治理、数字价值化、数字产业化和产业数字化，建立以数据链、产业链、创新链、价值链为核心的数字经济生态链。

1. 打通数据链，以数据链融通产业链

一是大力推进数字化治理和数字价值化，大力提高数字化治理的水平和发挥数据作为关键生产要素的作用。另外，构建覆盖产业链全流程、全环节、全生命周期的数据链，加快数据赋能汽车、电子通信、石油化工、消费品等广州支柱产业发展，推进企业数字化转型升级，提升传统产业链竞争力。二是在琶洲、金融城、鱼珠、大学城四个区规划建设超高速、大容量、智能化的新一代通信网络基础设施；同时在全广州布局建设窄带物联网商用网络，并推动数字基础设施建设，支持传统技术基础设施数字化改造。三是推进数据赋能制造业和服务业"两业融合"，总结比如白云电器等优秀制造企业制造服务化转型成功案例，推动产业链与数据链全面融通，促进柔性制造、大规模定制，推进制造业与服务业纵向集成、横向集成和综合集成。

2. 聚焦产业链，建立产业新生态

一是针对高端装备制造、汽车、生物医药等优势产业，加强数据赋能制造业与服务业的深度融合，提升产业的价值创造能力；立足珠宝、服装、箱包、化妆品等消费品行业良好发展基础，通过数字创新补齐研发设计、自主品牌等高端环节的短板，增强产业链的协同创新能力，打造世界级产业集群。二是大力推进数字产业化，以"平台+生态"为发展战略，运用工业互联网、大数据、云计算、人工智能等新一代信息技术，通过龙头企业带动，大力推动企业"上云上平台"。三是立足广州新基建优势，抢抓5G产业发展机遇，加快应用场景拓展和产业生态构建，通过建设高水平的产业聚集区，带动金融、交通、制造、电力、教育、医疗等行业数字化转型升级。

3. 强化创新链，推进数字经济创新产学研合作

一是积极推动企业调整科技投入政策，改革立项机制、项目管理机制，促进企业成为数字创新的主体,通过引导有效运用财税、金融、汇率等政策工具,切实降低数字创新企业的运营成本,引导资本流向数字创新产业,完善企业参与创新的环境,激发数字经济相关企业活力。二是对符合条件的各类数据中心、灾备中心、超算中心等给予电价优惠,对于新获批建设的与数字创新相关的技术创新中心、产业创新中心等,财政给予贴息、奖补或股权激励,构建完善的创新配套政策体系。三是鼓励广州科研机构和高等院校(如中山大学、华南理工大学等)进行数字创新基础研究、应用研究、学科建设和人才培养,调动大学和科研机构科研人员参与数字创新的积极性。四是大力建设数字经济创新基地,加强产学研合作和国际合作,引进数字经济高端人才和创新资源,打造世界级数字经济创新平台。

4. 提升价值链,驱动"两业融合"发展

一是开展数字经济创新技术预见性研究,研究数字创新国际前沿技术,追踪国内各类制造业服务化发展的新趋势、新模式,促进企业通过数字化、网络化和智能化手段,发展新技术、新产品、新模式和新业态,引发新市场,创造新价值。二是搭建现代服务业与先进制造业融合发展的载体和平台,为产业融合提供技术创新、信息数据、法律、咨询等全方位的服务,同时依托工业物联网、大数据、人工智能等新一代信息技术推动制造业和服务业升级,以新技术、新业态、新模式改造传统制造业和服务业。三是加强数字经济"四化"创新,鼓励数字创新相关技术的学科交叉研究,以数字化治理优化数字经济的生产关系,以数字价值化增强数据作为重要生产要素的功能,以数字产业化赋能数字生产力,以产业数字化提升生产力,推进制造业与服务业的深度融合,从而推进价值链中部抬起,两端延伸。

(三)构建四个体系,支撑数字经济高质量发展

1. 构建以城市大脑为核心的智慧城市体系

加强组织领导,强化部门之间协同。建议成立以市委市政府主要领导担任组长的广州数字经济发展和数字城市建设领导小组,加强城市大脑统筹规划和建设。推动城市大脑创新基地建设。鉴于中新广州知识城拥有阿里大数

据中心等较为领先的数字基础设施，建议将其打造成为广州城市大脑基地之一。打造多方数字安全流通平台，促进数据流通，赋能数字政府。建立多方参与的数字安全流通平台，实现政府内部、政企之间数据共享与流通。完善数据信息标准，加快政府部门之间数据采集、数据流通、共享以及相关质量等标准体系的统一。建立以城市大脑为核心的数字孪生城市，提升对城市运行状态和发展的监测、描述、预测的在线化、可视化、精准化和智能化，提升其辅助政府的决策能力，提高城市的治理能力和公共服务水平。

2. 构建现代数字经济产业服务体系

加快公共数字基础设施建设，推动5G网络铺设。在城中村、老旧城区改造等工程中，统筹安排5G布局，将5G基站用电纳入广州工商业用电降成本资助范围。加快工业互联网高质量发展，推动基础电信企业建设覆盖广州主要工业园区的高质量外网。推进智能制造迈向新目标，加快打造工业互联网典型应用场景示范，出台政策培育数字经济相关行业龙头企业。加快"5G+工业互联网+智能制造"的先导应用，加强产学研合作，打造5G智能制造与工业互联网智能制造示范项目。加强数字经济产业人才队伍建设，建立数字经济产业组织、数字创新产业联盟、数字创新中介组织，提高数字经济产业服务体系服务水平，增强打造世界级数字经济产业集群的支撑能力。

3. 构建大数据驱动的城乡精准化服务体系

加快智慧社区硬件设施建设，通过政策支持，鼓励、引导一批5G或人工智能服务商对社区基础设施建设进行投入。推动智慧社区软件服务融入，基层社区居委会可联合相关智慧社区服务商，加快打造集合水电、路灯、消防等多方面的智慧社区系统。构建网络型社区，实现城乡社区服务的多样化，推动城乡社区服务"智慧网格"管理。构建统一的数字化管理平台，并通过平台对社区信息进行全面管理。

4. 构建数据赋能的绿色协同发展的城市生态体系

推进数据赋能城市综合生态治理，构建以大数据赋能的城市产业规划、建设和生态监测、评价体系。推动数据赋能绿色城市生态群发展新格局。研究编制广州与邻近市区生态绿色一体化发展示范区的综合交通、生态、文化和旅游等规划方案。加强大数据赋能，以数字创新构建更加完善的营商环境、开放创新的文化环境、便捷优质的服务环境。通过数字经济创新，构建四个体系，增强城市各要素协调、协作、协同的能力，建立生产、生活、生态协调发展体系，形成共创、共生、共赢的发展格局，赋能广州焕发老城市新活力、四个出新出彩，引领广州高质量发展。

参考文献

中国信息通信研究院：《中国数字经济发展白皮书（2020年）》，2020年7月。

中国工业互联网研究院：《中国工业互联网产业经济发展白皮书（2020年）》，2020年8月。

国家互联网信息办公室：《数字中国建设发展进程报告》，2020年9月。

《中共中央关于制定国民经济和社会发展第十四个五年规划和二〇三五年远景目标的建议》，2020年11月。

清华大学数据治理研究中心：《2020数字政府发展指数报告》，2020年11月。

广州市人民政府：《广州市国民经济和社会发展第十四个五年规划和2035年远景目标纲要》，2021年5月。

中国信息通信研究院：《全球数字经济发展白皮书（2021）》，2021年9月。

广州市商务局、赛迪顾问股份有限公司：《广州重点产业白皮书——数字经济》，2021年12月。

上海社会科学院绿色数字化发展研究中心：《2021全球重要城市开放数据指数》，2021年12月。

中国电子技术标准化研究院：《重点城市大数据发展指数报告》，2021年12月。

B.4
南沙数字经济高质量发展研究

南沙创新工作局课题组[*]

摘　要： 推动数字经济发展是大势所趋。南沙自贸区数字经济稳步发展，在数字产业化、产业数字化转型、数字化治理、数据价值化方面均取得了一定成效，但其数字经济发展还处于起步阶段，还存在着数字经济市场主体培育不足、数字化发展资源要素有待完善等一系列问题。为促进数字经济高质量发展，南沙应在五个方面持续发力：一是聚焦数字经济制度创新，开展先行先试改革；二是加快完善人才制度体系，集聚数字创新人才；三是建立健全财税金融政策，强化产业发展支撑；四是打造数字经济产业高地，壮大数字企业矩阵；五是构建产业良好发展生态，营造一流营商环境。

关键词： 数字经济　制度创新　南沙区

推动数字经济发展是大势所趋，粤港澳大湾区数字经济发展领跑全国，南沙被国家定位为粤港澳全面合作示范区，发展数字经济是其新时代推动经济高质量发展的必由路径，获批国家进口贸易促进创新示范区、国家级智能网联汽车测试示范区、国家级新区，部署了全球25台之一、华南唯一的IPv6根服务器系统，这些基础有利于南沙推动数字经济乘势而上。同时与其他发达地区相比，南沙数字经济核心产业竞争力尚需提升，产业数字化转

---

[*] 南沙创新工作局课题组组长：刘家君，南沙创新工作局局长。课题组成员：梁志丹、叶小芹。

型需要进一步深化。南沙需发挥后发优势，抓住新一轮科技革命和产业变革的历史机遇，争取在颠覆性科技创新和战略性产业上实现突破，打造经济发展新动能，构筑南沙发展新优势。

一 南沙数字经济发展现状

南沙数字经济已经具备良好基础，成为经济发展的新动能。2020年南沙数字经济增加值规模约396.9亿元，占GDP比重为21.5%。其中，数字经济核心产业增加值约75.18亿元，占GDP比重为4.1%，产业数字化增加值规模约321.72亿元（见图1）。

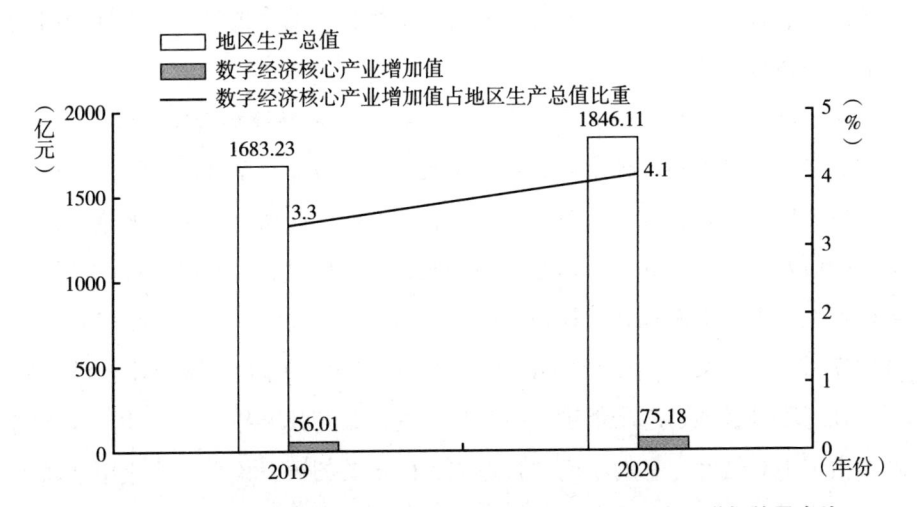

图1 2019~2020年南沙区地区生产总值和数字经济核心产业增加值及占比

资料来源：南沙区统计局。

（一）数字产业化打造新兴产业新优势

人工智能产业集聚效应显著。南沙从政策、资金、人才等多维度夯实人工智能产业发展基础，截至2021年6月，已集聚约300家人工智能企业，业务范围覆盖生物特征识别、自然语言处理、新型人机交互、自主决策控制等领域，初步建立起产业生态体系。其中，云从科技集团股份有限公司在市、区两级的支持下，正式启动建设人机协同平台项目；暗物智能是国内同轮次融资规模最大、估值最高的AI创业公司，企业发展进入高速上升期；广州南沙国际人工智能产业研究院、广州智能软件产业研究院获批广东省新型研发机构；科大讯飞智能语音国家人工智能开放平台、认知智能国家重点实验室两大国家级项目落户科大讯飞华南人工智能研究院。

软件和信息服务业发展迅速。2020年南沙区互联网和相关服务业、软件和信息服务业营业收入84.8亿元，同比增长35.02%，截至2021年4月，南沙区互联网和相关服务业、软件和信息服务业规模以上企业达47家。南沙区以人工智能企业为代表的信息技术企业充分发挥在智能语音呼叫、人脸识别测温、人工智能辅助诊断等方面的技术优势，助力抗疫一线，推动信息产业实现逆势增长。

电子制造业初具规模。南沙持续布局第三代半导体等战略性新兴产业，培育、集聚各类创新主体，攻关核心关键技术，成立了南沙新能源汽车第三代半导体创新中心，大力支持区内科技企业、科研院所开展新能源汽车核心部件的研发和生产。此外，南沙正在加快建设南砂晶圆、联晶智能、芯聚能等产业上、中、下游项目，积极引入爱思威第三代化合物半导体研发及生产基地项目、吉利第三代半导体项目，集中布局第三代半导体产业全链条发展。预计联晶智能、芯聚能项目投产后，南沙第三代半导体及相关产业将实现产值近100亿元，有助于南沙打造成国内重要的第三代半导体应用创新示范区和产业集聚区。

数字基础设施建设加速布局。一是提速5G和宽带网络建设，提前完成了村村通网络惠民工程，2020年南沙区城市宽带接入能力达1000兆，农村宽带接入能力达100兆。截至2021年5月，南沙区新增5G基站92座，累计建成基站3073座，基本实现全区5G信号的连续覆盖。二是推进数据中心布局建设，重点推进"国际数据传输枢纽"粤港澳大湾区广州南沙节点项目、奥飞数据智慧产业园数据中心、懋源云5G交互中心、广东云谷二期数据中心等多个数据中心建设，促进南沙信息基础设施的整体综合提升。三是加速推动智慧灯杆建设,在万达商圈和明珠湾启动了第一批295根智慧灯杆的建设,谋划蕉门(区政府)至地铁18号线横沥站的智慧公交线路,打造基于智慧路灯综合应用的车路协同示范路段。四是建设下一代互联网国家工程中心粤港澳创新中心,部署和运营了全球25台之一、华南唯一的IPv6根服务器系统,举办了2020全球IPv6下一代互联网峰会,全球IPv6测试中心广州实验室和广州南沙新区纯IPv6示范基地在南沙揭牌落地。五是加快推动充电桩建设,全区建成电动汽车公私充电桩1197个,充换电设施水平大幅提升。

(二)产业数字化激发传统产业新活力

数字技术促进先进制造业加快发展。数字化技术赋能智能制造,极大地提高了制造业生产效率和自动化水平,规模以上先进制造业总产值占南沙规模以上工业总产值比重达68.3%。广州华凌制冷设备有限公司作为南沙先进制造业的标杆企业,入选达沃斯(WEF)"全球灯塔工厂";广州旭川合成材料有限公司自主研发数字化工厂试点示范项目大幅提升产品研发效率,成功入选广东省智能制造试点示范项目;安捷利(番禺)电子实业有限公司实现了生产全过程的信息化管理、自动化运行和智能化监测。

数字贸易加快发展。2020年南沙跨境电商网购保税进口额188.2亿元,增长28.9%,与2015年相比,跨境电商网购保税进口额增长了10倍。外贸进出口总额2265.4亿元,增长6%,占广州进出口总额的23.8%。在贸易方式数字化方面,全球报关服务系统通过将人工智能、物联网等新技术应用到跨境贸易的报关、物流等供应链管理环节,实现多国电子口岸之间跨境贸易数据的连通,从而构建跨国电子口岸互联互通、跨国口岸法律文本合规转译和跨境电子单证责任传递的数据标准和数据化贸易工具。目前,建立了201个国家海关编码与商品描述一一对应的基础数据库,可实时转译及自动生成各国各类清报关文件。在贸易对象数字化方面,全球溯源体系商品数字化货值高达约600亿美元,涉及的商品品牌达8716个,涵盖了京东、天猫等全球14958家企业。此外,全球溯源体系被纳入APEC成员复制推广项目,在

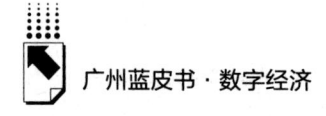

13个APEC成员贸易体系推广。

智能网联汽车打造汽车产业发展新模式。汽车制造业是南沙工业经济增长的重要动力，已形成千亿级的汽车产业集群。2020年全区实现汽车产值1323亿元，占全区规上工业产值的46.7%，产值同比增长15.4%，拉动全区产值增速5.5个百分点，未来三年有望突破2000亿元。南沙以智能网联汽车为发展方向，广汽丰田整车为龙头，新能源汽车为扩展，打造出"整车—新能源汽车研发制造—汽车零部件基地—智能网联汽车"完整产业生态链。近年来，南沙在自动驾驶、车联网和新能源汽车等领域已布局小马智行等一大批重点项目，获批国家级智能网联汽车测试示范区。截至2021年11月底，小马智行在广州已落地50张L4级自动驾驶测试牌照，并提供商业化货运服务及出行服务，自动驾驶测试总里程突破900万公里。小马智行共12台搭载自主研发自动驾驶系统AlphaX和Alpha2的测试车辆获得广州市远程自动驾驶测试许可，向无人自动驾驶商业化运营更进一步。南沙作为全市首批获得智能网联汽车道路测试牌照的地区之一，累计开放测试道路90.7公里，约占全市开放测试道路总里程的58%，位居全市第一，测试里程超过260万公里。

平台支撑助力中小企业数字化转型。南沙与省、市联合共建华南技术转移中心，在全国率先打造"科技服务电商"华转网。华转网平台为中小企业提供云服务、研发服务、检验检测等科技服务，为中小企业数字化转型提供平台支撑。目前，华转网平台已吸引包括华为云、天翼云、电子五所等在内的全国600多家优质工业互联网服务机构和全省3000多家企业入驻，上线服务产品3000多件，促成交易服务额2亿多元。此外，南沙与广东省、广州市工业互联网产业联盟积极沟通协调，为区内中小制造业企业提供业务和政策咨询渠道，为数据化服务商提供客户需求信息。

（三）数字化治理提升社会服务能级

智慧城市建设稳步推进。南沙持续推进"城市大脑"项目建设，完成"城市大脑"一期第三方验收测评和安全等级保护测评，实现上线应用，并在2021年6月的疫情防控信息系统开发建设中发挥了重大的数据和基础组件支撑作用。二期项目将进一步增强系统的全面感知、分析研判、决策辅助、协同指挥，夯实共性的支撑能力。此外，"一脸走南沙"人工智能统一服务平台项目建设已基本完成，全区各部门人工智能上层应用均可统一接入，实现AI能力共享、数据流通、业务融合。

智慧政务水平不断提升。南沙已建成统一的综合政务服务信息平台，涵盖预约、网申、受理、审批等多个业务环节。2020年依托该平台南沙进一步提升网上政务服务能力，积极引导网上服务从"最多跑一次"向"办事不用跑"转变，以双向快递、电子证照、电子材料等方式实现网上申办，全年共计纳入1054个区级网办事项，其中209个实现全流程网办。在2020年"数字政府"重点建设指标1877项考核事项范围内，南沙依申请政务服务事项最多跑一次率100%，办事不用跑率98%，行政许可事项四级深度占比99.81%，可即办率79.55%，时限压缩率92.56%，依申请公共服务事项可网办率100%，统一认证率100%。

智慧教育加速普及。一是完善信息化基础设施。区内教育单位全部接入南沙综合业务光纤网，南沙实现网络统一出口；所有学校完成"校校通"工程建设，实现千兆进学校、百兆进场室的目标。二是打造智能化教学环境。远程视频系统、智能录播室实现在全区中小学全覆盖；设立220个智慧课堂教学班，同步配置精准教学与个性化学习系统，智慧教学应用覆盖区内8所学校，实现区内高中智慧课堂覆盖率100%，惠及1万多名师生；建成一批创新实验室，实现3D打印、虚拟现实、智能机器人等创客化课堂教学。三是建立集成化数据平台，建成南沙教育云平台，打造成省内首个区级教育大数据平台。

智慧医疗扩大应用。近年来，南沙积极推进互联网医疗建设，组建了全区一体化的区域卫生医疗信息化平台，全面整合南沙医疗卫生信息资源，成为广州首个实现全区公立医疗机构与广州检验检查互认平台互联互通的地区。南沙积极探索人工智能在医疗诊断中的应用，建成"科大讯飞—人工智能医学影像诊断中心"，开展肺癌等专科病种的医学影像智能辅助诊断系统研究，诊断准确率高于90%。南沙区通过信息化手段，推动了全民健康

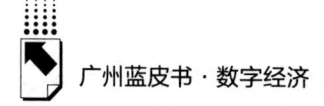

工作发展，提升了人民群众获得感、幸福感、安全感。

信息技术赋能疫情防控。南沙72小时内开发的"南沙疫情防控指挥系统"，入选工信部疫情防控和复工复产复课大数据产品和解决方案名单。南沙发动区内人工智能、软件和信息服务业企业充分发挥疫情防控支撑作用。其中，云从科技公司的"人脸识别+红外测温"一体机在区内隔离酒店、广州白云国际机场、南沙海关等地投入使用。科大讯飞华南人工智能研究院的智能语音外呼机器人协助南沙相关部门发出智能语音外呼超过一万次，获得有效答卷近70%，实现批量自动化通知重点人员核酸检测和身体情况上报。紫川电子公司在疫情期间面向全国交付了150余台红外热成像测温仪。小马智行调用自动驾驶乘用车及自动驾驶卡车为南沙区和荔湾区交通管制区域提供物流运输保障。

（四）数据价值化释放数据要素新价值

数据共享开放推动数据要素价值释放。南沙区重视开放共享与合作。一是持续推进数据共享平台建设工作。已打通南沙区35个委办局和市局的数据交换共享通道，信息资源主题累计856个，汇集数据超过13亿条；平台自上线以来，为南沙区各政务部门的信息系统提供数据支撑服务，累计提供数据共享主题370余个，交换数据总量近6.8亿条，日均数据交换达25万余条，有效促进减时间、减材料、减跑动。二是建立海南—南沙政务联盟战略合作关系。整合两地办事平台信息资源，实现数据共通、信息共享。以区"城市大脑"平台为基础，整合各类数据资源，建设运行监测、预测预警、协同联动、决策支持、指挥调度五位一体的"一网统管"区级平台。

二 南沙数字经济的主要挑战

南沙数字经济稳步发展，在数字产业化、产业数字化转型、数字化治理、数据价值化方面均取得了一定成效，但其数字经济发展还处于起步阶段，产业实力需进一步提升，数字经济市场主体培育不足，数字化发展资源要素有待完善。

在共性问题上，一是企业人才匮乏。通过调研发现，云从科技、暗物智能等人工智能企业表明高层次的 AI 人才缺口较大，广汽丰田表明缺乏具备数字化能力和 IT 能力的数字化人才，粤新海工认为港口生活不便利及配套资源不足降低了人才吸引力。二是市场有待拓展。初创型、研发型高精尖企业如下一代互联网国家工程中心粤港澳大湾区创新中心和暗物智能存在客户不足的问题，市场拓展不足。三是企业融资较难。初创企业由于缺少固定资产抵押不符合银行贷款要求的条件，在银行融资时比较困难。四是数据安全不容忽视。大部分数字型企业表示数据安全、管理、价值是需要关注的重点，重要数据缺乏标准衡量，数据监管需要加强。

从细分行业看，在集成电路领域中，企业界认为南沙还缺乏集成电路专业化园区、高端芯片设计企业不足以及公共技术服务平台有待打造等问题；在人工智能领域中，存在 AI 企业认定统计标准尚不完善、多领域 AI 示范有待开展、AI 开放和公共服务平台亟须搭建以及需要进一步推动 AI 实际场景应用等问题；在数字贸易领域中，南沙存在数字服务贸易平台的全球影响力不足、数字监管尚未成熟，对接数字贸易规则尚未真正破题等问题；在智能网联汽车领域中，代表性企业反映资质管理亟须标准互认，跨区、跨市、跨省测试及运营线路有待进一步开放，出租车、网约车、货运、分时租赁等道路运营许可需要支持，上位法尚未改革或试点（比如：允许安全员不在驾驶位、自动驾驶车辆收费运营等）以及支持保障测试及运营的商业保险政策突破等问题；在产业数字转型升级中，许多企业的 AI、5G 等数字技术还未广泛运用，扶持政策仍有提升空间。企业是产业发展的强有力支撑，南沙应精准把握企业诉求，紧扣企业发展的痛点难点，开拓数字经济发展新局面。

三 促进数字经济产业高质量发展的建议

（一）聚焦数字经济制度创新，开展先行先试改革

为更好发挥南沙改革"试验田"作用和开放高地优势，应率先对标

RCEP、CPTPP 和 DEPA，开展对接高标准国际经贸规则先行先试和产业压力测试。通过在数字经济规则创新、数字经济对外开放、数据要素高效配置、数字经济监管创新等领域先行先试、率先突破，形成点面结合、重点突破、牵引带动的数字经济发展良好局面，为国家在数字经济领域规则、规制、管理创新等方面提供可复制可推广的经验。

1. 聚焦数字经济规则创新先行先试

当前，全球数字经济治理领域正进入激烈的博弈阶段，世界大国纷纷围绕数字经济领域展开规则博弈，意图抢占数字经济发展制高点。南沙应抢抓后疫情时代数字经济国际规则制定的机会窗口，在数字贸易、数字治理等热点前沿领域积极探索，在国际数字经济规则方面进行产业压力测试，进而以规则优势引领数字经济产业高质量发展。

一是主动探索制定全球数字贸易规则。加快全球溯源体系在全球范围内复制推广和开放应用，充分发挥全球溯源中心的数字公共基础设施优势，率先开展数字治理标准规则创新，推动形成货物贸易、知识产权、风险防控等数字贸易国际规则。二是开展国际高水平数字贸易规则对接。率先对标 RCEP、CPTPP 和 DEPA，在知识产权保护、电子商务等方面先行先试，加大对专利、版权、企业商业秘密等权利及数据的保护力度，探索促进数字证书和电子签名的国际跨境互认。对标 CPTPP 跨境服务贸易相关条款，探索放宽或取消跨境交付、境外消费、自然人移动等跨境服务贸易市场准入限制。三是积极开展穗港澳数字经济规则对接，充分发挥南沙粤港澳全面合作示范区作用，立足穗港澳三地数字经济发展重点领域，先行选取共识度高、社会需求迫切的事项进行衔接，研究推动一批政策互通事项，以点带面推动穗港澳三地数字经济规则衔接向纵深推进。

2. 聚焦数字经济对外开放先行先试

发挥南沙对外开放高地的制度优势，争取国家政策支持，先行先试探索数据跨境流动等领域对外开放，走出一条以高水平制度开放推动数字经济高质量发展的路径，为全国推进数字经济制度开放探索经验。

一是争取国家支持开展数据跨境安全流动试点，对标 CPTPP、RCEP 和

DEPA数据跨境流动相关条款，探索建立数据跨境流动规则、分类监管模式、安全保护及风险管控机制。聚焦人工智能、智能网联汽车等重点领域，试点开展数据跨境流动安全评估。二是探索开展跨境数据库服务，加快建设粤港澳数据合作试验区，争取国家支持互联网访问开放、离岸数据中心、国际互联网交换及互联网转接业务在南沙进行试点。三是探索在南沙实行穗港澳三地数据跨境流通、开放共享，依托国际IPv6根服务器，重点在数据资源产权、交易流通等方面先行先试。争取国家支持建设南沙与香港（香港科技大学）、南沙与澳门（澳门科技大学）科研专线，实现科研数据的跨境流动。

3. 聚焦数据要素高效配置先行先试

"十四五"时期，南沙迎来数据要素市场化配置改革的窗口机遇期，围绕政府、企业、公民各类主体的应用需求，率先在数据开放、数据要素市场培育、数据共享利用、数据资源保护方面开展探索，形成数据要素高效配置机制，是实现数字经济高质量发展的重要抓手，将推动南沙在新的竞争中走在前列。

一是率先推动公共数据开放。探索建立公共数据开放负面清单制度，率先开展公共数据资源开发利用试点，建立开发利用目录清单，明确边界条件和监管措施。二是探索培育数据要素市场，探索建立数据产权制度，重点围绕数据所有权、可携带权、使用权、收益权，构建数据要素生产、确权、流通、应用和收益分配机制。积极探索开展国际数据资源服务交易，推进数据资源证券化，探索构建数据服务及数据交易流通的定价、结算、质量认证等制度体系。三是推动数据共享利用，支持不同主体参与公共数据资源开发利用，探索建立公共数据产品和服务价格形成机制。推动建立公共数据资源开发利用规则和流程，支持面向智慧城市、智慧交通、工业大数据等领域，不断拓展数据开发利用场景。四是强化数据资源保护，对标DEPA网络安全相关条款，探索制定网络安全、数据隐私保护等重点领域规则，建立数据保护能力认证等数据安全管理机制。五是推动跨国数据互联互通。对标CPTPP海关管理和贸易便利化相关条款以及DEPA商业和贸易便利化相关条款，升

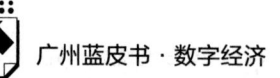

级全球报关服务平台，建立国际海关编码与商品描述基础数据库，推进与各国海关信息互联，实现不同国家电子口岸之间数据的互联互通和合规交换。

4. 聚焦数字经济监管创新先行先试

数字经济的快速发展，将带来数字经济监管问题，在有效监管、防范风险的同时，最大程度上服务市场主体，激发其活力，成为推动数字经济高质量发展不可或缺的一环。当前，国内在数字经济的监管政策、监管环节、监管方式等方面仍处于探索阶段，南沙应率先推动数字经济监管模式创新，为数字变革催生的新经济、新业态、新模式创造更加宽松的环境，以监管模式创新推动数字经济高质量发展。

一是深化综保区监管方式创新。对标CPTPP、RCEP的海关监管相关条款，探索在综保区建设一体化信息系统管理服务平台，逐步取代账册管理模式。试点采用负面清单模式，最大限度上简化货物一线进出境申报流程。二是加强数字经济监管政策创新。围绕新业态新模式带来的细分行业监管服务需求，探索触发式监管、非接触监管、信用监管等新型方式。构建容错纠错机制，探索数字经济"沙盒"监管模式，对部分业务方案符合市场需求或创新需求的，但在资金、资质等某些方面暂时达不到法律要求的新经济企业，允许其进入"监管沙盒"，降低对其的相关监管要求，协助其将创新业务快速落地。三是率先以科技手段赋能监管创新。充分运用大数据、人工智能等创新应用，实现精准监管，探索建立"数据海关"，开展跨境数据流通的审查、评估、监管等工作。

（二）加快完善人才制度体系，集聚数字创新人才

实施更加积极、更加开放、更加有效的人才政策，为南沙集聚海内外数字经济领域的人才提供坚强有力的保障，让各类数字经济人才在南沙区各展其才、各尽其用，打造创新活力迸发的海内外人才高地。

实施便利的人才出入境政策。加快推动南沙国际化人才特区建设，为在区内工作、投资和创业的外籍人才提供出入境、停留居留和永久居留便利。争取国家支持，授权南沙制定外国人才标准，扩大外国人才签证发放范围，

引进数字经济领域急需紧缺的外国人才。争取国家支持，在南沙设立口岸签证机构，开展口岸签证业务，为外籍人才出入境提供便利。争取国家支持，在南沙试点开展技术移民，授权南沙制定"高精尖缺"人才认定标准，引进急需紧缺的外国人才，支持外籍人才就业创业。

探索制定分层分类人才吸引政策。结合南沙数字经济产业发展及人才队伍建设需要，探索在集成电路、人工智能、智能网联汽车等数字经济领域，联合用人单位、行业组织和业内专家，率先建立人才分类分级标准体系，打破学历、职称和资历限制。

完善人才服务保障制度。健全"住房补贴+共有产权房+人才公寓"的住房保障体系，加强住房保障向基础型、技能型人才倾斜，加强人才优质基础教育配套、优质医疗服务保障等措施，加快地铁、公交等公共交通基础设施建设，营造适合青年人才工作生活的良好环境。

（三）建立健全财税金融政策，强化产业发展支撑

建立有利于数字经济产业和人才集聚的财税金融制度，进一步拓展数字经济企业投融资渠道，发挥市场主体建设南沙的作用，为南沙数字经济发展提供有力支撑。探索实施具有竞争力的税收政策。争取国家授权，研究对在南沙从事人工智能、智能网联汽车、集成电路等数字经济关键领域核心环节生产研发的符合条件的企业，减按15%的税率征收企业所得税。争取国家授权，适当放宽享受税收优惠的技术转让范围和条件，开展技术转让所得税优惠政策试点，助力南沙产业结构和科技创新生态链条进一步优化。积极争取更加开放的金融政策及创新措施。争取国家授权，开展数字货币试点，进行数字货币应用和研究的先行先试，促进数字经济提质增效。探索开放创新政策制度及风险压力测试，争取国家授权，开展跨国公司本外币一体化资金池业务试点，全面落实外商投资国民待遇，在银行、证券、保险、资管等领域引入更多高水平国际竞争者，对接国际高标准规则，推动金融业高水平开放。

加强数字经济领域财政支持力度。全面优化"1+1+10+N"产业政策，

推进全区各类专项资金向数字经济领域倾斜，在产业扶持、人才引进、科技创新等方面对区内人工智能、智能网联汽车等重点领域核心产业给予支持，引导创新要素向重点产业和重大项目集聚。鼓励银行、担保、小额贷款等机构创新金融产品和金融服务，利用信贷风险补偿、应收账款抵押、融资担保、小额票据贴现等方式，拓宽数字经济企业融资渠道。

（四）打造数字经济产业高地，壮大数字企业矩阵

当前，南沙数字经济核心产业竞争力不强，数字产业规模较小，且区内仅有11家孵化器和6家众创空间，产业孵化能力有待提升。以打造湾区产业孵化高地、推动产业壮大集聚为主线，以促进南沙双创平台能级提升、初创科技企业扶持加强、数字产业规模壮大、产业集聚能力增强为抓手，加速构建数字经济产业生态。

提高创新创业孵化平台能级。构建完善"众创空间+孵化器+青年创新创业基地+加速器+产业园区"的多梯度多层级数字经济创新创业成长空间，培育一批市级以上的"双创"平台。聚焦新一代信息技术、智能网联汽车等战略性新兴产业，加大科技创新创业孵化载体、众创空间引进力度，支持头部企业、各类创新主体等围绕自身核心技术孵化科技企业，完善创业孵化链条。协同港澳共建国家级科技成果孵化基地和科技企业孵化器，探索离岸双向孵化。

促进产业做大做强。完善"微成长、小升高、高壮大"的企业培育长效机制，通过企业专班服务及精准招商，加大对数字经济企业的培育及招引力度，打造一批国内外关键核心技术先进、产业带动性强的细分领域头部企业。培育和支持本地"专精特新"中小企业，鼓励企业专注细分领域，掌握关键核心技术，持续扩大产品市场份额，打造细分领域的"单项冠军"。积极组织中小微企业参加国内外专业展览展销活动，扩大产品销售市场。建立"独角兽"培育机制，加大政策扶持，促进独角兽、准独角兽企业快速成长，促进企业生态体系建设。

构建产业内外联动新格局。链接全球创新创业资源，引进海外优质项

目、技术成果和人才等资源，帮助在孵企业对接海外市场，支持面向以色列、德国、澳大利亚等创新资源密集区设立离岸孵化器、境外孵化器。强化粤港澳大湾区产业联动，充分利用南沙联通国内与国际市场的优势，积极承接港澳产业转移，拓展产业发展空间。加强与海南自由贸易港、共建"一带一路"国家和地区的制度、规则、产业对接，强化产业链供应链协调合作，带动装备、服务、品牌、标准走出去。

（五）构建产业发展良好生态，营造一流营商环境

充分发挥国家赋予自贸区先行先试、制度创新的政策优势，构建开放创新、高效便捷、国际化、法制化的营商环境，为产业生态营造更加具有竞争性、吸引力的软环境。

争取赋予更大改革自主权的政策环境。一方面，支持先行先试改革举措。广州出台的重大改革措施，优先在南沙试点。争取更多管理权限依法经批准下放至南沙。现行和今后出台的政策，按照"政策从优"的原则普遍适用。选拔优秀人才到自贸区工作，建立自贸区各片区之间干部人才常态化交流机制。另一方面，推动自贸区扩容提质。积极推动南沙拓展范围。加大系统集成创新力度，推动形成一批系统集成创新成果，强化制度创新促进产业发展。携手深圳前海、珠海横琴共建粤港澳大湾区自由贸易组合港，共同争取更大改革自主权。

打造高效便捷的政务环境。提升政务服务水平，对标国际先进和最佳实践，深入推进"数字政府"建设，推进"网上办""最多跑一次"，构建最优政务服务新模式。建设"人脸无感识别智能政务应用大厅""一站式集中审批平台"等，持续打造无证明自贸区。深化南沙政务全球通办，扩展延伸"国际营商通"业务范围。试点探索建立"湾区通"企业登记互认机制，探索建立运用互联网、大数据、人工智能、区块链等技术手段优化行政管理的制度规则，建立健全以信用为基础的新型监管机制。

营造一流国际化的法治环境。打造南沙高端法律服务集聚总部区，建设粤港澳大湾区法治建设示范区。构建全业务链、一站式的涉外法律服务平

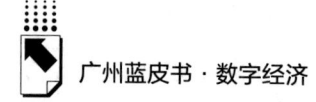

台,支持"一带一路"域外法查明(广州)中心发展壮大。探索与港澳地区司法规则交流对接,探索在知识产权、数字经济等领域建立国际商事争议案件集中审判机制,支持国际商事仲裁制度发展,高水平建设中国南沙国际仲裁中心。充分发挥广州专门法院和法律服务集聚的优势,争取允许境外知名仲裁等争议解决机构在南沙设立业务机构,先行探索国际投资仲裁,开展"内地审前程序证据开示"机制,打造具有大湾区特色的国际商事多元化纠纷解决机制。

参考文献

张赛飞、杨莹:《提升广州科技创新和产业创新"双策源"能力》,《广州日报》2021年11月15日。

钱野、冯云:《数字经济与数字化改革相关政策梳理及建议》,《杭州科技》2021年第3期。

丁焕峰、周锐波、刘小勇:《广深"双城"联动打造世界级创新平台战略》,《城市观察》2021年第1期。

刘理晖、胡晓:《全球人才流动特点和自由贸易港(区)的人才政策》,《重庆理工大学学报》(社会科学版)2019年第12期。

B.5 广州数字经济与产业结构耦合发展研究[*]

程风雨[**]

摘　要： 鉴于数据的可获得性，本文通过爬虫技术获取数字经济细分数据进而构建数字经济评价指标体系，在此基础上采用熵值法计算广州2018~2021年数字经济和产业结构综合水平，通过系统耦合度模型及耦合协调度模型，计算广州数字经济和产业结构的系统耦合度值及耦合协调度值。研究发现，广州数字经济与产业结构之间存在耦合关系，且耦合协调发展较为稳定，处于良好协调阶段，数字经济能够得到有效支撑，产业结构也能相应升级飞跃。从三次产业来看，广州数字经济与服务业互动协调呈现螺旋上升发展态势，交互共同向新的有序度方向演进。未来广州需要抓住粤港澳大湾区发展机遇，释放数字经济红利，推动产业结构优化升级，实现数字经济与产业结构同步发展，形成现代产业新业态。

关键词： 数字经济　产业结构　熵值法　耦合度　耦合协调度

一　文献综述

与本文研究相关的主要是两类文献。第一类文献主要关注的是数字经济

---

[*] 本文系广州市哲学社会科学规划课题"广州推进要素市场化配置改革研究"（项目编号：2021GZQN06）的阶段性研究成果。

[**] 程风雨，广州市社会科学院区域发展研究所副研究员，博士，研究方向为城市经济与公共政策。

的测度问题。作为一种新兴的经济形态，数字经济发展历史相对较短，无论是业界还是学界对其规模或发展状况还没有较为统一的研究结论。Georgiadis等将数字经济定性为以数字化的形式传递的动态经济，具体而言，是通过信息通信技术和互联网渗透而实现的一种经济行为。OECD从赋权社会、创新能力、智能化基础设施和ICT促进经济（就业）等四个维度构建衡量指标体系，进一步量化评估和对比分析世界主要国家的数字经济发展规模。国内学者从数字经济的不同内容入手，构建有所差异的数字经济衡量指标体系，如刘方等通过汇总数字经济基础产业和融合产业两部分构建量化模型，进而评估数字经济发展规模；万晓榆等基于经济学领域的投入产出法构建一整套数字经济发展的指标体系；许宪春和张美慧从国际比较的视角，通过数字化赋权基础设施、数字化媒体、交易和数字经济交易产品等四个维度设计中国的数字经济发展评价体系；单志广等从三元空间理论出发，相应地对人类社会空间、信息网络空间和实体物理空间设置指数并赋予权重，量化评价数字经济发展。

第二类文献主要围绕数字经济与产业结构的关系展开。赵西三认为，数字经济的主战场应该是制造业，中国制造业转型升级要以软件化、平台化、共享化和生态化为发展方向展开；昌忠泽等认为信息技术有助于制造业转型升级，且存在区域异质性；张于喆认为，数字经济会对产业发展的内涵、空间和领域等方面产生深远影响，并成为产业向中高端转型升级及经济增长的动力源泉；徐伟呈等利用面板数据的实证分析发现，互联网可以驱动产业结构高级化，但是不利于产业结构合理化；许家云研究发现，互联网对东中部及国有化水平低的地区工业结构升级效应较为显著，对西部地区工业结构升级作用有限。

通过对以往文献梳理可以发现，其主要存在以下不足：第一，数字经济的衡量标准并不一致，没有得到公认，且对于广州的研究较为鲜见；第二，对于数字经济与产业结构的关系研究以理论探讨和定性分析为主，但是很少有文献实证探究两者之间的耦合协调关系。基于此，本文以广州为研究对象，首先，运用文本分析的方法，从新华三集团数字经济研究院与中国信息通信研究院中国城市数字经济指数（2018～2021年）中筛选广州数字经济细分数据，然后，以此为基础，构建广州数字经济与地区产业结构评价指标系统，进而采用熵值法将各个细分指标赋予权重；最后，通过耦合度和耦合协调度模型，对广州2018～2021年数字经济与产业结构的耦合度和耦合协调度进行比较分析，以期更好实现广州数字经济与产业结构互相促进、共同发展的目的。

二 研究设计与实证分析

（一）相关模型及量化测度方法

1. 指标构建

数字经济嵌入和交融至地区经济社会发展之中，使得其与产业结构的作用关系较为复杂。在评价指标体系的建构过程中，需要关注细分指标的选择与确定，这不仅影响对研究系统的综合评价，而且能提升耦合度模型以及耦合协调度模型评价结果的科学性。遵循一般原则，结合现有的对数字经济发展规模评价的指标研究，本文爬取2018～2021年广州数据及信息化基础设施、城市服务、城市治理及产业融合等四个维度的数据确定广州数字经济发展状况的评价指标体系。具体而言，数据及信息化基础设施二级指标涵盖固网宽带应用渗透率、移动网络应用渗透率、城市云平台、信息安全、城市大数据平台、政务数据共享交换平台、开放数据平台、运营体制和运营机制等细分指标；城市服务二级指标涵盖民生领域的政策数量、民生领域的数字化政策项目数量、教育数字化、医疗数字化、交通服务数字化、民政服务数字化、人社服务数字化、扶贫数字化、营商环境数字化、生活环境数字化、均衡性指标、示范工程应用和城市服务综合指数等细分指标；城市治理二级指标涵盖治理领域的政策数量、治理领域数字化项目的数量、公共安全治理数字化、信用治理数字化、生态环保数字化、市政管理数字化、应急管理数字化、自然资源管理数字化、均衡性指

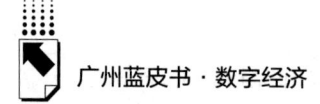

标、示范工程应用和城市治理综合指数等细分指标；产业融合二级指标涵盖数字产业化驱动产业、数字产业化主体产业、农业、金融、制造业、能源、生活服务、交通物流、科教文卫、医疗健康、示范工程应用、产业生态和产业融合综合指数等细分指标。对于产业结构细分数据，则采用第一产业增加值占GDP比重、第二产业增加值占GDP比重及第三产业增加值占GDP比重等3个影响因素进行分析。广州数字经济及产业结构发展评价指标体系如表1所示。

表1 广州数字经济及产业结构发展评价指标体系

系统层	指标层	指标性质
数字经济系统	数据及信息化基础设施	正向
	城市服务	正向
	城市治理	正向
	产业融合	正向
产业结构系统	第一产业增加值占GDP比重	正向
	第二产业增加值占GDP比重	正向
	第三产业增加值占GDP比重	正向

2. 数据来源

自2018年以来，紫光股份旗下新华三集团数字经济研究院与中国信息通信研究院云计算和大数据研究所每年连续出版《中国城市数字经济指数蓝皮书》，其研究数据较为可靠。基于研究方法及数据可获取性的限制，本文选取2018~2021年该蓝皮书报告中广州数字经济相关数据同时基于2018~2021年广州国民经济和社会发展统计公报获取产业结构的研究数据。

3. 耦合函数的构建

本文基于物理学"容量耦合"原理，构建数字经济与产业结构耦合度系数模型，其具体形式如下：

$$C = \frac{2\sqrt{A \times B}}{A + B} \quad (1)$$

式（1）中：A 表示数字经济子系统的综合序参量，B 表示产业结构系统的综合序参量。C 为耦合度，取值范围处于 0 与 1 之间，其极端取值的具体含义为，当取值为 0 时，表示数字经济与产业结构系统耦合度极小，两者之间没有关联，整体表现为无序的结构；当取值为 1 时，表示数字经济与产业结构系统耦合度最大，两者之间实现共振关联，整体向有序状态升级。此外，根据耦合度数值可以将广州数字经济与产业结构耦合水平分为 5 个阶段：当 $C \geqslant 0.8$ 时，为高耦合阶段；当 $C \geqslant 0.6$ 且 <0.8 时，为良好耦合阶段；当 $C \geqslant 0.4$ 且 <0.6 时，为磨合阶段；当 $C \geqslant 0.2$ 且 <0.4 时，为拮抗阶段；当 $C<0.2$ 时，为低度耦合阶段。

4. 耦合协调度模型构建

前文构建的耦合度模型能够反映出广州数字经济与产业结构两个系统之间耦合程度，但是无法全面反映出两个系统发展水平对耦合度的影响情况，比如当数字经济与产业结构两个系统的综合序参量均较小时，即两者发展都处于低水平阶段，此时根据式（1）所构建的耦合度模型测度出来的耦合值依然较高，因此单纯依靠耦合度模型测度可能会对两个系统联动发展做出误判。基于此，本文进一步构建耦合协调度模型，以期科学准确地反映两个系统的发展水平及协调作用。其具体函数形式如下：

$$\begin{cases} D = (C \times T)^{1/2} \\ T = aA + bB \end{cases} \quad (2)$$

式（2）中：T 和 D 分别为两系统的综合协调和耦合协调度指数；a 和 b 为待定系数，数值大小反映出不同子系统的重要性，按照研究惯例我们将其分别设定为 0.5。T 和 D 的数值也是取值为 0~1，同理本文按照耦合协调度指数 D 的大小，将广州数字经济与产业结构耦合协调发展水平分为 5 个等级，其具体分类及内涵特征如表 2 所示。

表2　广州数字经济及产业结构两系统耦合协调等级及内涵特征

耦合协调度指数值	等级	内涵特征
$D \geq 0.8$	高度协调	两系统互动协调呈现螺旋上升发展态势，交互向新的有序度方向演进
$D \geq 0.6$ 且 <0.8	良好协调	两系统能够良好互动，数字经济能够得到有效支撑，产业结构也能相应升级
$D \geq 0.4$ 且 <0.6	勉强协调	两系统协同作用一般，数字经济能够获得产业发展一定的支持，产业发展也能从数字经济活动中得到一定的回报
$D \geq 0.2$ 且 <0.4	轻度失调	两系统耦合协调程度低，处于磨合阶段
$D < 0.2$	严重失调	两系统各自发展，且发展水平较低

（二）实证结果与结论

根据前文的模型构建思路，本文首先采用熵值法计算出广州数字经济和产业结构两系统在研究期内的指标权重，并根据耦合模型及耦合协调模型获得2018~2021年广州数字经济与产业结构两系统的耦合度 C 值、综合发展水平指数 T 值以及耦合协调度 D 值，如表3所示。

表3　2018~2021年广州数字经济及产业结构两系统耦合类别值

年份	C	T	D
2018	0.83	0.71	0.77
2019	0.82	0.70	0.76
2020	0.77	0.67	0.72
2021	0.84	0.71	0.77
均值	0.81	0.70	0.75

根据表3，可以得出以下两点结论。

第一，广州数字经济与产业结构之间存在耦合关系。从研究样本的均值来看，其耦合度 C 的均值为0.81，除2020年其值低于均值、处于良好耦合阶段外，其余研究年份内广州数字经济与产业结构之间均处于高度协调阶段。

第二，广州数字经济与产业结构的耦合协调发展较为稳定，其均值为0.75，表明在研究年份内，两系统均处于良好协调阶段，能够良好互动，数字经济能够得到有效支撑，产业结构也能相应升级飞跃。

进一步测算可知，从三次产业来看，广州数字经济与三次产业结构之间的耦合协调度也存在较大差距。其中，广州数字经济与第三产业之间的耦合协调度最高，其样本期内耦合协调度均值约为0.98，这表明广州数字经济与服务业互动协调呈现螺旋上升发展态势，交互共同向新的有序度方向演进。

三 结论及政策建议

鉴于数据的可获得性，本文利用 2018~2021 年广州相关数据进行实证分析。通过爬虫技术获取广州数字经济细分数据进而构建数字经济评价指标体系，在此基础上计算出广州数字经济与产业结构的耦合度值及耦合协调度值。结合研究结论，本文提出优化数字经济对产业结构优化升级的推动作用的几项建议。

（一）推动数字基础设施互联互通

数字基础设施互联互通是粤港澳大湾区基础设施互联互通的重要组成部分。一是以粤港澳大湾区综合性国家科学中心建设为契机共建基础设施。依托广深港澳科技创新走廊建设，重点围绕数字技术重大科技基础设施、科教基础设施等创新基础设施与湾区内城市开展共建。二是深化应用场景，提升数字经济嵌入度。加快推动互联网、大数据、人工智能等技术发展，拓展公交、机场、港口、医院、学校等不同应用场景的智能互联，试点基于 5G 的车联网和无人驾驶，持续提升"人、车、路、云"融合协同能力，在广州智慧城市群建设中形成新的突破。三是深度拓展工业互联网平台建设。积极参与粤港澳大湾区量子通信骨干网络、卫星互联网等未来网络构建，共同提升数据存储、传输、交换和计算能力。发挥标识解析国家顶级节点和工业互联网数据中心优势，积极引导湾区制造业企业、互联网企业、信息通信企业等参与共建广州国家级跨行业、跨领域工业互联网平台，带动广州工业互联网和消费互联网协同发展。

（二）推动数字产业链关联协同化

广州要建设具有世界影响力的数字产业集群，必须依托粤港澳大湾区的产业优势，积极推动区域数字产业链的关联协同发展。粤港澳大湾区产业基础雄厚、战略性新兴产业发达，湾区内城市产业发展各有长处和特色，可以为广州数字产业建设提供较为完备的发展要素。一是围绕战略性行业或产业，共同打造国际一流的数字经济生态圈。以人工智能、云计算、物联网、大数据、区块链、工业互联网、网络安全、量子信息、虚拟现实和增强现实等数字核心产业为建设方向，引导和扶持其龙头企业布局广州，重点开展智能传感器、集成电路等核心元器件及关键软件的研发生产，辐射带动产业链上下游中小企业集群发展，联手打造国际一流的数字经济生态圈。二是加快全生命周期实现数字化赋能和升级。以数字化服务提供商面向传统制造企业和服务企业推广数字化应用为导向，共建工业互联网平台、行业数字公共服务平台、数字化转型促进中心，协同开发建设"上云用数赋智"等运营模式，促进企业从研发设计、生产流通到消费服务等全生命周期各个环节全面实现数字化赋能和升级。三是立足广州优势融入区域加快协同建设国家级数字产业集群。以工信部开展先进制造业产业集群建设为契机，发挥中新广州知识城、广州科学城、南沙自贸试验片区先行示范优势，积极引进国际及港澳地区的头部数字创新企业，共建灵活开放的数字经济创新园区，加快打造数字经济空间增长极。

（三）共建数字要素大市场

构建相对统一高效的数字要素大市场是推动广州数字产业链关联协同发展的重要支撑。一是参与粤港澳大湾区数字市场的执法体系和监管体系建设,推动形成市场决定要素价格、自主有序流动、高效公平配置的高标准一体化区域数字要素市场,促进区域市场信息互通共享。二是明确数据的标准化要求、流通交易规则和公平竞争机制,促进数据要素市场机制的有序有效有机运作。推进粤港澳大湾区共建数字市场的规则体系,完善与粤港澳大湾区城市间数据高速传输一体化网络建设,携手共建粤港澳大湾区数据交易中心。三是促进数字要素多方位深度共享。牵头制定数据开放共享方案,探索推动数据开放共享规范,鼓励开放共享工业、贸易、金融、电商、搜索、社交等数据,促进政府部门间开放共享政务数据,鼓励学校、医院等机构开放共享公共服务数据,科学做大广州数字资源总量规模,为数字经济产业化和产业数字化提供数据支撑。

(四)打造数字新技术新业态策源地

充分发挥粤港澳大湾区协同创新优势,面向世界数字技术前沿、面向数字业态趋向、面向数字经济主战场、面向数字中国发展需求,推动构建完善的区域数字创新发展共同体,携手共建国际数字新技术新业态策源地。聚焦数字关键技术和核心产业,鼓励广州科研院所与粤港澳大湾区企业共同组建一批数字技术国家实验室、国家产业创新中心和国家技术创新中心,共同布局建设一批国家重大数字科技项目,促进产学研用深度融合。推动粤港澳大湾区科研院所资源整合优化与开放合作,共建数字基础学科研究中心,加大对基础研究的政策支持力度。发挥粤港澳大湾区龙头企业的引领带动作用,支持广州高成长性的数字高科技中小企业成长为数字新技术新业态的发起者和驱动者,着力在大湾区范围内形成数字产业链融通创新的大格局。引导数字企业跨城共建行业创新平台、共性技术平台、创新服务平台,搭建紧密连接的创新合作网络。加强与深圳等湾区城市合作,共同举办具有全球影响力的数字新技术和数字新业态高层论坛、发布会和展览会,发挥数字创新风向标作用。积极推动粤港澳大湾区建立创新资源开放共享机制,共同优化数字经济创新创业创造生态,协同打造全球数字经济创新人才高地。

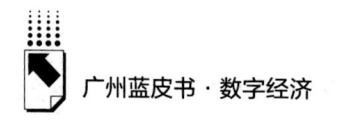

参考文献

Georgiadis C. K., Stiakakis E., Ravindran A. R., "Editorial for the Special Issue: Digital Economy and E-commerce Technology," *Operational Research* 1 (2013).

OECD, *Measuring the Digital Economy: A New Perspective* (Paris: OECD Publishing, 2014).

刘方、孟棋：《数字经济发展：测度、国际比较与政策建议》，《青海社会科学》2019年第4期。

万晓榆、罗焱卿、袁野：《数字经济发展的评估指标体系研究：基于投入产出视角》，《重庆邮电大学学报》（社会科学版）2019年第6期。

许宪春、张美慧：《中国数字经济规模测算研究：基于国际比较的视角》，《中国工业经济》2020年第5期。

单志广、徐清源、马潮江等：《基于三元空间理论的数字经济发展评价体系及展望》，《宏观经济管理》2020年第2期。

赵西三：《数字经济驱动中国制造转型升级研究》，《中州学刊》2017年第12期。

许家云：《互联网如何影响工业结构升级？——基于互联网商用的自然实验》，《统计研究》2019年第12期。

徐伟呈、范爱军：《"互联网+"驱动下的中国产业结构优化升级》，《财经科学》2018年第3期。

昌忠泽、孟倩：《信息技术影响产业结构优化升级的中介效应分析：来自中国省级层面的经验证据》，《经济理论与经济管理》2018年第6期。

张于喆：《数字经济驱动产业结构向中高端迈进的发展思路与主要任务》，《经济纵横》2018年第9期。

徐德云：《产业结构升级形态决定、测度的一个理论解释及验证》，《财政研究》2008年第1期。

干春晖、郑若谷、余典范：《中国产业结构变迁对经济增长和波动的影响》，《经济研究》2011年第5期。

B.6
数字人民币服务乡村振兴研究

刘岳平*

摘　要： 乡村振兴是脱贫攻坚取得胜利后，党和国家新时代"三农"工作的重要战略方向。数字人民币是中国人民银行发行的法定数字货币，具有无中介、松耦合+双离线、零手续费和可控有限匿名等特征。在乡村振兴实践中，数字人民币的使用可以降低交易成本，提高财政补贴效率，但同时也面临农村数字经济发展相对滞后、信息基础设施不完善、现代电子支付接受度不高、数字人民币应用场景少等问题，可通过合理选择数字人民币的试点区域、精确选择数字人民币的试点群体、有序推进数字人民币的普及、有效提高数字人民币的宣传普及、逐步改变农村居民的传统支付习惯等举措提升数字人民币服务乡村振兴的能力。

关键词： 数字人民币　乡村振兴　数字设施

实施乡村振兴是脱贫攻坚取得胜利后，党和国家"三农"工作的又一重大战略部署。自党的十九大报告提出乡村振兴战略以来，全国各地围绕"产业兴旺、生态宜居、乡风文明、治理有效、生活富裕"出台了一系列推动乡村振兴战略实施的政策文件，并全面部署了推动乡村振兴战略落地落实的重大工程、重大计划、重大行动。

持续推进乡村振兴战略离不开创新性的财政金融政策支持。数字货币是

---

* 刘岳平，广州数字金融创新研究院有限公司高级研究员、科研部负责人，研究方向为数字金融。

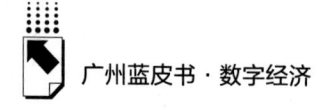

一种新型加密货币，技术基础是区块链技术或分布式记账技术，是近年来发展迅速的金融科技的应用，在助力乡村振兴战略落地实施过程中具有重要的促进作用和现实意义。本研究系统介绍数字人民币的概念、特征、运行机制、基本演进，梳理当前数字人民币在"三农"领域中的实践，总结数字人民币服务乡村振兴的困境，并提出数字人民币服务乡村振兴的突破路径。

一 数字人民币的概念与演进历程

（一）数字人民币概念、性质与特征

1. 数字人民币的概念

2021年7月，中国人民银行发布了《中国数字人民币的研发进展白皮书》，指出数字人民币（简称DC/EP）是中国人民银行发行的法定数字货币，并指定中国工商银行、中国农业银行、中国银行、中国建设银行、交通银行、中国邮政储蓄银行等6家国有银行和网商银行、微众银行两家民营银行共8家银行作为数字人民币运营机构；数字人民币基于广义账户体系，具有银行账户的松耦合功能，具有人民币现金的价值特征和法偿性。

2. 数字人民币的性质

第一，数字人民币是基于国家信用的法定数字货币。数字人民币由中国人民银行发行和管理，是与人民币现金具有同等使用价值的国家法定货币，以数字形式实现价值转移，流通机制也与人民币现金一致，具备交易流通、价值尺度、价值储藏等货币的基本功能。二是与人民币现金一样，数字人民币也是中国人民银行对公众的负债。由于数字人民币等同于人民币现金，是人民币现金的数字化形式。因此，数字人民币是基于国家信用的、数字形式的法偿性人民币，是中国人民银行对公众的负债。

第二，数字人民币发行权归属国家，采取中心化管理、双层运营的体系和模式。数字人民币运营体系需要一个中心机构，这个中心机构就是中国人民银行。作为运营机构的中心，中国人民银行指定8家银行参与运营数字人

民币,以及管理数字人民币全生命周期。中国人民银行不直接向社会公众发行数字人民币,社会公众如需使用数字人民币交易,可向8家指定的运营银行进行兑换。

第三,数字人民币是与实物人民币长期并存的数字化形式现金(M0)。数字人民币与人民币现金是由中国人民银行发行的两种不同形式的人民币,两者在日常交易支付中都具有同等法律地位和使用价值。中国人民银行行长易纲公开指出,中国人民银行不会停止发行人民币现金,或者以行政命令强制以数字人民币替换人民币现金。也就是说,中国人民银行将同时发行数字人民币和人民币现金,并负责对二者统计分析和统筹管理。同时,中国人民银行根据社会经济发展需求,继续发行和管理实物人民币,不会强制性替换实物人民币。

第四,数字人民币被定位为零售货币,用于零售支付需求。中国人民银行已经明确数字人民币定位,即数字人民币是面向社会公众发行的零售型法定数字货币。数字人民币在移动支付普及、老百姓对移动支付效率和安全要求不断提高的背景下,立足国内支付系统的现代化,进一步提高零售支付系统效能,降低全社会零售支付成本,充分满足公众日常支付需要,提高老百姓金融服务的获得感和安全感。与此同时,《中国数字人民币的研发进展白皮书》也明确指出,数字人民币和指定运营机构的电子账户资金共同构成现金类支付工具。在依法合规且获央行认可支持的情况下,支付机构可以依托现有支付基础设施,参与数字人民币支付服务体系,为老百姓提供高效、便捷、安全的数字化零售支付服务,不断提升老百姓数字人民币使用体验。

3. 数字人民币的特征

第一,数字人民币是去中介的。通常移动电子支付工具支付的人民币是电子货币,需要用户将个人银行账户中的存款人民币转换成为移动电子支付工具中的电子货币,而数字人民币是由中国人民银行直接发行的数字形式的现金货币。所以移动电子支付需要在商业银行开立银行账户才能使用,而数字人民币则不需要在商业银行开立账户便可以直接使用,为此有了数字钱包

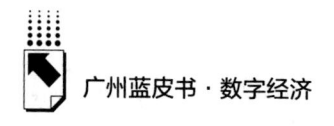

就可以点对点地支付，不需要任何第三方。

第二，数字人民币可以实现"双离线"支付。数字人民币无须开立银行账户，所以在不联网的情况下，数字人民币交易双方都可以在"离线"情况下近场完成交易，中间无须使用任何媒体中介，如同线下现金交易般便捷。

第三，数字人民币支付零手续费。由于数字人民币不需要任何第三方就可以实现支付，如同纸币一般可以在任何场景下支付，为此采用数字人民币进行交易、转账都是免费的，而市面上的支付工具（如支付宝、微信以及商业银行）超额转账、提现需要收取一定的手续费。

第四，数字人民币可控有限匿名。数字人民币可以认为是模仿人民币线下交易，所以数字人民币的保密性非常强。数字人民币对用户隐私的保护是现行支付工具中等级最高的。数字钱包里面的货币可以在钱包之间进行转移，交易信息受人民银行的严格控制，而且除了央行没有任何人可以追踪其去向，相比于第三方支付的"支付加结算"方式更为直接、透明、安全。数字人民币是有限匿名，以风险可控为前提，中国人民银行对非法交易，例如反恐怖融资、反洗钱、反逃税等领域，将严格按照法律实行风险监控。

4. 数字人民币的运行机制

中国人民银行围绕"一币、两库、三中心"发行、管理数字人民币全生命周期。"一币"，即数字人民币；"两库"，即数字人民币发行库和商业银行库；"三中心"，即数字人民币的认证中心、登记中心和大数据分析中心（见图1）。具体运行机制是由央行发布和出库数字人民币，商业银行承接并对公众投放数字人民币，公众可以使用数字货币钱包兑换数字人民币，从而完成交易，而后商业银行对数字人民币进行回笼再进入中央银行的发行库。

在具体运行设计上，主要表现为以下四个特征：一是双层运行体系，第一层是中国人民银行，负责发行数字人民币；第二层是8家运营机构，负责兑换数字人民币。二是采用中心化管理，账户采用"松耦合+双离线"支付方式，由中国人民银行统一管理，可与传统银行账户脱离，实现价值转移，降低交易环节对账户的依赖程度。三是主要替代 M0 的功能，不会涉及 M1 和 M2 领域，从而节约实物人民币（纸钞和硬币）发行、回笼和储藏成本，可以有效对流通中的货币进行监管；而数字人民币不涉及 M1 和 M2 领域，也即不涉及贷款和存款等可能产生信用创造的环节，使得数字货币的推广和普及对金融体系产生的冲击很小。

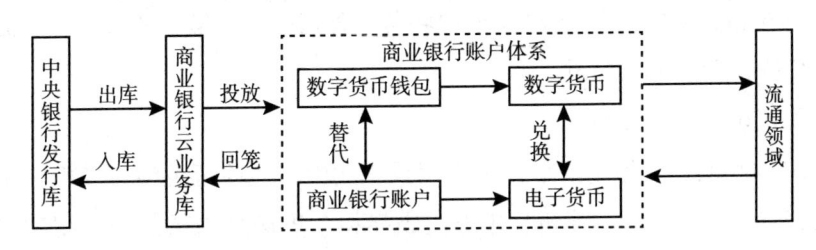

图 1　数字人民币的运行机制

资料来源：管弋铭和伍旭川（2020）。

（二）数字人民币的发展历程

从 2014 年时任中国人民银行行长周小川提出研发数字人民币，到 2019 年底数字人民币正式推出，并在深圳、苏州等城市试点，整个过程历时 5 年。时至今日，数字人民币仍在试点阶段，但试点城市不断增加。根据数字人民币的探索和实践，可将我国数字人民币的发展历程归为以下四个阶段：概念论证阶段、正式启动阶段、测试和试点阶段以及跨境支付交易阶段。

1. 概念论证阶段

2014 年，中国人民银行成立数字人民币项目组，着手数字人民币研究，深入研究了国际上数字货币发行和交易流通等经验以及数字人民币的发行框架、关键技术、交易流通环境。2017 年，为研究测试区块链技术和数字货币在现实生活中的应用，中国人民银行数字货币研究所成立，并搭建完成数字人民币第一代原型系统，提出双层运营体系、M0 定位、银行账户松耦合、可控匿名等数字人民币顶层设计和基本特征。

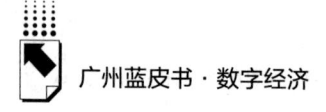

2. 正式启动阶段

2017年末，经国务院批准，中国人民银行选择大型商业银行、电信运营商、互联网企业等第三方机构参与数字人民币研发，并组织部分第三方商业机构共同开展数字人民币研发试验。对参与数字人民币研发的第三方机构的选择有一定的要求，主要依据资产规模和市场份额排名居前、技术开发力量较强等标准进行筛选。2018年中国人民银行数字货币研究所将数字人民币的研发和试点命名为DCEP，同时将若干种可以尝试推广的支付产品命名为e-CNY，即数字人民币。

3. 测试和试点阶段

2019年底，为检验数字人民币场景适用性、风险可控性等参数，中国人民银行开始在深圳、苏州、雄安、成都和冬奥场景内部进行封闭试点测试。2020年8月，商务部印发《全面深化服务贸易创新发展试点总体方案》，提出将在京津冀、长三角、粤港澳大湾区及中西部具备条件的地区开展数字人民币试点；2020年10月，《中国人民银行法（修订草案征求意见稿）》明确规定人民币包括实物形式与数字形式，为发行数字人民币奠定法律基础。随后，数字人民币试点城市不断增加。2020年11月，中国人民银行将上海、海南、长沙、西安、青岛、大连6个城市列为数字人民币试点城市。

2021年，数字人民币试点范围进一步扩大，北京、上海、长沙等地陆续展开新一轮数字人民币应用场景的测试和实验。此外，国家《第十四个五年规划和2035年远景目标纲要》明确提出"稳妥推进数字货币的研发"。这意味着数字人民币的推进已成为当今新发展格局下推动我国经济社会高质量发展、实现国内国际双循环互促局面的战略着眼点。2022年4月，天津、重庆、广州、福州、厦门以及浙江省承办亚运会的6个城市（杭州、宁波、温州、湖州、绍兴和金华）作为试点地区。随着试点城市数量和场景的不断增加，数字人民币的功能也将不断优化和完善，为将来正式发行打下了坚实基础。

4. 跨境支付交易阶段

为了更好地满足数字化时代和新冠肺炎疫情特殊时期对于"非接触"

的电子支付手段的新要求，有效利用中央银行货币成为跨境支付的关注领域。2021年2月，中国人民银行数字货币研究所与泰国中央银行、香港金管局等国家和地区央行联合发起数字货币桥研究项目，研究央行数字货币在跨境支付中的应用。数字人民币跨境支付将有助于我国加快人民币跨境支付系统（CIPS）等金融基础设施建设，同时也将有助于加快形成人民币全球化支付体系，加速推动人民币国际化。

二　数字人民币在乡村振兴中的实践

（一）数字人民币节省交易成本，助力发展特色农业

在农村的市场交易中，不管是农户与农户之间，还是农户与经销商之间，其市场交易大多表现出小且分散的特征，其核心是农户都是规模小且数量多，导致传统的现金交易无法找零等不便，而现代电子交易（如微信、支付宝）需要有移动网络，而且面临提现需要手续费、不能即时到账等问题，从而导致交易成本较高。2020年11月25日，大连成为全国数字人民币第二批试点城市之一，中国邮储银行大连分行凭借其在县、乡村具有较多分支机构的优势，与大连市农业农村局、大连市供销社等政府部门机构合作，聚焦扶农助农领域，推动数字人民币应用与推广。截至2021年5月6日，邮储银行大连分行已在农村地区累计布设场景224个、完成交易1558笔。目前，大连市已有农村数字人民币收付场景1200多个，遍布各个区市县。中国邮储银行结合大连地区特色农业，锚定产业链中各支付环节，推进种养大户、家庭农场、农民合作社、农业产业园、樱桃蓝莓种植、海产养殖等特色农业搭建数字人民币收付场景，有效拓展了数字人民币在农业上下游产业链产、供、销环节的收付。链条上的各商户、农户等交易无须支付任何手续费，交易资金实时到账，为广大商户带来实实在在的便利和效益，成为数字人民币服务乡村振兴的新品牌新亮点。

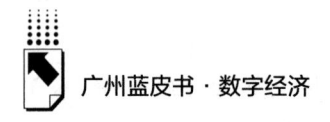

（二）数字人民币弥补金融基础设施不足，提高偏远地区信息化水平

虽然近年来我国大力推进移动网络、互联网进村等基础设施建设，但是当前我国农村地区的信息化水平依然不高，互联网普及率仅为46.2%，在老少边穷等偏远地区普及率则更低，提高农村地区信息化和科技化水平成为乡村全面振兴、农业农村高质量发展的关键。为了突破农村地区金融基础设施薄弱、科技化水平低的现实约束，四川省成都市构建彭州雨润国际农产品交易市场场景，试点数字人民币在农产品交易市场的运用，这极大地打破了偏远地区移动信号弱或没有信号灯基础设施不完善的约束，有力地提高了农村地区农产品交易市场的信息化、科技化水平。2021年前两个月彭州雨润国际农产品交易市场中心数字人民币支付金额已达到2020年全年支付金额的40%，数字人民币促进农产品市场交易的成效显著。

（三）数字人民币缓解财政资金多头管理，提高财政补贴效率

由于农业生产存在风险大、周期长、顺周期明显等问题，据此国家通过财政补贴等措施来保障粮食安全、确保农产品的稳定供给。但由于财政支农补贴存在中央、省、市、县、乡五级管理部门，而且不同财政补贴项目可能由多个部门管理，导致财政补贴效率低下、精准度不高等问题。数字人民币是由中国人民银行发布的法定数字货币，其具有可控匿名性。将财政支农补贴通过数字人民币的形式发放能有效解决财政项目资金多头管理的问题，而且能大大提高财政补贴效率。在实践方面，2020年上海牵然农业合作社直接收到由青浦区储备粮公司发放的14823.39元数字人民币秋粮收购的补贴款，这极大地提高了财政支农的准确性和效率，也大大提高了合作社的资金周转效率。2021年10月15日，四川省人民政府同国家乡村振兴局、中国农业银行创建国家首个由三方共建的乡村振兴金融创新示范区。该示范区构建了数字人民币"三农"补贴发放渠道，实现了数字人民币惠农、助农场景中的应用，确保精准补贴到每一户，这极大地提高了财政补贴精准度。

三 数字人民币服务乡村振兴的困境

（一）农村数字人民币应用场景有限，具备 NFC 功能智能手机普及率不高

虽然我国农村互联网普及率已经达到 57.6%，农村地区使用电子支付的成年人比例为 82.72%，但是农村地区适用数字人民币的场景有限，具备 NFC 功能智能手机普及率不高。

适用移动支付的场景都适合用数字人民币支付。在使用场景方面，相较于城市，农村地区的生活方式决定了数字人民币的使用场景有限。目前，数字人民币试点场景已经超过 800 万个，但是主要都是城市中的场景。对农村居民来说，使用移动支付的场景主要是线下扫码购物支付和在线网购交易支付，这决定了农村地区数字人民币使用场景有限。

当前农村地区智能手机普及率并不高，而且这一比例在留守农村地区的老年人中可能更高，这也可能成为制约数字人民币试点应用的因素。数字人民币已经实现硬钱包的"碰一碰"支付；带有 NFC 功能的智能手机通过"碰一碰"也可以实现数字人民币支付。然而，价格在 2000 元以下的智能手机一般很少带有 NFC 功能；而带有 NFC 功能的智能手机可以较好地实现移动支付（有网络的情况下），但价格较高。很多农村居民对智能手机的功能需求相对简单，能够实现日常通信和带有一定的娱乐功能即可。农村数字人民币使用场景、智能手机普及度等因素都将会成为数字人民币在农村地区推广和普及的制约因素，进而影响数字人民币对乡村振兴的推进作用。

（二）农村居民对现代电子支付接受度不高，数字人民币支付推广难度大

随着大量年轻劳动力进城打工，剩下老人小孩留守农村，导致留在农村的人口表现为"386199"部队（妇女小孩老人）。第七次全国人口普查数据显示，我国农村60岁以上人口占比23.81%，65岁及以上人口占比17.72%，而且这部分群体总体受教育水平较低，难以接受现代信息技术，或对学习掌握现代信息技术不感兴趣。我国农村地区因不懂电脑和网络技能、不会拼音打字等限制而上不了网的非网民占比分别为44.6%、36.8%，这一比例在农村留守人员中更大，这说明城乡之间以及农村居民之间均存在明显的"数字鸿沟"。作为留守农村的老年人口，他们在日常的购物交易中对传统的现金支付有天然的依赖，难以接受现代电子支付。

对已经习惯使用移动支付的农村居民来说，在移动支付较为便捷且接受度比较高的情况下，农村居民对传统货币交易和电子支付习惯可能存在一定的路径依赖，从而导致在有移动网络覆盖地区，数字人民币的推广难度较大。同时，农村地区收单侧商户接受数字人民币软硬件设备改造的意愿也不一定强烈。使用数字人民币收款需要对POS机等硬件设备以及软件设备进行升级改造，这需要投入一定的成本。商户不一定愿意投入成本改造收款用的软硬件设备。

（三）农业金融机构发展数字人民币业务动力不足，农村数字经济发展滞后

从农村地区金融服务供给主体来看，主要是村镇银行、农村商业银行/农村信用社，少部分农村地区有邮储银行网点。这些机构主要为农村地区提供基本的存、贷、汇服务。如果要在农村地区试点数字人民币业务，那么必须上述银行机构提供数字人民币兑换服务。目前，除了8家运营银行以外的银行都属于数字人民币运营体系的2.5层。对2.5层的银行机构来说，客户兑换数字人民币就相当于存款的流失。虽然监管部门已经取消"存贷比"监管指标，但是对村镇银行、农村商业银行/农村信用社中小银行来说，仍坚持"存款立行"的经营理念。因此，农村地区的金融服务机构发展数字人民币业务意愿不一定强烈，这将影响数字人民币在农村地区运用。

数字经济是激发产业创新活力和助力传统行业数字化转型升级的重要推

动力。但在数字经济与产业领域持续融合的过程中，各产业数字化发展水平差距巨大，其中服务业的数字经济占行业GDP比例达35.9%，工业为18.3%，而农业仅为7.3%。农业数字产业化和产业数字化发展严重滞后，导致数字人民币在农业农村的运用场景有限，当前已有的实践和试点主要局限于农村市场交易以及部分政府补贴等场景，在农业生产、流通和消费等领域渗透不足，这既阻碍了数字人民币的推广和普及，也反向阻碍了数字经济助推农业农村的发展，影响乡村全面振兴的进程。

四 数字人民币助推乡村振兴的突破路径

（一）加强组织领导，强化顶层设计，因地制宜夯实农业农村数字化基础

做好整体规划和顶层设计，加强政策的衔接和工作的协调，重点把握数字经济发展的重要机遇，推动数字人民币、数字经济与"三农"领域的深度融合。结合农村地区生产生活实际，科学构建跨部门的数字人民币推广协调机制和成本负担机制，把数字人民币在农村地区试点纳入数字乡村建设规划，建立督查机制，跟踪和督促各项任务的有效落实。充分尊重不同区域农业农村的特点及其信息化、技术化发展规律，因地制宜分类别、分阶段推进数字人民币推广与普及工作，实行差异化推进战略，协调数字经济与数字人民币的资源要素分配，提高资源利用率，为乡村全面振兴提供组织领导和数字基础。

（二）合理选择数字人民币试点区域和场景，以点带面拓宽数字人民币的试点范围

由于我国农村经济发展差异巨大，不同区域内的经济发展程度、基础设施状况以及人力资本差异导致农村居民对现代移动支付，特别是新兴的数字人民币的接受程度存在巨大差异。为此，在数字人民币推广普及之前，应该

科学选择试验试点的区域,在经济发展水平高的农村地区率先试点数字人民币使用场景,从而为后续推进数字人民币的普及积累经验。具体的试验试点区域可以按照统计学的比例概率抽样(PPS)原则,按照一定的指标体系选择不同层次的试点区域,这样的试点区域应该包括基础设施较为完善的东部沿海地区,也应该包括网络和信号较差的中西部山区,通过一定周期的经验总结,及时了解不同区域的农村居民对数字人民币的接受程度以及存在的问题,为下一步在全国的推广普及做铺垫。

(三)制定科学有效的激励措施,逐步改变农村居民的传统支付习惯

由于传统上农村居民以现代电子支付和纸币交易为主,其已经形成路径依赖,为此对数字人民币的接受程度可能较低。只有制定出科学有效的激励手段,才有可能改变农村居民的支付习惯,切实推进数字人民币在农村地区的推广。当前,政府可以在农村居民消费和财政支农这两个领域展开试点。对农村居民消费,可以采用数字人民币对贫困群体发放消费券补助,对采用数字人民币开展消费扶贫的企业给予税费优惠;对财政支农,可以在农业支持保护或农机具购置补贴上采取数字人民币补贴试点;对农村商户,可以通过清算银行买单或者政府补贴的方式,升级智能受理终端,鼓励NFC收付,开通小额充值,定期开展消费返利活动,不断丰富消费场景,吸引更多农村居民使用数字人民币。对于试点的农村居民来说,政府可以组织商户通过赠送生活用品、支付返利、免费开通指纹支付或赠送支付手环等形式,开展数字人民币支付商业活动,鼓励农村居民积极参与活动。

(四)筛选数字人民币的试点群体,大力宣传数字人民币使用成效

在逐渐完善农村地区移动网络等基础设施建设的同时,要逐步扩大对现代电子支付,特别是数字人民币的宣传普及工作。近年来,随着乡村振兴实施成效不断凸显,一群有知识、有能力的"新农人"纷纷返乡创业,并逐渐成为农村经济发展的生力军。要抓住"新农人"和农村商户这群农村精

英，以这群精英为突破口，推广使用数字人民币，以此形成以点带面、关键节点带动全盘的宣传普及模式。同时，政府要协调调动村镇银行、农村商业银行/农村信用社等农村金融服务机构的积极性，依托他们在农村地区"点多面广、人员熟"的渠道优势，宣传数字人民币支付便捷、安全可靠等金融知识，逐渐培育农村居民的数字人民币支付习惯。

参考文献

关宏：《加强数字人民币风险防控探析》，《国际商务财会》2021年第13期。

管弋铭、伍旭川：《数字货币发展：典型特征、演化路径与监管导向》，《金融经济学研究》2020年第3期。

黄国平、丁一、李婉溶：《数字人民币的发展态势、影响冲击及政策建议》，《财经问题研究》2021年第6期。

焦瑾璞、孙天琦、黄亭亭、汪天都：《数字货币与普惠金融发展——理论框架、国际实践与监管体系》，《金融监管研究》2015年第7期。

孟刚：《法定数字货币与人民币国际化》，《中国金融》2019年第24期。

孟于群：《法定数字货币跨境支付的法律问题与规则构建》，《政法论丛》2021年第4期。

何德旭、姚博：《人民币数字货币法定化的实践、影响及对策建议》，《金融评论》2019年第5期。

中国人民银行数字人民币研发工作组：《中国数字人民币的研发进展白皮书》，2021年7月16日。

王晓瑜：《数字人民币进"村"》，《中国邮政报》2021年5月21日。

数字产业篇

Digital Industry Reports

B.7
广州数字文化产业高质量发展研究

艾希繁[*]

摘　要： 数字文化产业以文化创意内容为核心，依托数字技术开展创作、生产、传播和服务，是数字产业的重要组成部分。广州拥有一批龙头数字文化企业，产业整体营收规模超1000亿元，数字文化新技术新业态持续涌现，但与城市经济实力还不相匹配。与北京、上海、深圳等城市相比，广州数字文化产业发展还存在一些短板。面向"十四五"时期，广州应围绕打造全国数字文化产业中心的发展目标，着力完善数字经济发展统筹协调机制，培育和引进一批重点数字文化企业，加强与龙头企业合作共建数字文化产业集群，将广州文交会打造成为国内一流的数字文化产业展示交流平台，引进和培养一批高端数字文化产业人才，全面提高政策扶持的精准性。

---

[*] 艾希繁，广州市委宣传部，管理学博士，研究方向为文化产业。

关键词： 数字文化产业 数字文化企业 数字文化人才 广州

《求是》杂志2022年第2期刊发习近平总书记的重要文章《不断做强做优做大我国数字经济》，提出数字经济事关国家发展大局，要催生新产业新业态新模式，不断做强做优做大我国数字经济，总书记的讲话为数字经济的发展指明了方向。《国民经济和社会发展第十四个五年规划和2035年远景目标纲要》提出"加快数字化发展，建设数字中国"。数字文化产业以文化创意为核心内容，是数字经济的重要产业门类。北京、上海、深圳、杭州等国内大中城市纷纷大力发展数字文化产业，上海提出"十四五"期间"打造网络文化产业高地"，深圳市提出"大力发展数字文化产业和创意文化产业"，杭州提出"打造全国数字文化产业创新发展示范地"。2020年初的新冠肺炎疫情给世界经济带来较大的不利影响，后疫情时代，广州应当发挥比较优势，将数字文化产业打造成为城市数字经济发展的新引擎，实现城市综合实力出新出彩。

一 广州具备发展数字文化产业的比较优势

广州数字文化产业规模超千亿，一批龙头数字文化企业涌现，数字文化新业态迅速发展，发展环境持续优化，形成较为明显的比较优势。

（一）广州数字文化产业规模超千亿元

2021年广州规模以上文化企业3074家，营业收入4807.76亿元，其中：新业态文化企业732家，占比23.8%，营业收入2078.55亿元，占比43.2%，文化新业态企业营业收入占比明显高于企业数量占比，表明文化新业态企业营收能力较强。新冠肺炎疫情对演艺、电影院线、旅游等行业造成不利影响，但数字音乐、动漫游戏、网络直播克服疫情不利影响，保持快速增长，有力推动行业平稳发展。

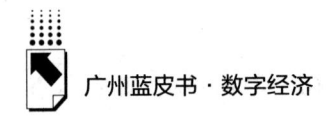

（二）涌现一批龙头数字文化企业

广州涌现一批数字文化产业龙头企业，在产业链形成明显优势。网易公司、津虹网络（YY语音）、唯品会、三七文娱、虎牙直播、多益网络、趣丸网络、荔枝网络等8家广州企业入选"2021中国互联网企业百强榜"。2020年营收在100亿元以上的数字文化企业有网易公司、欢聚集团公司、虎牙直播公司、酷狗音乐公司、分众传媒公司、省广股份公司等，其中营收500亿元以上的有网易公司（736.67亿元）一家。2020年，广州高新技术文化企业超3000家，文化企业累计专利申请数超6500件。

（三）数字文化新业态迅速发展

广州网络音乐处于全国领先位置，2020年网络数字音乐总产值约占全国总产值的1/4。涌现全国用户量最大的酷狗音乐、荔枝网络公司等一批数字音乐音频龙头企业。酷狗公司创立于2004年，是国内最大的数字音乐服务提供商之一，拥有4亿的音乐用户、3000万的海量正版音乐曲库，2020年营业收入超过130亿元。2020年，荔枝在纳斯达克上市，成为中国在线音频第一股，2021年第三季度公司营收为5.05亿元，同比增长40%。

广州动漫产业在全国具有重要地位，拥有动漫游戏企业2000多家，2020年营业收入约为200亿元。在全国非上市类动漫企业100强榜单中，广州占30家，涌现了奥飞、漫友、天闻角川等一批龙头企业。动画片年产量超过200部，产量和播出量均在全国领先。原创漫画发行占全国漫画市场30%以上的份额。广州出品的《漫友》杂志被誉为中国原创漫画第一刊，发行量居全国第一。2020年代表中国动漫产业官方最高荣誉的中宣部"原动力"动漫创作项目中，广州获奖数量15个，排名全国第一。

广州游戏企业数量达到2768家，其中上市游戏公司14家，有5家游戏企业入选2020年中国互联网企业100强榜单。面对新冠肺炎疫情冲击，广州游戏电竞产业逆势增长，2020年，广州游戏产业营收1066.44亿元，首次突破千亿，居全国前列，同比增长23%。龙头游戏企业网易公司2021年前三季度累计营收632.32亿元，其中海外营收占比超过11%，是国内游戏龙头企业中出海占比最高的企业。在2021年12月中国手游发行商全球App Store和Google Play收入排行榜中，网易游戏排名第二。广州趣丸网络公司旗下广州TTG战队2021年连续三次获KPL全国亚军（春季赛、秋季赛、挑战者杯赛），并在KPL世界冠军杯赛中跻身全球四强；获首届英雄联盟手游"破晓杯"世界赛亚军。

广州是国内网络直播之城，拥有YY语音、虎牙直播、网易CC直播等全国性直播平台。超高清视频产业和VR产业取得快速发展。2020年11月，广州获国家新闻出版广电总局授牌"中国（广州）超高清视频创新产业园区"，世界超高清视频产业发展大会连续五年在园区内成功举办。

（四）数字影视精品不断涌现

2021年12月，粤剧电影《南越宫词》获第34届中国电影金鸡奖最佳戏曲片奖，广东省珠江影视集团参与出品的《中国医生》荣获第34届中国电影金鸡奖最佳音乐奖，票房超13亿元。此前，《掬水月在手》《点点星光》获第33届中国电影金鸡奖，《刑场上的婚礼》获第33届金鸡奖提名。动漫电影广受欢迎，奥飞娱乐公司电影《喜羊羊与灰太狼之虎虎生威》首次实现国产动画电影票房过亿元；咏声动漫公司推出6部猪猪侠动画电影，累计票房近3亿元。

二 广州数字文化产业发展存在的短板

广州数字文化产业的发展具备强劲基础和良好的发展态势，但也面临一些挑战，主要面临文化产业龙头企业数量不足、文化产业发展扶持力度不足、文化产业统筹管理力量不足等短板问题。

（一）文化产业龙头企业数量不足

数字文化企业总体上呈"星星多、月亮少"状态，整体营收规模与北京、深圳等地相比，仍有一定差距，广州无一家数字文化企业年营收超过1000亿元，年营收超500亿元的只有网易公司1家，北京、深圳各有3家。

网易公司2020年营收736.7亿元，与国内规模最大文化企业深圳腾讯公司（2020年营收4820.64亿元）、北京字节跳动公司（2020年营收2366亿元）等相比，有较大差距（见表1）。

表1 2020年北上广深杭五城市数字文化企业情况比较

城市	上市文化企业数量	营收500亿元以上数字文化企业	营收100亿~500亿元数字文化企业	其他知名数字文化企业
北京	42家	字节跳动公司（今日头条、抖音、西瓜视频等）（2366亿元）；百度公司（1071亿元）；快手科技（588亿元）	蓝色光标（405亿元）；爱奇艺（297亿元）；咪咕文化（121亿元）；完美世界（102亿元）	新浪公司（96亿元）；万达电影（63亿元）；金山软件（56亿元）；搜狐公司（49亿元）；人民网（21亿元）；新华网（14亿元）
上海	暂缺数据	迪士尼公司（上海迪士尼母公司）（4500亿元）	携程（183亿元）；东方明珠（100亿元）；哔哩哔哩公司（120亿元）	阅文集团（85亿元）；喜马拉雅（41亿元）
广州	40家	网易公司（736.67亿元）	三七互娱（144亿元）；酷狗公司（136亿元）；省广股份（133亿元）；欢聚集团（132亿元）；分众传媒（121亿元）；虎牙直播（110亿元）	南方传媒（69亿元）；汇量科技（36亿元）；奥飞娱乐（24亿元）；星辉娱乐（17亿元）；粤传媒（5亿元）
深圳	31家	腾讯公司（4821亿元）；深圳华侨城（819亿元）；康佳集团（504亿元）	腾讯音乐（292亿元）；雷霆股份（248亿元）；创维数字（85亿元）	华强方特（40亿元）；创梦天地（32亿元）；雅昌文化（6.8亿元）
杭州	24家		阿里巴巴公司文娱板块（291亿元）；华数传媒（75亿元）	网易云（49亿元）；浙数文化（35亿元）；华策影视（37亿元）

说明：根据相关政府网站公开数据整理，数据时间截至2020年底。

（二）文化产业整体规模与城市经济实力不相匹配

2019年广州文化产业增加值为1497.66亿元，在全国主要城市中排名第5，排在北京、上海、深圳、杭州之后。广州GDP排名为全国第4，文化产业增加值在全国排名与广州城市经济地位不相匹配（见表2）。

表2　2019年北上广深杭五城市文化产业增加值比较

单位：亿元，%

序号	城市	文化产业增加值	GDP	文化产业增加值占GDP比重
1	北京	3318.40	35371.30	9.38
2	上海	2500.00	38155.32	6.55
3	广州	1497.66	23628.60	6.34
4	深圳	2200.00	26927.09	8.17
5	杭州	2105.00	15373.00	13.69

资料来源：统计局相关数据。

（三）文化产业统筹管理力量不足

广州在市委宣传部设有一个正处级的行政机构市文资办（加挂市文改文产办牌子），承担统筹广州文化产业发展等职能；在市文旅局有一个内设处室——产业发展处。与北上深杭四城市相比，广州文化产业管理机构设置存在"管理层级不高、人员编制不足、统筹力量不够"问题（见表3）。

表3　广州与北上深杭四城市文化产业统筹管理机构设置情况比较

城市	宏观指导机构	工作机构	机构性质	人员编制	各区
北京	北京市文化创意产业发展领导小组 组长：市委书记；常务副组长：市长；副组长：市委常委、宣传部部长。议事协调机构办公室设在市委宣传部	北京市国有文化资产管理中心，作为北京市委宣传部归口管理的正局级单位	正局级事业单位	编制100名，13个处室	各区设文化创意产业推进领导小组
上海	上海市文化创意产业推进领导小组 组长：市长；副组长：市委常委、宣传部部长。议事协调机构常设办公室在市委宣传部	文创办(领导小组办公室的简称)，由市政府副秘书长担任主任、市委宣传部副部长担任常务副主任	正局级	—	各区设文化创意产业推进领导小组，区长担任组长

119

续表

城市	宏观指导机构	工作机构	机构性质	人员编制	各区
广州	广州市文化体制改革与文化产业发展领导小组,组长:市委常委、宣传部部长,设办公室在市委宣传部	文资办（文改文产办）	正处级行政单位	7个行政编制	无单独机构（除天河区）
深圳	深圳市文化体制改革与发展工作领导小组,组长:市委常委、宣传部部长,设办公室在市委宣传部	市委宣传部发改办（文资处）	正处级内设处室	5个行政编制,3个雇员编制	各区设独立运作的文产办
杭州	杭州市文化创意产业发展委员会,主任:市委书记;常务副主任:市长;副主任:市委常委、宣传部部长	杭州市文化创意产业发展中心,主任由市委宣传部常务副部长兼任	正局级事业单位	编制25人,设4个处室	均建立文创委和文创发展中心

资料来源：作者根据调研情况整理。

（四）文化产业发展扶持力度不足

广州在数字文化产业发展方面出台了一系列政策，但在财政资金支持、用地政策支持等方面扶持措施的精准性、落地效果有待进一步提升。与北京、上海、深圳、杭州等城市相比，广州对文化产业发展扶持力度不够。以文化产业专项财政资金为例，北京每年安排不少于100亿元，深圳、杭州每年安排不少于5亿元；上海每年安排不少于13亿元。广州是国内较晚设立文化产业专项财政资金扶持的城市，2021年3月，由市文旅局设立文化和旅游产业发展专项资金，实际安排1.41亿元财政资金（见表4）。

（五）数字文化产业人才竞争力不足

广州高端数字文化产业人才还较为缺乏。根据广州市税务局相关数据，2020年广州数字产业个人所得税收入54.9亿元，仅为上海、深圳、杭州的1/4，北京的1/5。该数据表明，广州与北上深杭四地相比，人才数量、薪酬水平处于劣势，导致人才竞争力不足。

表 4　2021 年北上深杭四城市文化产业专项资金设置情况

城市	资金名称	资金规模	资金用途	设立年份	管理部门	扶持方式
北京	文化创新发展专项资金	100亿元	用于支持首都文化、文物、体育、旅游、广播影视、新闻出版、社科理论、精神文明建设和互联网管理等领域（以下统称"文化领域"）事业、产业发展	2012	宣传、财政部门为主的专项资金联席会议	项目补助、贷款贴息、奖励、融资担保、股权投资、产业投资基金等
上海	宣传文化专项资金	10亿元	推进文化产业、公共文化服务、舆论宣传，统揽其下属的各子项资金	1995	市委宣传部	资助和补贴、投资、贷款贴息
上海	促进文化创意产业发展财政扶持资金	3亿元	上海市政府转型发展专项资金下的子项资金，主要用于文创产业、公共服务平台建设运营	2012	文创办、宣传部、经信委、财政局	无偿资助、贷款贴息、政府购买
深圳	文化创意产业发展专项资金	5亿元	专项资金被纳入市本年度财政预算安排的市产业发展资金统筹安排	2005	市文产办与市财政局	项目补贴、贷款贴息、配套资助、奖励、无息借款五种资助方式
杭州	文化创意产业专项资金、文化事业发展专项资金	5亿元	扶持文化创意产业、文化事业发展	2005	市委宣传部（市文创办）	资助、贴息、奖励

资料来源：作者根据调研情况整理。

三　北上深杭四城市发展数字文化产业的经验借鉴

（一）北上深杭四城市数字文化产业发展概况

1. 北京

北京作为全国政治文化中心，2019 年，其文化产业增加值达到 3318.4 亿元，占GDP比重为9.38%，规模以上文化企业达到4872家，居全国大中城市首位。北京入选"全国文化企业30强"企业总数，连续多年居全国首位。拥有北京天竺综合保税区、东城区、朝阳区等3个国家文化出口基地。北京数字文化产业发达，利用新技术打造文化新体验，拥有新浪微博、今日头条、快手、爱奇艺、去哪儿网、马蜂窝等全国龙头骨干数字文化企业。

2. 上海

2019年上海文化产业增加值2500亿元，产业规模居全国大中城市第二位，仅次于北京，拥有上海市徐汇区、上海仓城影视文化产业园等2个国家文化出口基地。上海数字文化产业发达，处于全国领先地位。网络视听、移动游戏等新业态快速发展，2020年上海网络文学销售收入115亿元，美团点评、喜马拉雅、小红书、哔哩哔哩等头部互联网企业快速发展，其中喜马拉雅、蜻蜓FM、阿基米德等三家沪上音频网站占据全国音频行业超过80%的市场份额。

3. 深圳

2019年，深圳市文化及相关产业增加值2200亿元，占GDP比重为8.17%，文化产业增加值规模居全国大中城市第三位，居于北京、上海之后。拥有境内外上市文化企业135家，文化产业成为深圳国民经济支柱产业之一。深圳数字文化产业发达，处于全国领先地位。2008年，深圳成为国内第一个被联合国教科文组织认定的"设计之都"；动漫游戏产业起步早、发展快，深圳华强数字动漫有限公司位列全国原创动画片制作生产十大机构之首，《熊出没》荣获全国"五个一工程"奖，相关动漫产品出口到100多个国家和地区。涌现出腾讯、A8、第七大道等一批知名领军企业。深圳成为中国文化产品"出口大港"，核心文化产品和服务出口占全国的1/6，深圳与苏格兰首府爱丁堡等地成功互建国际创意产业孵化中心。

4. 杭州

2019年杭州文化产业增加值2105亿元，规模居全国大中城市第四位，居于北京、上海、深圳之后。2011年杭州文化产业增加值400亿元，到

2020年增长为2285亿元，年均增速达19%，占GDP比重提高了8个百分点，达到14%以上，增速和产业贡献度（占GDP比重）居全国15个副省级城市第一位。杭州实施文化产业数字化战略，推动数字娱乐、数字阅读、数字游戏、在线教育等为代表的数字内容产业快速发展，2020年，杭州市数字内容产业增加值增速达12.7%。《阿优》《大世界》等多部作品获国际大奖，动画作品推优数量连续多年保持在全国前列。

（二）北上深杭四城市发展数字文化产业的经验举措

1. 高度重视数字文化产业发展

北京市提出将数字创意发展作为主攻方向，《北京市关于推进文化创意产业创新发展的意见》提出，"全面推动文化科技融合，打造数字创意主阵地"。上海市出台《全力打响"上海文化"品牌深化建设社会主义国际文化大都市三年行动计划（2021—2023年）》，提出"推动文化数字化转型发展"。深圳市提出了发展数字文化产业的具体目标，《深圳市关于加快文化产业创新发展的实施意见》提出"大力发展数字文化产业和创意文化产业等新型业态，到2025年，数字文化等新型业态占文化产业的比重超过60%"。杭州市出台文化产业发展"十四五"规划，明确提出"打造全国数字文化产业创新发展示范地"。

2. 注重完善文化产业法律和政策体系

北京市加强顶层谋划，发布实施《北京市文化产业发展引领区建设中长期规划（2019—2035年）》《北京市文化产业高质量发展三年行动计划（2020—2022年）》等。上海市着力完善产业政策，2020年4月，出台《上海市促进在线新经济发展行动方案（2020—2022年）》，提出到2022年末，将上海打造成具有国际影响力、国内领先的在线新经济发展高地，鼓励动漫电竞等互动娱乐产业发展。深圳注重完善文化产业立法和产业政策。2008年在全国率先制定《深圳市文化产业促进条例》，2019年对该《条例》进行了修订。杭州市加强文化产业政策体系建设。2021年9月，杭州专门印发《杭州文化产业发展"十四五"规划》，明确数字文化产业

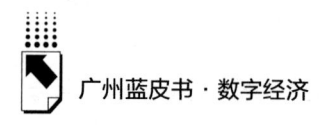

融合发展。

3.注重加强文化产业管理机构建设

北京市注重加强文化产业管理机构建设。2019年10月，设立北京市国有文化资产管理中心，作为北京市委宣传部归口管理的正局级单位，下设13个内设机构，专门负责国有文化资产管理、国有文化产业园区发展。上海市注重加强文创产业领导管理机构建设。2010年9月，上海市建立文化创意产业推进领导小组，由市政府主要领导担任组长，小组成员包括市委宣传部、经信委、发改委、商务委、文旅局、国资委等17个职能部门，常设领导小组办公室（简称"文创办"），由市政府副秘书长担任主任、市委宣传部副部长担任常务副主任，承担研究编制广州文化创意产业发展规划、政策，协调推进本市文化创意产业发展等职能。上海市各区参照市级做法，成立各区文化创意产业推进领导小组。杭州注重加强文化产业管理力量。杭州市和13个区、县（市）、钱塘新区均建立文创委和文创办（现"文创办"因机构改革更名为"文创发展中心"），专门承担指导协调文化产业发展职责。2019年机构改革后，专门成立正局级事业单位——杭州市文化创意产业发展中心，编制25人，设4个处室（综合处、产业处、合作交流处、创意策展处），现任中心主任由市委宣传部常务副部长担任。

4.注重加强文化金融等具体政策举措创新

北京市特别注重文化产业政策举措创新。2017年起在全国率先推出"投贷奖"联动政策，文化企业有效降低融资成本，截至2019年底，"投贷奖"累计支持项目2009个，支持金额12.1亿元，拉动投资1071.8亿元，放大倍数达88.4倍。专门出台《保护利用老旧厂房拓展文化空间项目管理办法（试行）》，在全国率先解决老旧厂房的文化利用问题，为文化企业提供发展空间。深圳注重发挥财政资金对文化产业发展的引导作用。2020年1月深圳市政府出台《深圳市文化产业发展专项资金资助办法》，2011年以来，每年市财政安排5亿元专项资金扶持文化产业发展，每年各区累计安排5亿元专项资金扶持文化产业发展。杭州注重文化金融创新。2011年，建立全国首个文创产业无形资产担保贷款风险补偿基金，累计为2000余家文化企业提供融资服务，融资信贷规模累计超100亿元。2013年，在全国率先成立首家文创金融专营机构——杭州银行文创支行，并不断拓展合作机构范围。目前，已拥有四家文创金融专营机构，不断做大做强杭州文化产业国有投资引导基金，截至2019年底，参股子基金累计规模超过30.4亿元，共投资项目80余个，投资额达7.6亿元。上海专门出台游戏电竞创新政策措施，游戏电竞居全国领先地位，集中了全国80%以上的电竞企业、俱乐部和直播平台，电子竞技场馆数量为35家，全国每年超过40%电竞赛事在上海举办。2020年，上海电竞产业规模超过190亿元。国内规模最大的游戏展会——中国国际数码互动娱乐展览会连续多年在浦东举办。

5. 注重加强区域文化交流合作

上海注重加强长三角文化产业交流合作。上海市牵头，联合江苏、浙江、安徽三省党委宣传部，举办长三角国际文化产业博览会，积极创新文化会展。强调"专业办展"，由上海贸促会作为联合主办单位；"创新办展"，打破传统展览会按地域展示的做法，从产业布局角度分展区展示；"国际化办展"，国际展商占比达到20%。

6. 注重加强国际文化交流合作

深圳高度重视推动文化走出去，与苏格兰首府爱丁堡、美国加州帝国郡和澳大利亚布里斯班市等地成功互建国际创意产业孵化中心。杭州注重文化产业国际交流合作。2012年杭州成为全国首个联合国教科文组织颁授的"工艺与民间艺术之都"。2019年5月，"杭州英国文化创意产业交流中心"在英国诺丁汉市设立。

四 促进广州数字文化产业发展的政策建议

党的十八大以来，党中央、国务院高度重视推进文化数字化建设。建议广州高度重视布局数字文化产业，多措并举，大力发展数字文化产业。

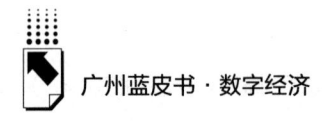

（一）打造"全国数字文化产业中心"，抢占未来数字文化产业制高点

明确城市文化产业发展目标和愿景，建议以建设"全国数字文化产业中心"作为广州今后5~10年的发展目标，依托广州科教资源丰富、互联网产业发达等优势，加快部署数字文化产业发展，做好"十四五"广州数字文化产业发展布局，着力在动漫游戏电竞、数字音乐、网络直播、数字创意设计等新兴文化产业领域，培育竞争新优势。

（二）完善文化产业发展统筹协调机制，探索组建专门的文化产业管理机构

学习借鉴北上深杭关于文化产业组织管理机制建设的经验，结合广州实际，加强文化产业管理机构的层级和力量，建议组建广州推进文化产业发展领导小组，由市政府主要领导担任组长，宣传文化、网信、发改、工信、商务、金融等部门作为小组成员单位，统筹广州文化产业发展规划、资源协调等，指导各区完善文化产业组织管理体制机制，常设文化产业发展办公室，具体承担文化产业发展规划、服务文化企业（园区）发展等职责。

（三）着力培育和引进一批重点数字文化企业，形成产业集聚

对标国际国内先进城市，依托人工智能和数字经济试验区平台，培育一批本土数字化龙头文化企业。加大招商力度，优化招商引资政策，吸引国内外数字文化龙头企业总部（区域总部）落户广州。加强与腾讯、字节跳动等龙头企业合作，推动建设一批数字文化企业华南总部。大力支持广州高新区文化和科技融合示范基地等文化产业园区（聚集区）发展，鼓励数字文化企业入驻园区，形成数字文化产业集聚发展。

（四）将广州文交会打造成为国内一流的数字文化产业展示交流平台

发挥广交会的平台作用，办好广州文交会等文化会展活动，学习借

鉴东京动漫展、上海中国国际数码互动娱乐展览会（China Joy）等办展经验，提升广州文交会办展水平，以数字文化产业展览作为主要定位，打造具有国际影响力的综合性文化交易平台。鼓励和支持企业面向共建"一带一路"国家开展数字创意产业投资、市场开拓。加强粤港澳数字文化产业合作，重点推进影视、动漫、创意设计、演艺、音乐等领域交流合作。

（五）学习借鉴北京东城区国家文化金融合作示范区经验，推出一批文化金融创新举措

2019年12月，北京市东城区和宁波市经文化和旅游部、中国人民银行等部委批准，获得"首批国家文化与金融合作示范区"的创建资格，北京市东城区发布了"文菁计划""文创保""税易保"等政策，推动文化产业发展。建议广州积极创建国家文化与金融合作示范区，支持发展文旅特色金融机构、开发文旅贷特色产品，支持开发适应数字文化产业发展的金融产品。支持广州文旅产业投融资创新发展，吸引社会资本投入文旅产业。支持粤港澳大湾区文化产业投资基金在广州做大做强。

（六）引进和培养一批高端数字文化产业人才

完善吸引高层次数字文化人才的政策措施，建立柔性人才引进使用机制，推动人才体系建设，以设立工作室、定期服务、项目合作、项目聘任、客座邀请等多种形式引进和使用数字文化产业人才及其团队。发挥广州高校众多的优势，利用高等院校、科研机构、文化企业资源，加强数字文化产业人才培养基地建设。重点培养引进数字文化产业高端人才。

（七）优化产业发展环境，提高政策扶持的精准性

进一步加大政策创新力度，创造良好的产业发展环境。提高土地、税收、财政资金、人才等方面政策精准性，加大政策支持力度。落实好广州市对数字文化产业的税费减免、用地保障、资金支持、奖励补助等政策以及人才引进的住房、教育、医疗等政策。加强知识产权保护，充分发挥广州知识产权法院、互联网法院、版权工作专家库等知识产权服务平台作用，加强对数字文化产业知识产权保护，通过典型案例宣传，提高从业人员知识产权意识，鼓励文化企业加强知识产权保护。

参考文献

刘幸：《全力打造"世界显示之都"，广州超高清内容产业获"五个第一"》，《广州日报》，https://baijiahao.baidu.com/s？id=1699198896270319059&wfr=spider&for=pc，2021年5月8日。

洪晓文：《广州抓好数字文化"风口"推动文化产业高质量发展》，《21世纪经济报道》，https://m.21jingji.com/article/20220319/223979b3b8692e3db95b7506a77f151b_zaker.html，2022年3月21日。

郑琼洁、成一贤：《文化产业的数字生态与高质量发展路径》，《南京社会科学》2022年第1期。

张晓欢：《数字文化产业发展的趋势、问题与对策建议》，《重庆理工大学学报》（社会科学版）2021年第2期。

B.8
粤港澳大湾区智能网联汽车产业集群发展对策研究[*]

蒋 丽[**]

摘 要： 粤港澳大湾区培育世界级智能网联汽车产业集群是落实《交通强国建设纲要》和《智能汽车创新发展战略》的具体行动。粤港澳大湾区拥有部分世界领先的智能网联汽车技术，集聚了整车和零部件完整供应链，建设了丰富的应用场景和良好的发展生态，形成了智能网联汽车产业集群，并进入世界第二梯队，但与世界第一梯队还有一定距离，主要表现在缺乏世界第一梯队的核心技术、整车企业、供应链和产业发展生态。因此，粤港澳大湾区培育世界第一梯队的智能网联汽车产业集群，要以构建"国内大循环为主体，国内国际双循环相互促进"的新发展格局思想为指导，建议从壮大整车企业、完善供应链、丰富应用场景和营造发展生态四方面发力。

关键词： 粤港澳大湾区 世界第一梯队 智能网联汽车 产业集群

智能网联汽车是全球汽车产业发展的战略方向，发展智能网联汽车是我国从汽车大国迈向汽车强国的重要升级路径，因此发展智能网联汽车是

---

[*] 本文为广东省哲学社会科学规划一般项目"粤港澳大湾区先进制造业布局研究"（项目编号：GD19CYJ11）的阶段性研究成果。
[**] 蒋丽，广州市社会科学院区域发展研究所研究员，研究方向为区域与城市发展、汽车产业、数字经济。

《交通强国建设纲要》的重要内容。根据2020年11月赛迪发布的《智能网联汽车产业发展指数报告（顺义指数）2019》（以下简称顺义指数），我国智能网联汽车产业发展水平位于世界第二梯队[1]，主要优势在于人工智能、5G通信、算法、后市场运营和车联网建设，总体上还落后于传感器、处理器、自动驾驶解决方案、车辆控制技术、芯片等电子信息制造业发达和法律法规完善的美国、德国和日本等世界第一梯队国家。

赛迪根据政府支持、产业基础、研发实力、核心企业和发展潜力五个维度对国内40个城市进行评价，粤港澳大湾区的深圳和广州分别位于五个梯队中的第一梯队（共有北京、深圳、上海3个城市）和第二梯队（共有10个城市）。深圳拥有31家互联网、通信和电子信息制造重点企业，是智能网联汽车产业Tier1（一级供应商）的所在地，成为全国智能网联汽车产业发展水平仅次于北京的城市；广州则位列全国第7。粤港澳大湾区的智能网联汽车产业已经成为我国四大集群之一[2]，但与世界第一梯队比较，还缺少世界第一梯队的龙头企业、供应链、应用场景和法律法规，需要进一步研究和提升。

本研究在对广州智能网联汽车示范区运营中心、广东省智能网联汽车创新中心、广汽集团、文远知行、小马智行、小鹏汽车、广汽埃安、百度阿波罗、比亚迪、滴滴自动驾驶、风神集团、丰盛投资、广州信投、星舆科技、华为、中心通讯、德赛西威、腾讯等20多家机构和企业调研的基础上，总结分析粤港澳大湾区智能网联汽车制造业集群发展现状，找出与世界第一梯队存在的差距及其成因，并根据分析结果，提出进入第一梯队的对策建议。

一 粤港澳大湾区智能网联汽车产业集群发展现状

（一）拥有世界第二梯队的智能网联整车企业

粤港澳大湾区拥有小鹏汽车、小马智行、文远知行3家进入世界排名的

---

[1] 第一梯队为美国和德国；第二梯队为中国、日本、韩国、英国和法国。
[2] 其他三个集群分别为京津冀、长三角和渝湘鄂。

智能网联整车企业。一是拥有中国三大互联网造车企业之一小鹏汽车。小鹏汽车成立于2014年，2018年成为首家进入乘联会新能源车销量榜的互联网造车企业。二是拥有最早拿到美国加州路测资格的小马智行。小马智行成立于2016年底，获得广州、北京、上海和加州弗里蒙特、尔湾自动驾驶测试、运营资质与牌照，与丰田、现代、一汽、广汽等多家车厂建立合作关系。三是拥有全球 Robot Taxi 最领先核心技术的文远知行。文远知行成立于2017年，是中国自动驾驶和 RoboTaxi 商业化的领头羊，也是首家获得全球汽车制造商（雷诺日产三菱联盟）和全球客车制造商（宇通集团）战略领投的自动驾驶企业，还是全球首家同时拥有中美两地无人驾驶测试许可的初创公司。根据2021年2月加州交通管理局 DMV 发布的2020年全年自动驾驶路测数据（年度平均接管里程），小马智行和文远知行分别位于第4和第6，前3名为美国的 Waymo、Cruise 和 AutoX。

（二）拥有世界第一梯队智能网联汽车零部件供应链

粤港澳大湾区拥有以华为为代表的世界领先的智能网联汽车核心技术零部件企业组成的供应链。一是拥有掌握世界领先智能网联汽车核心技术的企业。华为拥有 V2X 通信网络与网联通信系统、控制器芯片核心技术。根据顺义指数计算结果，华为位于我国车联网企业的第1。在国际知名市场调研公司 Yole 发布的全球 ADAS 激光雷达排名中，速腾聚创以10%的市场占有率位居世界第二，仅次于市场占有率为28%的法雷奥，大疆的 Livox 位于第三。二是初步形成由感知系统、决策系统、执行系统和通信系统组成的智能网联汽车零部件供应链。粤港澳大湾区集聚了由视觉（如航盛电子）、高精度定位（如中海达）、摄像头（如欧菲光）、激光雷达（如速腾聚创）、毫米波雷达（如赛德西威）组成的感知系统供应链，芯片（如森国科）、算法（如华为）、计算平台（如中兴）组成的决策系统供应链，集成控制执行系统供应链（如商汤科技），安全解决方案（如腾讯）、V2X 通信模块（如华为）、云平台（如比亚迪）组成的通信系统供应链。

（三）拥有世界第二梯队的智能网联汽车应用场景

粤港澳大湾区智能网联汽车应用场景非常丰富。一是应用示范区发展迅速。广州是全国第三个开放道路测试牌照和自动驾驶的示范城市，也是国家基于宽带移动互联网的智能网联汽车与智慧交通示范区，截至2021年11月底，已颁发142张自动驾驶路测牌照，自动驾驶测试道路里程253公里；在花都区和韶关新丰县设置了封闭测试区，在番禺区、增城区、黄埔区布局了开放测试区。深圳已颁发24张自动驾驶路测牌照，自动驾驶测试道路里程145公里。二是后市场运营蓬勃发展。小马智行2018年12月在广州南沙测试运行RoboTaxi；广汽集团与腾讯等2019年6月联手打造了"如祺出行"，发展势头很猛；文远知行与广州市白云出租汽车集团、科学城（广州）投资集团2019年8月合作成立"文远粤行"，11月在黄埔区对公众开放RoboTaxi试运营；小鹏汽车2019年5月推出网约车"有鹏出行"。三是数据增值服务方式多样。腾讯控股和车车智能已经开始运行智能网联汽车的出行、售后、生活金融保险数据增值服务。四是开始了物流服务应用。小马智行在2021年5月获得广东省首批自动驾驶卡车测试驾照，已经开始自动驾驶物流线路的试运营。

（四）正在建设世界第一梯队智能网联汽车发展生态

粤港澳大湾区的政府和企业都在努力建设世界第一梯队智能网联汽车发展生态。一是成立了专门组织机构和创新平台。2012年9月组建了广东省车联网产业联盟；2018年12月，组建了"广州市智能网联汽车道路测试管理办公室"和"广州市智能网联汽车示范区运营中心"；2019年10月，组建了广东省智能网联汽车与智能交通应用专业委员会；2019年11月成立广东省智能网联汽车创新中心有限公司。二是在全国率先制定了相关标准和法规。广州2021年3月在国内出台了首个《车联网先导区建设总体技术规范》和《V2X云控基础平台技术规范》城市级车联网技术标准；深圳2021年6月提请了《深圳经济特区智能网联汽车管理条例（草案修改一稿）》

的"二审"。2021年7月8日，广州率先发布了《关于逐步分区域先行先试不同混行环境下智能网联汽车（自动驾驶）应用示范运营政策的意见》及《在不同混行环境下开展智能网联汽车（自动驾驶）应用示范运营的工作方案》。2021年10月29日，广州发布了广东省首个智能网联团体标准《粤港澳大湾区城市道路智能网联设施技术规范》。三是制定了专门发展规划和政策。惠州和深圳分别于2018年11月和2020年5月出台了《惠州市智能网联汽车创新发展战略规划》（征求意见稿）和《深圳市关于支持智能网联汽车发展的若干措施》；广州和深圳分别发布了若干关于道路测试的政策，如2019年10月的《广州市智能网联汽车开放测试道路路段管理办法（试行）》和2020年8月的《深圳市关于推进智能网联汽车应用示范的指导意见》。四是举办了（世界性）论坛和展会。广州自2018年就开始举办世界级智能网联汽车发展论坛和展会，如"亚太智能网联汽车创新论坛（广州站）""2019智能网联汽车技术大会""2020智能网联汽车驾驶大赛（广州）暨智能网联汽车技术大会""第三届全球智能汽车前沿峰会""世界智能汽车大会"和"2021第八届中国（大湾区）国际车联网大会"；深圳也自2020年开始举办论坛和展会，如"2020广深惠智能网联汽车产业集群协同发展论坛"和"2021中国智能汽车创新大会暨展览会"，为推动当地和粤港澳大湾区智能网联汽车企业发展提供了世界性的交流平台。

二 粤港澳大湾区培育世界第一梯队智能网联汽车产业集群的短板及其原因分析

（一）缺少世界第一梯队智能网联整车企业

虽然粤港澳大湾区拥有三个世界第二梯队的智能网联整车企业，但是与世界第一梯队相比，差距还很大。一是智能网联整车企业规模小。在2021年4月Guidehouse发布的自动驾驶竞争力榜单上，粤港澳大湾区没有企业上榜，中国也只有百度Apollo榜上有名。主要原因在于粤港澳大湾区的小马

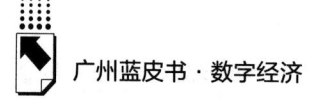

智行、文远知行、小鹏是白手起家且起步晚，无论技术和资金都无法与位于前列的 Waymo、Cruise、Argo AI、Aurora、Apollo 相比。Waymo 和 Apollo 分别在 2012 年和 2013 年诞生于互联网巨头谷歌和百度，成立于 2013 年的 Cruise 和 Argo AI 分别背靠车企巨头福特、大众和通用，Aurora 的三位联合创始人分别来自谷歌、Uber 和特斯拉，它们无一不是"含着金钥匙出生"的。因此，文远知行和小马智行目前虽然有大众、丰田和三菱等几家一流合作伙伴，也开始走出广州在全国实践运营，但短时间内很难成为世界级的智能网联汽车龙头企业。二是缺乏同时具备软硬件开发能力的整车企业。目前，小马智行和文远知行都还没有实行 L2 级自动驾驶的大规模量产，小鹏在 2020 年之前也是为海马汽车工厂代工。在调研过程中传统企业（广汽集团）也表示不能顾及软件算法的开发，算法应该是小马智行和文远知行的业务，一个汽车公司不可能什么领域都顾及。

（二）缺乏世界第一梯队的智能网联汽车供应链

虽然粤港澳大湾区拥有 2~3 家掌握世界领先核心技术的智能网联零部件企业和一定数量零部件企业组成的供应链，然而与建立世界第一梯队的智能网联汽车供应链还有一定距离。一是世界第一梯队的零部件企业少。虽然随着华为宣布进军汽车行业，粤港澳大湾区将会出现进入世界第一梯队的智能网联汽车零部件供应商。然而除此之外，其他零部件企业如速腾聚创和 Livox 的激光雷达技术与美国 Velodyne、Quanegy 和德国的 IBEO 相比还有一定的距离，要跨入世界第一梯队，还需要继续努力。二是高等级自动驾驶技术供应体系尚未成熟。粤港澳大湾区智能网联汽车零部件企业还缺乏芯片制造、摄像头、毫米波雷达、计算平台、安全解决方案、电子电气架构等高等级自动驾驶技术，如高等级自动驾驶所需的 77GHz 毫米波雷达只有博世、大陆、德尔福、电装、TRW、富士通天、Hitachi 可以生产，高性能汽车芯片基本由台积电和三星垄断。三是区域供应链还不完善。新冠肺炎疫情导致最具有全球化网络生产特征的汽车供应链濒临断裂，尽可能建立完善的区域智能网联汽车供应链成为新的发展趋势。粤港澳大湾区目前虽然初步形成了智能网联汽车供应链,但还缺少提供高精度地图和电子电气架构以及高等级自动驾驶技术的供应商。

(三)缺乏世界第一梯队的智能网联汽车应用场景

虽然粤港澳大湾区智能网联汽车的应用场景非常丰富,但在国内外尚未达到领先水平。一是自动驾驶应用示范区建设落后。《2020年中国智能网联和自动驾驶测试基地研究报告》[①]评出的中国智能网联和自动驾驶示范区,前10位中无一位于粤港澳大湾区,主要原因是其没有国家级智能网联汽车测试示范区,广州和深圳都只属于地方级。自动驾驶路测牌照发放量低于上海的234张;自动驾驶测试道路里程远远低于北京和上海的699公里和530公里[②],还没有建设封闭测试基地和开放自动驾驶高速测试道路。二是后市场运营规模较小。虽然粤港澳大湾区已经运营智能网联汽车客运市场,但整体规模较小。主要原因是起步晚,上海的一嗨租车、美国的Uber、北京的滴滴出行分别成立于2006年、2009年和2012年,经过多年的发展,已经占领了市场,形成了规模。三是数据增值服务企业少。国内外都早已经开始智能网联汽车数据增值服务,且服务企业多,如北京就有15家以上的数据增值服务企业,而粤港澳大湾区只有深圳2家企业从事该项业务。四是物流服务应用刚刚开始。国内外智能网联汽车运营早就开展了物流服务应用市场,如北京的图森未来2017年6月就获得美国加州颁发的自动驾驶卡车路测牌照,2018年10月获得国内首张自动驾驶卡车路测牌照,而粤港澳大湾区的小马智行2021年5月才获得自动驾驶路测牌照。

(四)缺少世界第一梯队的智能网联汽车发展生态

虽然粤港澳大湾区的政府和企业都在为建设世界第一梯队的智能网联汽

---

① 评价指标有:投资规模、封闭测试区面积、开放测试区面积、测试道路里程、测试广场面积、车路协同V2X测试里程、交通安全场景数量、自动驾驶测试场景数量、网联类测试场景数量、运营单位注册资本。

② 数据来源:https://www.chyxx.com/industry/202103/934672.html。

车发展生态而努力，但是还有很长的路要走。一是缺少由政府部门牵头组织的管理机构和创新平台。虽然广东省和广州市分别组建了智能网联汽车应用机构，然而广东省的机构政府并没有参与，属于协会型的组织；深圳还没有成立组织管理全市智能网联汽车应用的机构，由多个政府部门管理，很难协调。广东省智能网联汽车创新中心刚刚开始运营；上海早在2016年1月就成立了智能网联新能源汽车创新孵化中心，2017年5月成立了智能网联汽车制造业创新中心，2019年6月成立智能网联汽车技术中心和7月成立智能网联新能源汽车创新孵化中心科学技术协会；北京在2016年10月和2017年11月分别成立了智能车联产业创新中心和国汽（北京）智能网联汽车技术研究院，这些创新平台为上海和北京智能网联汽车产业集群营造了良好的发展生态。二是缺少完善的智能网联汽车法律法规和标准体系。虽然深圳开始探索制定全国智能网联汽车的第一部法律，但是还在审理过程中，而且要推广到整个湾区还需要很长的一段时间；广州制定了两部标准，但上海已经成立智能网联汽车及应用标准化技术委员会。三是规划政策还不完善。除惠州和深圳之外，其他城市均未制定出台机关规划，就连粤港澳大湾区也未制定智能网联汽车发展的统一规划，而上海在2017年1月就发布了《上海市智能网联汽车产业创新工程实施方案》，提出建设全国领先的智能网联汽车产业集群，并在2020年12月出台了《上海自贸区临港新片区智能网联汽车产业专项规划（2020—2025）》。四是举办的论坛和展会没有形成品牌。虽然广州和深圳分别开始举办智能网联汽车论坛和展会，有的甚至是世界级的，但都没有如同北京一样成为每年世界智能网联汽车大会[①]的举办地，发布智能网联汽车的指数，形成自有的世界性论坛和展会品牌。

三 粤港澳大湾区培育世界第一梯队智能网联汽车产业集群的对策

如上文分析，粤港澳大湾区的智能网联汽车产业已经位于世界第二梯

---

① 自2018年起在北京顺义举行，至今已成为智能网联汽车发展的风向标。

队,要迈向第一梯队,还需要在壮大智能网联整车企业、完善智能网联汽车供应链、丰富智能网联汽车应用场景和建设智能网联汽车发展生态四个方面发力。

(一)支持壮大第一梯队的智能网联整车企业

整车企业是智能网联汽车集群的龙头企业,主导智能网联汽车集群的发展,因此要全力支持粤港澳大湾区中的广汽集团、比亚迪、小鹏汽车、小马智行、文远知行等智能网联整车企业的发展。一是支持智能网联整车企业研发核心技术。粤港澳大湾区各级政府应继续加大以重大专项、财政补贴、低息贷款、基金投资等方式支持智能网联整车企业在智能驾驶舱和自动驾驶解决方案方面的研发;率先制定人才政策、个人财产和知识产权、科研成果转化政策,为智能网联整车企业提供引入全球汽车研发人才的环境。二是支持智能网联整车企业提升软硬件开发能力。支持广汽新能源、比亚迪等具有硬件开发能力的智能网联整车企业不断突破自动驾驶软件技术,并加强与粤港澳大湾区内拥有世界领先5G技术的华为和自动驾驶技术的文远知行、小马智行的合作,提升软件开发能力;支持小鹏在肇庆工厂独立生产能力的建设,形成规模化生产;支持文远知行、小马智行进一步开展融资或重组,与IT行业巨头组建规模更大的企业,与更多的世界知名整车供应商合作发展,率先在国内开展新型小巴和出租车纯无人商业化运营,共同打造文远知行、小马智行等世界级智能网联汽车品牌。

(二)支持完善世界第一梯队的智能网联汽车供应链

粤港澳大湾区智能网联汽车产业集群要迈入世界第一梯队,除了需要有世界第一梯队的智能网联整车企业,还需要拥有同等级的智能网联汽车供应链。一是支持世界第一梯队智能网联汽车零部件企业发展壮大。支持华为、速腾聚创等具有世界领先技术的智能网联零部件企业与粤港澳大湾区内智能网联整车企业加强合作,与国内智能网联整车企业共谋发展并走向世界,壮大规模早日迈入世界第一梯队。二是支持智能网联汽车零部件企业加强核心技术研发。支持智能网联汽车零部件企业在芯片制造、摄像头、毫米波雷达、计算平台、安全解决方案、电子电气架构的高等级自动驾驶技术领域不断探索，研发出自主可控的核心技术。三是支持完善智能网联汽车供应链。实施精准招商，将主要集中在北京的高精度地图企业、其他省份的电子电气架构企业和国外拥有高等级自动驾驶技术的电装、博世、采埃孚、大陆、法雷奥、麦格纳、日立、松下、索尼等企业引入粤港澳大湾区设立生产基地，形成较为完整的智能网联汽车供应链。

（三）支持丰富世界第一梯队的智能网联汽车应用场景

应用场景是智能网联汽车的下游产业，培育世界第一梯队的智能网联汽车需要有世界第一梯队的应用场景的支撑。一是支持建设世界第一梯队的智能网联汽车自动驾驶应用示范区。粤港澳大湾区各个城市尤其是广州和深圳要大力支持开放或半开放更多的自动驾驶测试道路，加快正式开放自动驾驶高速场景，向更多符合标准的企业发放更多的自动驾驶路测牌照，争取进入中国智能网联和自动驾驶测试示范区前列。二是支持壮大后运营市场。支持已经运营的"如祺出行""文远粤行""有鹏出行"采取多种收费方式，探索可行的运营模式和商业模式，为商业化运营奠定基础，探索与粤港澳大湾区的出租车公司合作运营模式。三是重视数据增值服务。支持粤港澳大湾区智能网联整车企业开展金融、保险、道路违章监控、安防监控、出行、售后、私人定制移动智能等数据增值服务，为用户提供更好的产品和服务。四是开展物流服务应用。支持粤港澳大湾区智能网联整车企业，如小马智行和文远知行开展物流服务，如无人驾驶扫路机和物流车的商业化测试和应用，拓展自动驾驶在物流服务中的市场。

（四）支持建设世界第一梯队的智能网联汽车产业发展生态

建设世界第一梯队的产业发展生态是培育世界第一梯队智能网联汽车产业集群的基础，粤港澳大湾区要培育世界第一梯队智能网联汽车产业集群，各级政府首先要营造适宜其发展的生态。一是成立由政府牵头组织的管理机构和创新平台。由粤港澳大湾区建设领导小组或者广东省推进粤港澳大湾区建设领导小组牵头联合粤港澳大湾区各个相关政府部门、智库、高校和企业共同组建粤港澳大湾区智能网联汽车产业集群建设委员会和智能车联产业创新孵化中心科学技术协会，统筹协调粤港澳大湾区尤其是广州和深圳双城智能网联汽车产业协同发展，只有广深实现真正联动，树立湾区一盘棋的思想，才能与以北京为核心的京津冀城市群和以上海为核心的长三角城市群抗衡，拥有进入世界第一梯队的可能性。二是加快出台法律和法规。在加快推动《深圳经济特区智能网联汽车管理条例》出台的基础上，继续加紧研究制定自动驾驶相关标准，早日出台新型小巴和出租车纯无人商业化上牌运营的标准和法律，建立由粤港澳大湾区各市政府、产业界、学术界共同参与的智能网联汽车及应用标准化技术委员会，形成自动驾驶规模化商用推进机制，为建设世界第一梯队智能网联汽车应用场景提供法律法规依据。三是重视规划政策引领。发挥规划的引领作用，在《智能汽车创新发展战略》的指导下，出台《粤港澳大湾区智能网联汽车产业发展规划》，树立粤港澳大湾区建设世界第一梯队的智能网联汽车产业集群的目标，并制定出相应的实施计划；作为国家智能网联汽车示范区的广州更要加快制定有关本市智能网联汽车的发展规划和具体实施方案。四是支持形成世界级论坛和展会品牌。利用香港作为亚洲地区规模最大和国际性展览最多的会展中心的地位、深圳拥有全球最大会展中心的优势和广州悠久的会展历史资源，学习北京打造世界智能网联汽车大会，并联合粤港澳大湾区智能网联汽车研究机构，每年发布具有权威性的指数和研究报告，形成粤港澳大湾区更具有国际性的世界级智能网联汽车论坛和展会品牌。

参考文献

李寒洋：《浅谈智能网联汽车发展现状及趋势》，《汽车工业研究》2020年第1期。
邓晓峰、王润民、徐志刚、刘丁贝：《我国智能网联汽车测试及示范基地发展现状》,《汽车工业研究》2019年第1期。

黎宇科、刘宇、宋梦轩:《智能网联汽车政策环境分析》,《汽车工业研究》2017年第11期。

尚蛟、何鹏:《推进我国智能网联汽车发展的建议》,《汽车工业研究》2017年第2期。

孔垂颖、马恩海、门峰:《智能网联汽车发展路径及机制研究》,《汽车工业研究》2016年第11期。

周超:《智能网联汽车技术与标准发展研究》,《内燃机与配件》2021年第23期。

葛成、金双根:《北斗+遥感+5G在智能网联汽车中的应用》,《智能网联汽车》2021年第6期。

黄搏:《数据安全成为智能网联汽车健康发展的基础》,《智能网联汽车》2021年第4期。

暖日:《国外智能网联汽车发展经验和举措》,《智能网联汽车》2021年第4期。

B.9
广州数字文化产业发展调查研究

石 阁*

摘 要： 顺应数字化发展趋势，广州数字文化产业发展态势良好，文化消费向移动化、个性化升级，集聚效应明显，游戏、动漫、音乐、直播等细分领域引领数字文化产业增长。与此同时，广州数字文化产业发展还面临数字红利吸收不足、创新水平参差不齐、互动式文旅产品引入不足、公共技术服务平台缺乏等问题。未来，应鼓励推广原创内容制作，加强原创内容保护；促进与优势产业跨界联动，发展文化衍生品；激活文旅资源数字化发展，促进景区载体升级；创新财税金融支持方式，助力中小企业发展；发掘传统文化核心价值，促进文化产品出海。

关键词： 文化产业 数字化升级 广州

一 广州数字文化产业发展现状

（一）文化消费正向移动化、个性化升级

1. 移动端数字文化消费是未来的主流

随着移动设备和移动网络的不断升级，广州文化产业在用户体验、内容传播速度等诸多方面发生蝶变，移动端数字文化消费模式是未来的主流。一

---

* 石阁，广州数字金融创新研究院有限公司研究员，研究方向为数字金融、文化产业。

方面，传统线下文化消费限制性相对较大，年轻一代移动端消费习惯已经养成。比如广州本地纸媒出版、线下文化艺术展览、古玩交易等传统文化消费地域限制大、消费模式单一，消费带动力逐年减弱，而广州手游、短视频和音频、网络文学、知识付费等移动端线上数字文化消费迅速崛起，支出比例不断上升。另一方面，新冠肺炎疫情导致近两年广州线下影院持续出现如电影撤档、演出取消等现象，下游影院放映受阻、线下演出上新放缓等会进一步遏制上游电影、电视内容制作，因此线下文娱行业整体内容创作与实体经营均较为疲软。疫情进一步加速了广州线上文化消费普及，促使文化生产端也逐步迎合线上市场，广州文化消费已经进入一个线上消费引领规模消费的全新时代。

2. 个性化定制市场崭露头角

广州作为定制行业的发源地与集聚地，有着先天的产业基础与优势，目前正在大力推动规模化个性定制产业发展，打造"全球定制之都"。2019年初"广州设计之都"项目落户在白云山西麓，定位为"粤港澳大湾区设计产业聚集的'国际品牌摇篮'"，着力培育广州设计产业集群。在定制家居领域，广州鼓励发展仿真和虚拟设计制造、参数化智能设计、网络协同设计等技术；在时尚服饰领域，广州立足大数据、物联网、云计算、人工智能和3D打印等关键定制技术的集成创新，利用3D演算画面、VR/AR等新技术推动价值模式创新，增强消费端品牌体验。

（二）数字文化众多细分领域引领增长

1. 游戏领域：规模突破千亿

2020年广州游戏产业规模突破千亿。广州游戏产业规模一直位于全国前列，新冠肺炎疫情导致室外聚集性行业消费相对较少，但线上游戏娱乐行业依然保持快速发展，从图1可看出，广州游戏产业营业收入从2017年的595.8亿元增长至2020年的1066.4亿元，首次突破千亿大关；2019年、2020年增速均在20%以上，占GDP比重也在不断提升。随着用户规模的进一步扩容，5G、云计算、XR等数字技术的快速发展，广州游戏产业未来将会有更大增长空间。

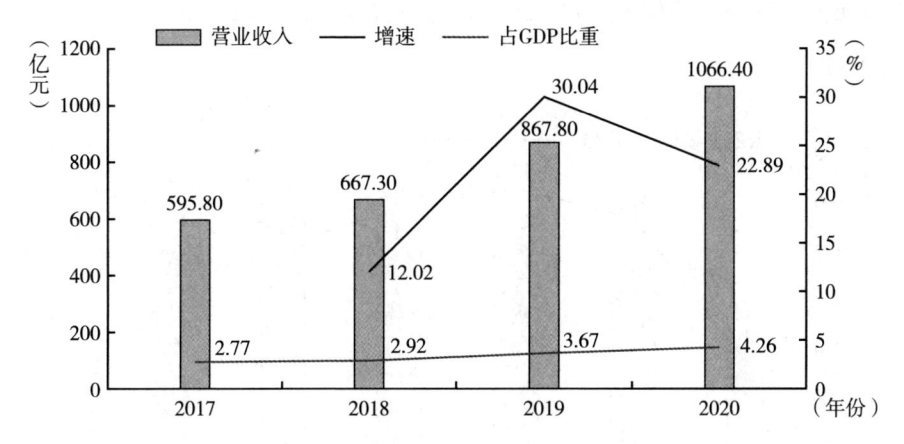

```
（亿元） 1200  ■营业收入  —增速  —占GDP比重    35 （%）
        1000                              30.04              1066.40   30
         800                       867.80          22.89              25
                          667.30                                      20
         600    595.80                                                15
                          12.02                                       
         400                                                          10
         200    2.77      2.92      3.67           4.26                5
           0   2017      2018      2019           2020    （年份）
```

图1　2017~2020年广州游戏产业营业收入及增速

资料来源：广州市游戏行业协会。

广州不同规模游戏企业分布合理。2019年广州游戏产业法人单位数达到2542家，其中规上法人单位260家。目前，广州游戏公司以网易游戏、三七互娱两家巨头为引擎，代表作品如《楚留香》《阴阳师》《梦幻西游》《大天使之剑》《传奇霸业》等；腰部赛道上分布着星辉、游爱网络、阿里互娱、多益、趣丸、易幻、4399、诗悦等中坚型企业，同样制作了一批如《魔法传奇》《神武》《龙族幻想》等游戏精品；同时，底部簇拥着近两千家规模不足百人的初创型游戏工作室，作为轻资产型且需要不断创新支持的游戏产业，充满活力、各具特色的底层中小企业和独立工作室是广州游戏产业原创研发的"活力之源"与"潜力之星"。

2.动漫领域：产值居全国首位

广州动漫产业规模位居全国前列。广州是近代中国漫画的发祥地，也是改革开放以来欧美日韩及中国港台地区动漫作品向内地传播的前沿地，广东动漫产值占全国动漫产值1/3以上，居全国首位。但相较于前几年产值增速相对放缓，2019年广东省动漫产业产值约为610.3亿元，较2018年增长约1.7%（见图2）。广东省共有6家国家级重点动漫企业，其中除了深圳华强数字动漫有限公司，原创动力、咏声文化、奥飞文化、漫友文化、艺洲人等

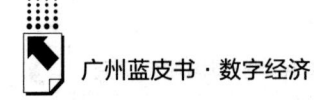

5家重点动漫企业均位于广州，动漫产业已经成为广州数字文化产业的一张闪亮名片。

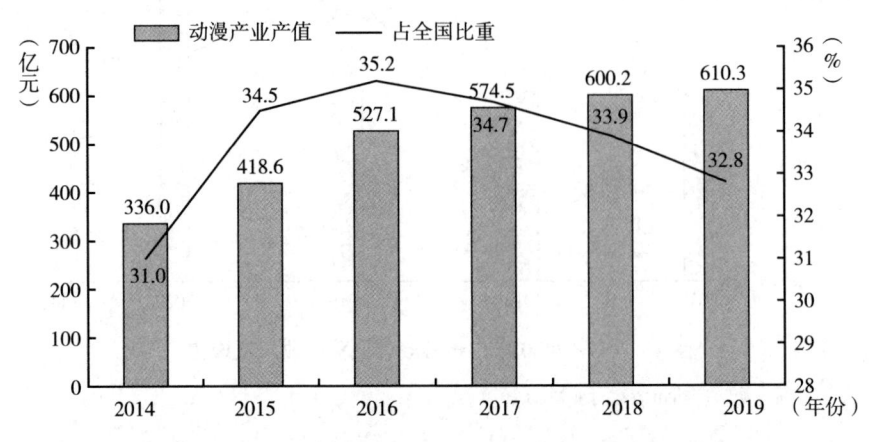

图2　2014~2019年广东省动漫产业产值及占全国比重

说明：广州市统计局、广州文旅局尚未对广州动漫产值进行全口径统计，广东省2020年动漫数据尚未统计。

资料来源：广东省文化和旅游厅。

广州动漫产业资源集聚效应良好。动漫是资本、技术和智力密集的产业，目前广州已经形成动画业、漫画业、网游业、电玩业以及动漫广告业、动漫衍生业等丰富齐全的动漫产业生态。据不完全统计，广州目前动画片产量和播出量全国领先——年产量近200部、共约3万分钟，年播出量约24万分钟。同时，一系列动漫展会在广州的成功举办进一步促进了动漫相关资源集聚广州，如中国国际漫画节（CICF）、中国动漫金龙奖（CACC）、全国动漫美术作品展览、萤火虫动漫展等国内顶级知名动漫盛事已永久落户广州。以广州萤火虫动漫展为例，每届展会的参观人数介于20万~30万之间，而青少年占其中的85%以上[①]，他们对于动漫有着不同程度的喜爱，是动漫消费市场的中坚力量。

---

① 数据来源：广东省文化厅，https://www.mct.gov.cn/whzx/qgwhxxlb/gd/201701/t20170124_790408.htm，2017年1月24日。

3.直播领域：新生力量增长势头强劲

近年来广州直播发展迅猛，已成为数字文化产业最火爆的风口之一。自2016年直播产业后，广州已经形成包含直播平台、直播公会、主播、人才培训、直播产业基地等多种直播产业的生态。在直播平台方面，广州已拥有游戏直播、泛娱乐直播、音乐直播、音频直播等多个细分领域的龙头企业，如欢聚集团、虎牙、酷狗、荔枝等。在直播产业集聚方面，广州率先发布了直播电商产业集聚区、电商机构等评定标准，形成了华南网红直播基地、广州大湾区数字娱乐产业园、广州华灏社交电商直播基地等直播产业园区、基地。2021年初花都区率先授牌12家直播基地。酷狗音乐也专门打造了酷狗直播学院，为广州直播行业输出更多专业人才和优质内容。

广州电商直播产业持续高歌猛进。广州商务局的统计数据显示，2020年广州实物商品网上零售额1937.42亿元，逆势增长32.5%，其中电商直播等贡献了不少力量。根据淘宝官方统计数据，2020年广州的商家直播数量排名第一，商家直播成交额同比增长97%。广州有引领全国、辐射全球的644个专业批发市场，有联通全球220多个国家和地区的贸易网络，已经形成强大的产业集聚和供应链体系，为直播带货提供了"前播后产"的便利条件。目前直播间每卖出100件商品，就有超过30件是来自广州及周边地区的，特别是在服装和美妆品类中，广州更是各直播间首选的货源地。2020年广州首届直播节期间，直播场次数量达10万，共有超过100个专业市场参与直播，从十三行到美博会，专业市场入驻直播商家同比增长近一倍。

（三）数字文化产业广州集聚效应明显

1.区域维度：天河区、越秀区集聚相对显著

天河区、越秀区文化产业规模最高。2020年二者规模以上文化企业营业收入分别为1696.8亿元、559.6亿元，分别占广州文化产业总营收规模的41.0%、13.5%，合计占据广州文化产业的"半壁江山"（见图3）。天河

区的大型数字文化企业营业收入规模最大，其中作为国家文化产业示范基地的羊城创意产业园产值已经从2010年的7亿元增长至2020年的300亿元，增长超40倍。越秀区以传统文化产业和孵化器中小企业为主，因此近几年规上企业营业收入规模有所降低，2020年开始大力推进传统文化产业转型升级。北京路文化核心区在2020年被评为国家级文化产业示范园区，作为全国首批步行街改造提升试点之一，目前已经拥有国家级众创空间5处、国家级重点产业平台6处，国家级重点动漫企业5家，市文化企业50强13家，拥有广州日报、珠江影业等重点企业。

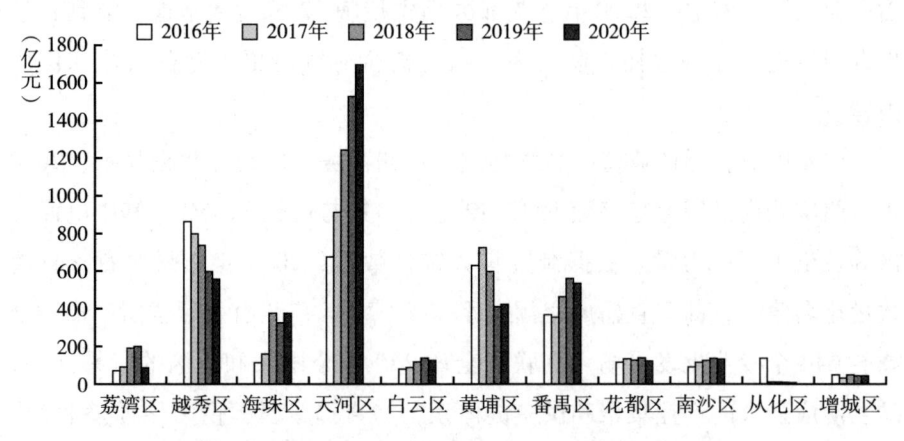

图3 2016~2020年广州市各区规模以上文化企业营业收入

资料来源：广州市统计局。

天河、越秀文化产业市场主体分布最多。从图4可看出，2016~2020年天河区文化产业市场主体发展势头最迅猛，每年新增规上企业数量超过百家，2020年数量高达837家，占广州规模以上法人单位数的28%。越秀区规模以上文化产业法人单位数相对稳定，2016~2020年基本稳定在550家左右，以媒体报社、文化事业单位为主。海珠区琶洲等地文化产业近两年也正在加快发展步伐，2020年规模以上文化产业法人单位数已高达514家，番禺、白云企业数量也均在200家以上。

广州文化产业已经基本形成以天河、越秀"两核心"为牵引，海珠、

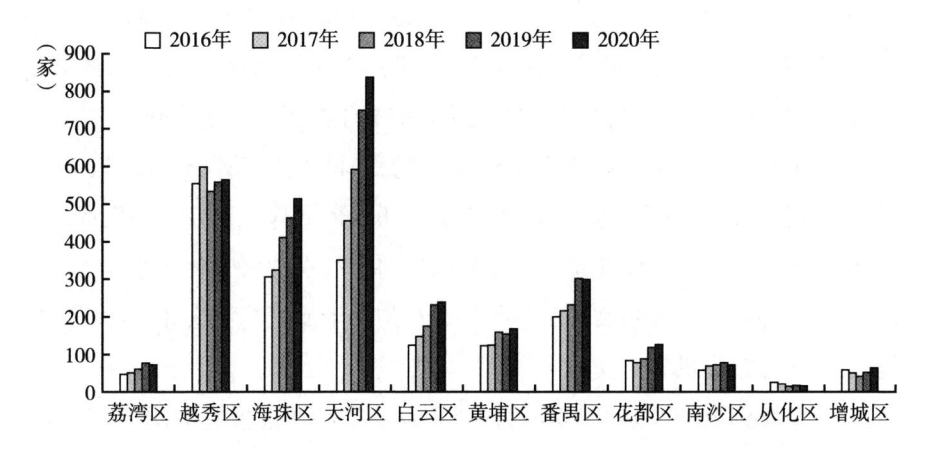

图4　2016~2020年广州市各区规模以上文化产业法人单位数量

资料来源：广州市统计局。

白云、黄埔、番禺等"多点支撑"的发展格局，其中天河区动漫、游戏、数字音乐等新兴数字文化行业居多；越秀区以新闻出版、媒体传播、广播电视、文艺演出等事业单位、文化团体为主；海珠琶洲等新兴区域数字文化产业也正在快速崛起。

2.产业园维度：四大典型数字文化产业园凝聚众多企业

数字文化产业园作为文化企业和多类资源的集聚载体，对城市建设、经济高质量发展举足轻重。通过广州市文旅局官网、企查查等多种渠道汇总整理，目前广州共有文化类相关园区253个，集中分布在海珠区（53个）、番禺区（53个）、天河区（48个）、荔湾区（23个）和越秀区（9个），包括1个国家级文化产业示范园区（北京路文化核心区），7个国家文化产业示范基地，7个省级文化产业示范园区以及21个市级文化产业示范园区。其中，天河区作为广州数字文化产业发展的重点区域，2020年规模以上文化及相关产业营业收入超过1600亿元，占广州40%左右。

——北京路文化核心区。广州北京路文化核心区致力于发展以动漫游戏、网络文学和影视传媒等为代表的数字文化产业，是国家文化产业示范区、国家首批步行街改造试点之一和国家文化与金融合作示范区。2020年，广州市政府常务会议审议通过了《广州北京路国家级文化产业示范园区发展规划》，指出广州北京路文化核心区要打造"一轴四区"的空间发展格局。截至2020年底，广州北京路文化核心区文化类企业超过2500家，其中规上企业156家，文化企业从业人员超过2万，已引进培育奥飞动漫、漫友文化、广州日报、新华书店集团、广东省出版集团和珠江影业等一批优质数字文化企业。未来，广州北京路文化核心区将持续在数字文化产业发力，发挥优势、弥补短板，加强文化引领作用，打造粤港澳大湾区文化中心，为广州建设文化强市提供有力支撑。

——羊城创意产业园。羊城创意产业园是羊城晚报报业集团2007年对原广州化学纤维厂旧厂房改造后形成的集设计、动漫、游戏、广告和影视等多种元素为一体的大型数字文化集聚区。2010年，羊城创意产业园被文化部评为"国家文化产业示范基地"，并被列入《广东省建设文化强省规划纲要（2011~2020年）》；2014年，其被纳入"广州第一批重点文化产业园区"；2017年，其成为国家音乐创意产业基地和国家孵化器培育单位；2018年，挂牌成立国家文化出口基地；2019年，其被纳入广州人工智能与数字经济试验区。当前，羊城创意产业园已集聚130多家数字文化企业，总产值超过300亿元，涌现出酷狗音乐、荔枝、三七互娱、金山西山居、洋葱时尚集团、天闻角川、祺曜游戏等一批数字文创龙头企业，并拥有酷狗音乐、荔枝、洋葱时尚集团、深海游戏、唯普电商等9家上市文化企业。据不完全统计，羊城创意产业园区拥有过亿用户的文化产品超过6个，其中酷狗音乐6亿、金山西山居超4亿、网易CC直播2亿、荔枝App约2亿，所有企业叠加总用户量近18亿。

——广州星力动漫游戏产业园。广州星力动漫游戏产业园是动漫游戏产品及衍生产品的研发、生产、交易等多功能集约化的动漫创意园地。广州星力动漫游戏产业园由商用游戏专业市场、动漫游戏及衍生产品市场、研发中心、国际动漫街、会展体验中心、动漫主题公园、星力家园、国际行业会所、仓储物流区等九大核心功能区构成，以"国际动漫街"为商业链贯穿整个园区，是国内大型动漫游戏集聚地。广州星力动漫游戏产业园已入驻来自日本、韩国、中国香港、中国台湾以及国内各省区市的优质企业逾200家，包括百顺动漫、华立科技、华创动漫、通利动漫、华秦动漫、泛亚育乐、光阳游乐等。

——盛达电子信息创新园。盛达电子信息创新园以游戏动画、软件研发、电子信息相关行业的中小企业为主要服务对象，深耕数字内容细分产业。园区主导产业链为数字游戏和数字动画领域产业链，涵盖数字游戏制作研发、数字游戏宣传发行和数字动画制作流程前期、中期、后期各环节。园区拥有电子信息数字内容相关企业115家，产业集聚度67%，园区运营五年以来，着力围绕数字内容细分产业打造"众创空间-孵化器-加速器"科技创业全孵化服务链条，为处于不同发展阶段的创业企业和团队全程提供有针对性的专业化孵化服务。每年新孵化30家电子信息数字内容企业，累计带动就业人数超3500人，累计培育42个规模以上高科技、高成长性企业。目前园区已获得国家级科技企业孵化器、省级文化产业示范园区、2020年度广州最具价值文化园区10强、广州产业园提质增效试点园区等多项荣誉（见表1）。

表1 广州四大代表性数字文化产业园区

区域	园区名	2020年产值（亿元）	企业数量（家）	代表性企业	园区重点发展方向	所获荣誉
越秀区	北京路文化核心区	226.2	2500+	奥飞动漫、漫友文化、广州日报、新华书店集团、广东省出版集团和珠江影业等	动漫游戏、网络文学和影视传媒等	国家文化产业示范区、国家首批步行街改造试点、国家文化与金融合作示范区等
天河区	羊城创意产业园	300+	130+	酷狗音乐、荔枝、三七互娱、金山西山居、洋葱时尚集团、天闻角川、祺曜游戏等	数字音乐、动漫、游戏、动画等	国家文化产业示范基地、广州第一批重点文化产业园区之一、国家音乐创意产业基地、国家文化出口基地等

149

续表

区域	园区名	2020年产值（亿元）	企业数量（家）	代表性企业	园区重点发展方向	所获荣誉
番禺区	广州星力动漫游戏产业园	—	200+	百顺动漫、华立科技、华创动漫、通利动漫、华秦动漫、泛亚育乐、光阳游乐等	动漫、游戏、VR文化及衍生产品的研发、生产、交易等	国家网络游戏动漫产业发展基地广州番禺园区、广东省文化产业示范园区、广东动漫游戏游艺产业集群番禺基地、广州科技企业孵化器等
天河区	盛达电子信息创新园	20+	170+	怡祥科技、悦辰科技等	数字游戏、数字动画等	国家级科技企业孵化器、省级文化产业示范园区、2020年度广州最具价值文化园区10强之一、广州产业园提质增效试点园区等

资料来源：本研究院根据公开资料整理所得。

二 广州数字文化产业发展面临的瓶颈

（一）产业监管存在多头管理，营商环境有待改善

一是基于数字文化产业属性与行业特点的监管工作出现多头管理。目前数字文化产业监管涉及的部门包括文旅局、工信局、广电局、网信办、税务局等，分别负责如内容监管、行业经营发展、版号权限审批等工作，容易出现多部门统管一项工作或一项工作部门间互相推托，导致监管混乱或者监管不当等现象发生。比如广州部分企业提出在税务政策扶持方面，存在审批单

位不明确，无法认定文化创意、数字文化是否属于研发范畴等问题；三七互娱等企业提出游戏存在多头监管、新设企业申请 ICP 困难等问题。

二是部分监管部门对数字文化行业包容度低，行政审批严格、标准不明确。2020 年广州游戏企业过审版号仅占全国 5.9%，远低于北京、上海、杭州等地，其中上海、海南等地正在积极争取把游戏审批权落到当地，加快当地版号审批速度。版号数量很大程度上直接决定游戏企业的盈利能力，广州多数游戏企业提出游戏版号审批时间较长，前置条件苛刻、审批流程复杂，不仅严重影响企业的当下热点抓取，同时增加企业经营成本与管理成本。

（二）本地原创水平参差不齐，创新保护力度不足

一是本地动漫、影视与音乐等原创内容质量整体不高。在动漫领域，目前广州动画产量与播出量虽位于全国前列，但与日美等成熟动漫市场相比，广州的《喜羊羊与灰太狼》系列尚未达到如《海贼王》《火影忍者》《奥特曼》等原创优秀作品那样的高度，近年来广州本地优秀系列动漫出现明显下滑趋势，绝大多数以低幼领域 IP 改编为主，缺乏新兴原创高端动漫产品，动画风格定位不能满足全民化需求。在影视与音乐领域，广州的"高光时刻"甚至停留在 20 世纪八九十年代，进入 21 世纪后广州的影视与音乐领域优秀作品甚少，广州本地人以港剧相关的娱乐消费为主，进一步削弱了以粤语、客家话为主的本地影视与音乐市场需求。

二是缺乏科学合理的原创内容评价体系引领。广州数字文化领域原创独角兽企业、瞪羚企业相对较少，绝大多数中小型企业的原创作品难以通过优质大平台渠道进行发行推广，越来越多的数字文化企业出现重资本消费、轻剧本生产等问题，部分新媒体因利益驱使生产、销售品位较低的数字文化产品。广州尚未在数字文化的热点领域形成科学合理的原创评价体系，因此，导致一方面缺少对低俗数字文化产品的打击，另一方面也缺少平台挖掘传统文化资源进行数字文化产品创作，并参加省级、国家级原创内容评选等。

三是对本地原创内容知识产权保护力度不足,维权周期长、成本高。公众知识产权保护意识仍不强,部分企业仍然存在一定的内容侵权、风格抄袭、架构雷同等现象,网络直播、VR/AR/MR等新兴产业存在监管空白,缺少审核机制和支持政策。同时,广州本地部分数字文化企业在法律维权方面仍面临着"举证难、周期长、成本高、赔偿低、效果差"等难题,大多时候即使胜诉获得的赔偿也远低于企业实际损失,且维权周期往往超过创意产品生命周期,使判罚结果失去时效性。

(三)数字红利吸收不足,向本地优势产业渗透不深

一是对早茶、醒狮、粤剧、广绣等广州本土非遗文化元素数字化红利吸收较少。比如在推广渠道上,本地特色传统文化只有少部分搭乘了直播、电商等数字化列车,大部分的门店、体验店等依赖着传统线下经营,忠实消费客群大多在当地,地域局限性非常大。同时,线下传统文化产业经营者缺乏收集消费市场的真实数据的习惯与经营思维,因此绝大多数广州非遗文化产品较难满足年轻消费者的新需求。

二是传统文化资源融入广州本地优势行业效果有待进一步提升。目前汽车制造、服装、美妆、珠宝饰品等广州优势行业内仅有少部分企业有文化融合类产品推出,绝大多数企业仍将传统文化简单看作一个孤立的产业,未能意识到传统文化内容、创意设计等核心要素渗入优势产业的产品设计、营销传播等环节对于产品性能和附加值的巨大提升力,缺乏对优秀文化资源和数字技术深层次的利用与挖掘意识,因此在客观上制约了行业内产品在题材、功能、工艺以及渠道等方面的创意型、数字化开发。

三是本地红色文化资源向数字动漫、影视、音乐等产业渗透应用较少。目前广州红色文化资源主要停留在保护与弘扬传承阶段,尚未形成广州特色的红色文化品牌,对中共三大、广州起义、工人运动等广州典型红色文化资源数字化挖掘利用程度较低。同时,缺乏顶层规划引导本地红色文化资源向文化产业延伸,《广州市红色文化传承弘扬示范区发展规划(2021~2025年)》依然以文化展示、教育与宣传为主,其中"红色+产业"主要停留在

红色经典景区游览，基本未将红色文化资源与广州动漫、影视、音乐等数字文化产业融合发展。

（四）与旅游业融合不深，互动式文旅产品引入不足

一是广州数字文化与旅游融合业态有待进一步提升。根据广东省发改局 2021 年公示的《广东省特色小镇清单管理名单》，广州有 21 个特色小镇，大部分集中在从化区。但大部分文旅小镇对数字文化产业消费潜力挖掘不足，仍以开发商建设为主导，对于产业、消费的前瞻性考虑不足，旅游产业与其他文化产业缺少协同联动和创新带动，特色小镇文化主题性不强，导致低层级、同质化项目遍地开花。广州目前缺乏一个官方的数字平台对各级资源进行统筹和宣传，对于文旅产业数字化信息全局性掌握不足，不利于区域性文旅产业数字化生态的形成；本地数字媒体对于文旅小镇、文化与旅游示范基地等宣传不足，导致"网红类"产品较少，游客吸引度不高。

二是广州沉浸式、互动式的文旅产品尚未得到有效开发。目前广州市内大多旅游景点、博物馆等仍以传统的观景+解说模式为主，建立全景场馆或 3D 专题展览的不到 5 家，沉浸式、互动式（如 VR/AR、全息成像、裸眼 3D、游戏交互等）的文旅产品尚未得到有效开发。已开通数字技术应用的场馆，由于产品同质化、营销渠道缺失等原因，实际点击率并不高，且大多数场馆为国家公共服务机构，缺乏将传统文化资源转化为衍生产品的动力。

（五）中小企业资金支持力度不强，公共技术服务平台缺乏

一是广州针对数字文化中小企业资金支持力度不大，且大多以一次性补贴补助为主，普惠性、创新性政策较少。上海、杭州等地政府在动漫、电竞等领域重视度高、支持力度大，如上海专门组织游戏精英峰会，市委主管领导亲自上阵出席支持、引进企业，且上海税收优惠力度大，嘉定区对企业缴税（含企业增值税、所得税）地方留成部分给予企业 37% 的返还奖励；杭

州在电竞领域成立了15亿元配套电竞产业基金扶持中小型企业。相比之下，广州则以大型企业的落户奖励为主，数量众多的本地中小型数字内容企业研发前期资金需求大，却难以得到政府的有效扶持。

二是本地尚未搭建游戏开发、影视动漫制作、数字内容创新等领域的公共技术平台，联合研发案例少。因为关键共性技术研发周期长、投入资金多、技术要求高，所以容易出现高校不愿做、单个小微企业不敢做的现象。设计基础理论、共性技术、数据资源、成果转化等研究推广方面的公共服务平台欠缺，未能为广大中小企业提供高质量的研发、设计支撑服务；同时，本地龙头企业缺乏平台与优质独角兽企业合作，不能较好地发挥龙头企业资源辐射效应。长期来看，广州原创性研发功能将会被严重弱化，产业发展将面临后继乏力、难以持续的问题。

三　促进广州数字文化产业发展的建议

（一）明晰业务部门权责界限，优化产业营商环境

一是厘清不同业务部门的主管权责、配合分工与监管边界等。政府应该从促进数字文化产业发展的角度出发，落实好上下级工作配合与属地监管职责，根据具体事项进行业务分工梳理，形成"权责清单"并对外公示，邀请企业与群众共同参与监督；对于"权责清单"未予明确的，业务主管部门按照"谁审批谁监管、谁主管谁监管"的要求执行。

二是对于数字文化产业等新兴产业政府监管应实施"底线监管"原则。坚持合法条件下的"百花齐放、百家争鸣"，最大程度上孕育新产业、新经济、新业态发展动能。对于目前无法律规定或者原法律条文明显不适应数字文化产业发展的情况，进行适当"微调"并积极探索适应数字文化产业发展的监管标准与制度，最大程度上促进广州数字文化产业快速发展。

三是鼓励政府部门从多方面主动服务企业发展，加大与企业相关的政策

宣传落地力度。一方面，建立线上企业诉求答疑机制，收集数字文化企业实时发展痛点与需求点，同时鼓励高层领导深入一线企业调研，并创新性地对部分企业发展的重难点问题实施"绿色通道"，统筹相关部门联合出台真正适应企业发展的政策。另一方面，强化数字文化相关政策宣传，如通过举办培训班、媒体与协会宣传等多种方式，使企业熟知相关产业政策，及时指导企业适应政策调整与变化，同时，定期评估政策与企业实际发展的匹配性，优化可操作性不强、竞争力不强的政策等。

（二）鼓励推广原创内容制作，加强原创内容保护

一是鼓励原创IP内容制作及产业化开发生产。鼓励原创内容制作，对省内进行原创内容产业化开发并成功量产的给予不同标准的奖励；建立健全原创内容产品的合理评价机制，鼓励大型企业与中小型企业合作生产推广原创内容制品；同时，支持相关协会与机构合作举办原创动漫、视频、音乐等区域性比赛，并促进优秀作品宣传推广以及推进量化生产。建立健全数字创意人才保护机制，进一步强化引进和培育高精尖内容创作人才。

二是保护本地原创企业合法权益，依法严厉打击游戏、动漫、网络文学、影视等数字文化产业侵权盗版行为。使用新兴数字技术进行侵权识别，对侵权行为进行快速认定、重拳打击，并将处罚纳入国家信用体系，维护市场公平竞争秩序。同时，鼓励数字文化企业积极采用区块链等数字技术进行产权保护，支持广州建设南方文化艺术品版权区块链应用研究基地，探索广州文化授权交易的实现形式和发展空间。

（三）促进与优势产业跨界联动，发展文化衍生品

一是支持动漫游戏IP、传统非遗文化等向本地优势行业延伸发展，形成良好的"泛文化"产业生态。深度挖掘本地文化元素，将广州动漫游戏等知名IP以及早茶、醒狮、粤剧、广绣等非遗文化元素融入汽车制造、家居、服装、美妆、珠宝饰品等行业中，包括但不限于品牌创新、技术研发、

功能设计等方面，提升产品附加值。同时，充分利用大数据进行需求分析，快速响应客户个性化、场景化消费需求，推动行业消费品向精致化、定制化转型升级。

二是鼓励实体企业参加中国国际漫画节、萤火虫漫展以及广州时尚周、广州美博会等平台活动。与本地优势传统产业融合是数字文化产业未来最具潜力的发展方向，借助平台活动收集实体企业对于产品创新的设计需求，并进行分类汇总，助力实体企业与创意设计更好地融合发展。同时，吸引如"中国数字文创设计大赛""GDC设计大赛""数字文创新势力"等相关赛事在广州举办，促进设计成果本地化推广与转化；进一步培育国家级、省级工业设计中心与工业设计研究机构，鼓励在柔性生产的基础上，充分利用人工智能技术提高设计效率，激发更多企业对于创新设计与本地产业联动的热情。

（四）激活文旅资源数字化发展，促进景区载体升级

一是鼓励搭建广州智慧文旅一网统管总平台，有效整合文旅资源。鼓励依托大数据赋能，建立起覆盖市、县、乡、村四级文旅资源的广州智慧文旅一网统管总平台，包括传统风景区、文旅特色小镇、主题公园、博物馆、文化馆、演艺场所等不同场景，并汇聚景区演艺活动、客流饱和度、消费偏好、商户信息、游客需求、满意度调研、投诉建议等一系列数据信息，利用大数据分析广州文旅产业整体发展情况，并实现精准营销。同时，依据智慧文旅一网统管总平台进一步开发广州智慧文旅App及微信小程序，让游客实现"一部手机游广州"的文旅消费体验，及时推送广州不同景区的演艺资讯、优惠资讯。

二是推动文旅载体加快数字化转型进程，促进广州文旅消费升级。鼓励大型传统风景区、文旅特色小镇、主题公园、文旅集团等搭建景区微信小程序，解决景区线上订票、游玩排队、人流疏导、停车餐饮如厕指引等问题，更好地了解游客偏好、获取游客建议等；同时，引入视频监控系统，实时了解景区运行状况并提高景区安全管控。支持博物馆、文化馆及演艺场所等非

企业性质载体采取跨境合作、授权开发等形式，利用VR/AR等新兴数字技术升级传统消费体验，引入人工智能设备，开发如虚拟讲解、交互体验、沉浸式演出等新兴消费模式。

（五）创新财税金融支持方式，助力中小企业发展

一是设立千万级数字文化产业发展专项资金，创新数字文化产业金融支持方式。其一，参照上海、北京等城市，加大广州在网络游戏、互动娱乐、自媒体等行业的专项资金投入，除银行信贷体系外，建立文化产业发展基金，吸引多方资本共同投资，并采取风险投资与购买服务相结合的方式。其二，设立数字文化投融资项目库，定期举办企业投融资专场活动，遴选一批优质重点项目，并引导金融机构、基金组织、民间企业资本以参股、控股、并购等方式给予支持。其三，鼓励文化企业利用自身的无形知识产权进行证券化融资，如将文化企业的知识产权专利使用费作为发行证券的原始资本，再将发行知识产权证券化的部分盈利返还给知识产权拥有者，以此为其提供资金支持。

二是探索适用于数字文化中小企业的信用信息平台建设，降低中小企业融资门槛与成本。其一，充分发挥文化行业与金融行业协会与联盟的作用，促进广州数字文化中小企业信息信用平台搭建，筑起中小企业与投融资机构的沟通桥梁，切实解决信贷信息不对称、尽职调查难以开展等问题，实现双方甚至多方的高效联动。其二，根据数字文化企业轻资产的特色，创新中小企业信贷考核机制，如根据企业知识产权及专利权、银行结算流水、金融资产、纳税数据、企业法定责任人资产等综合数据测算出对应的授信额度，鼓励本地商业银行推出如"交易贷""创业贷""知识产权质押贷款"等中小企业专属信用免担保信贷产品，并搭建专门的风控模型，适当减轻对固定资产等抵押担保的过度依赖等，帮助轻资本、轻资产的数字文化中小企业更好地获得融资服务。

（六）发掘传统文化核心价值，促进文化产品出海

一是以头部企业为牵引成立数字文化出海联盟，为广州优质文化IP出

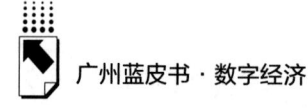

海保驾护航。吸引广州乃至国内数字文化优秀企业组成国内数字文化出海联盟，以联盟的形式组织成员分别梳理不同国别的目标市场、受众及其文化特征，帮助未出海企业有针对性地踏入相关市场，同时鼓励联盟内部分数字文化企业联合在海外积极开展影视、动漫、游戏等多元形态的文化产品推介，扩大相关文化符号的影响力。鼓励搭建数字文化出海资源库，并引导广州本地企业积极参与国际性游戏动漫、创意设计、影视音乐等展览展会及比赛，提高国内数字文化曝光率。

二是借助"一带一路"倡议的提出，开辟广州数字文化出海新渠道。鼓励政务部门与共建"一带一路"国家和地区合作交流时，提高数字文化多样化的展现形式与输出比例。充分利用亚洲市场的地缘优势，大力推动广州游戏、动漫、影视、音乐、直播等数字行业向东盟等国家渗透，加强共建"一带一路"国际交流和合作人才建设，扩大相互间投资开放。

参考文献

祝合良、王春娟：《数字经济引领产业高质量发展：理论、机理与路径》，《财经理论与实践》2020年第5期。

李潭：《世界四大湾区数字创意产业就业集聚比较及对粤港澳的政策启示》，华东政法大学硕士学位论文，2020。

王博、张刚：《中国数字创意产业发展研究——基于产业链视角》，《中国物价》2018年第3期。

王林生：《现代文化市场体系：粤港澳大湾区文化产业高质量发展的路径与方向》，《深圳大学学报》（人文社会科学版）2019年第4期。

B.10
我国软件和信息技术服务业时空演变格局以及对制造业的影响研究

巫细波 吕沛颖 [*]

摘 要: 本文基于 Theil 指数、空间马尔科夫链模型和空间面板数据模型分析了 2012~2020 年我国软件和信息技术服务业的总体及区域差异变化趋势,实证分析了软件和信息技术服务业对制造业的促进作用。研究表明:(1)我国软件业务收入在 2012~2020 年间呈现快速增长的趋势,年均增速 16.12%;(2)七大区域的差异总体平稳,总体差异主要来源于组内差异;(3)七个区域的 Theil 指数变化趋势有所差异,西北、华北地区呈现明显的上升趋势,西南、华东地区呈现下降趋势,华中地区波动上升,而华南、东北地区波动下降;(4)基于普通马尔科夫链模型,不同发展水平维持现状的概率相对较高,发达类型保持不变的概率高于其他类型,各发展水平类型之间的转变仅限于相邻类型;(5)空间马尔科夫链模型结果表明,我国省际软件和信息服务业呈现出空间自相关特征,不同发展水平类型维持现状的概率降低但相互转移的概率提高;(6)软件和信息服务业对本地和周边省市制造业的影响具有显著差异,对本地制造业有显著的直接正向促进效应,而空间滞后性表现为显著的抑制效应。本文在最后从产业链、产业基础、创新能力等五个角度提出优化调整我国软件和信息服务业的建议。

---

[*] 巫细波,广州市社会科学院区域发展研究所、广州城市战略研究院研究员,研究方向为区域经济、空间统计与计量分析;吕沛颖,广州城市战略研究院研究实习员,研究方向为空间计量与 GIS 应用。

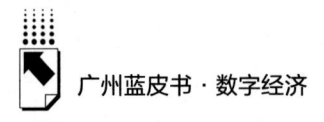

关键词： 软件和信息技术服务业　制造业　空间面板数据模型

"十四五"时期是我国由全面建成小康社会向基本实现社会主义现代化迈进的关键时期，数字经济是我国未来一段时期的发展重点，而软件和信息技术服务业是数字经济的关键领域。国际经济形势严峻复杂，外部环境不容乐观，近年来国家推出鼓励新一代信息技术应用、加快信息化与工业化融合的一系列激励政策，希望能够进一步释放信息技术推动经济增长的潜力。软件和信息技术服务业的营收逐年增长，对国内生产总值增速的贡献也不容小觑。2013~2020年，我国软件和信息技术服务业的发展规模呈现逐年增长态势，年均增长率高于10%，预计2021~2026年的年均增长率或将继续维持两位数。根据国家统计局发布的2020年四季度和全年国内生产总值初步核算结果，信息传输、软件和信息技术服务业，加上金融业两个行业对经济增长的贡献率合计达到54.1%，信息传输、软件和信息技术服务业增加值以16.9%的同比增速实现行业领跑。软件和信息技术服务业发展具有乐观的前景，可为我国经济高质量发展带来新的增长点。

目前国内学者对软件和信息技术服务业的研究主要分为三个方面，分别是对经济增长的影响、行业发展指数评价体系以及行业自身发展趋势的研究。其一，在对经济增长的影响方面，部分学者运用计量经济学的方法实证分析信息服务业对经济增长的影响，并且肯定了该行业对经济增长具有一定的推动作用。其二，在行业发展指数评价体系方面，工业和信息化部运行监测协调局于2019年发布本年度的中国软件和信息技术服务业综合发展指数报告，其中指出了该综合发展指数的原理和表现，阳军等结合国际标准和国内现状，构建了行业标准体系的顶层框架并阐述其中的关系。其三，在本行业发展趋势的研究方面，软件和信息技术服务业的发展水平或通过软件业务收入、出口总额、从业人数等具体统计指标表现，或通过综合测算发展指数的方法来表示。工业和信息化部运行监测协调局于2020年的统计公报通过软件业务收入等统计指标，得出我国的软件和信息技术服务业在新冠肺炎疫情的负面影响下依然发展平稳，西部地区增长快速，东部地区保持集聚和领先态势的结论。韩增林等使用因子分析法测算出行业发展水平指数，并且利用Kernel密度估计和GIS分析了信息服务行业的发展趋势与时空演变格局；另外也有学者将研究范围缩小至具体的省市，如张晓旭将研究区定于北京市，分析北京市信息服务业的发展特征。

综上分析可知，软件和信息服务业的发展将是未来中国乃至世界经济增长的一个关键点，国内学者对此行业的发展也有不少研究。但是，在行业发展趋势的研究中对区域差异的区划划分方式依然有待改进，使用更为细致的区划划分和长时间序列的定量分析，再辅以分位法（按照发展水平将各省份分为欠发达地区、一般地区、较发达地区和发达地区），将有助于从更宏观科学的角度解析我国软件和信息技术服务业的时空格局和发展趋势。因此，本文依据国家统计局发布的2012~2020年的软件业务收入与"十三五"时期（2016~2020年）的软件产品收入、信息技术服务收入、信息安全收入和嵌入式系统软件收入数据，使用Theil指数以及马尔科夫链和空间马尔科夫链方法，对我国软件和信息技术服务业的时空格局和发展趋势进行研究分析，使用空间计量模型定量研究软件和信息技术服务业对制造业的影响，在此基础上展望"十四五"及未来一段时期软件和信息技术行业的发展趋势并提出建议。

一 研究方法及数据来源

（一）研究方法

1. 区域差异测度：Theil指数

采用Theil指数来测度我国省级软件和信息技术服务业的代表性指标——软件业务收入的区域差异程度。Theil指数具有可分解特性，可将其分解为组内差异和组间差异，对我国软件业务收入的区域差异结构及其来源

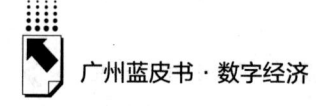

可进行有效分解。为深入分析我国软件和信息技术服务业区域内部之间的差异以及长时间序列下的时空演变特征，本文将全国31个省区市分成东北、华东、华中、华北、华南、西北、西南等七个区域。

2. 马尔科夫链和空间马尔科夫链模型

马尔科夫链是指概率统计学中具有马尔科夫性质的随机过程，其主要特点就是所谓的"无后效性"。对马尔科夫链、空间马尔科夫链转移概率矩阵的计算，本文采用开源的矢量地理数据分析和空间计量软件包 PySAL 中的 GIDDY 模块。

3. 空间面板数据模型

空间面板数据包含个体、时间及空间滞后三方面的信息，相对于截面数据可以改善时间序列分析中多重共线性带来的估计效果较差的问题，相对于一般面板数据还能够分析被解释变量或解释变量的空间溢出效应。本文研究对象——省际软件和信息技术服务业可能具有空间自相关，故尝试采用空间自回归模型和空间面板杜宾模型，从中选择合适的模型进行实证分析。

（二）数据来源

本文所使用的数据均来源于2013~2021年中国统计年鉴，其中西藏自治区暂无规模以上数据，统计口径为主营业务收入500万元以上的软件和信息技术服务业等企业。

二 我国软件和信息技术服务业区域差异变化趋势与特征

（一）软件和信息技术服务业总体变化

2012~2020年，我国软件业务收入呈现快速增长趋势，由24793.75亿元增长到81585.91亿元，年均增长16.12%（见表1）。

我国软件和信息技术服务业时空演变格局以及对制造业的影响研究

表1　2012~2020年全国及各地区软件业务收入及增速变化

单位：亿元，%

地区	2012年	2014年	2018年	2020年	年均增速
全国	24793.75	37026.42	61908.73	81585.91	16.12
东北	2504.64	3575.96	2224.94	2409.36	1.03
华北	4413.37	5905.56	11674.04	18366.37	19.60
华东	9417.78	14743.56	24276.06	31123.45	16.26
华南	5234.07	7626.86	13983.23	16571.06	15.63
华中	816.31	1462.98	2773.44	3490.02	20.43
西北	553.19	0974.13	2143.60	2991.05	24.17
西南	1854.40	2737.36	4833.44	6634.61	17.30

资料来源：根据中国统计年鉴，由作者统计整理得到。

从7个区域看，华东是我国主要的软件业基地，2012~2020年都是我国软件业务规模最大的区域。华北和华南的软件业务规模较大，在2020年以前华南的软件业务收入领先于华北地区，但在2020年华北地区实现了反超。东北地区的传统制造业仍占主导地位，导致软件业规模极小且增长缓慢，年均增速仅为1.03%；国家"东数西算"工程持续推进，促使西北地区的软件业增长迅速，八年间年均增速达到了24.17%，表明西北地区已将软件和信息技术服务业作为推动经济高质量发展的增长点。

从省际层面看，地区差异明显（见图1）。北京、广东、江苏的软件业务收入水平2012~2020年保持前三，并在2020年超过了万亿元规模，分别是15737.29亿元、13630.45亿元、10818.11亿元。超过5000亿元规模的省份是浙江、上海、山东，其他省区市的软件业务规模较小，山西、甘肃、新疆、黑龙江、宁夏、内蒙古、青海的规模均低于100亿元。

基于Theil指数测算我国软件业务收入的区域差异及变化特征。计算结果显示，我国软件业务区域差异总体平稳，Theil指数在0.888~0.895之间上下浮动，年均上涨0.12%（见图2）。

从差异贡献来源来看，我国软件业务收入总体差异主要来源于组内差异，组内差异贡献率常年保持在50%以上，总体上也是平稳的。

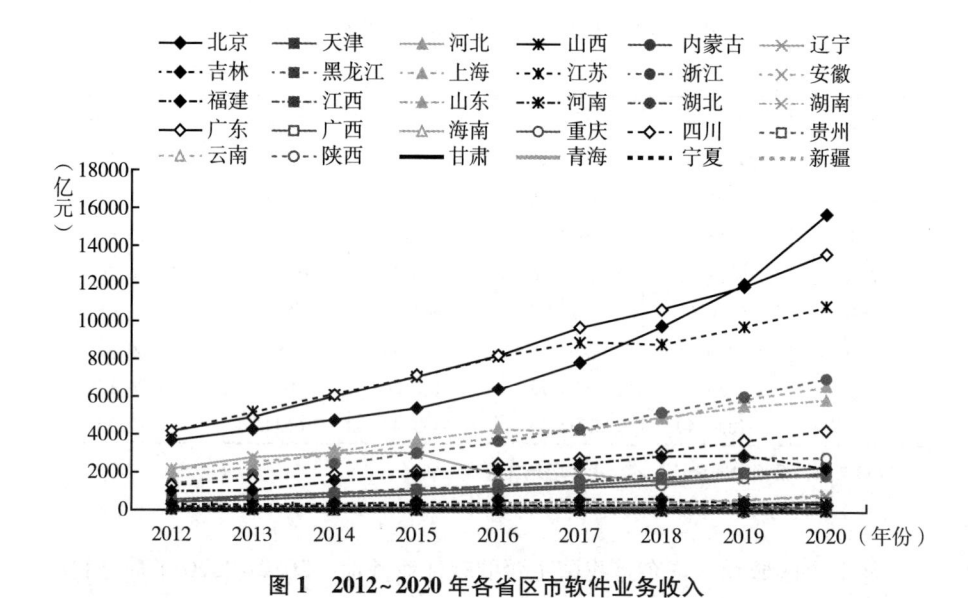

图1 2012~2020年各省区市软件业务收入

图2 2012~2020年我国软件业务收入Theil指数变化

从7个区域软件业务的Theil指数变化趋势看,西北、华北地区都呈现明显的上升趋势,华中地区波动上升,西南、华东地区呈现下降趋势,华南、东北地区波动下降(见图3)。系数值变化较平稳的地区是西南和华东地区。西南地区的Theil指数变化趋势最为平稳,指数值保持在所有地区的中等位置，华东地区的 Theil 指数值一直稳定维持在较低水平。指数值有明显波动的地区有西北、东北、华北、华中和华南地区。其中西北地区总体上升，但在 2016 年有略微下降。东北地区 2015~2019 年呈现先大幅下降后又回升的态势，波动较为明显。2020 年为新冠肺炎疫情大流行的一年，华北、华中和华南地区在此年的 Theil 指数值变化较为明显。华北地区总体平稳上升，但在 2020 年上升幅度更显著。华南地区在 2012 年的初始值最低，但往后不断上升，2020 年又有显著的下降。华中地区在 2019 年以前呈现平稳下降的趋势，但在 2020 年有较大幅度的提升。

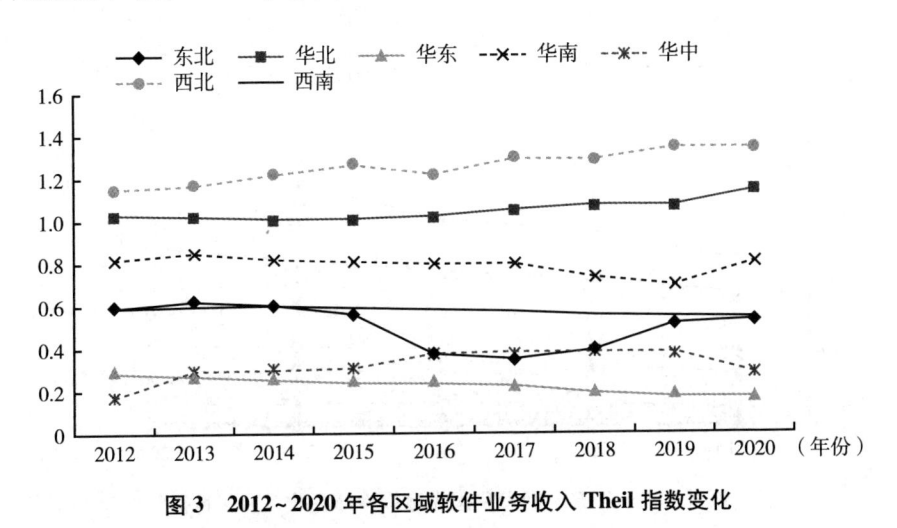

图 3 2012~2020 年各区域软件业务收入 Theil 指数变化

（二）软件和信息技术服务业细分业态的省际变化特征

软件和信息技术服务业收入主要由四个部分组成，分别是软件产品收入、信息技术服务收入、信息安全收入和嵌入式系统软件收入。在"十三五"期间，我国软件业务收入从 2016 年的 4.82 万亿元，增长到 2020 年的 8.16 万亿元，实现了年均 14.1% 的增长。

1. 软件产品收入呈现平稳增长态势，北京"一枝独秀"

在软件产品收入方面，我国软件产品收入呈现平稳增长态势。总体上看，"十三五"期间我国软件产品总收入呈现逐年增长趋势，年均增速为

165

9.1%，其中，2019年实现了高速增长，增速达到了20.0%。由图4可以看出，北京市、江苏省、广东省和山东省的软件产品收入是领先的，且在四个省（市）中，除了江苏省在2020年略有下跌，其他三个省（市）均在"十三五"期间保持着增长。其中北京市在2016年达到了2000亿元以上的收入水平，并且以年均15.8%的增长速率分别于2018年达到了3000亿元、于2020年超过了4000亿元。

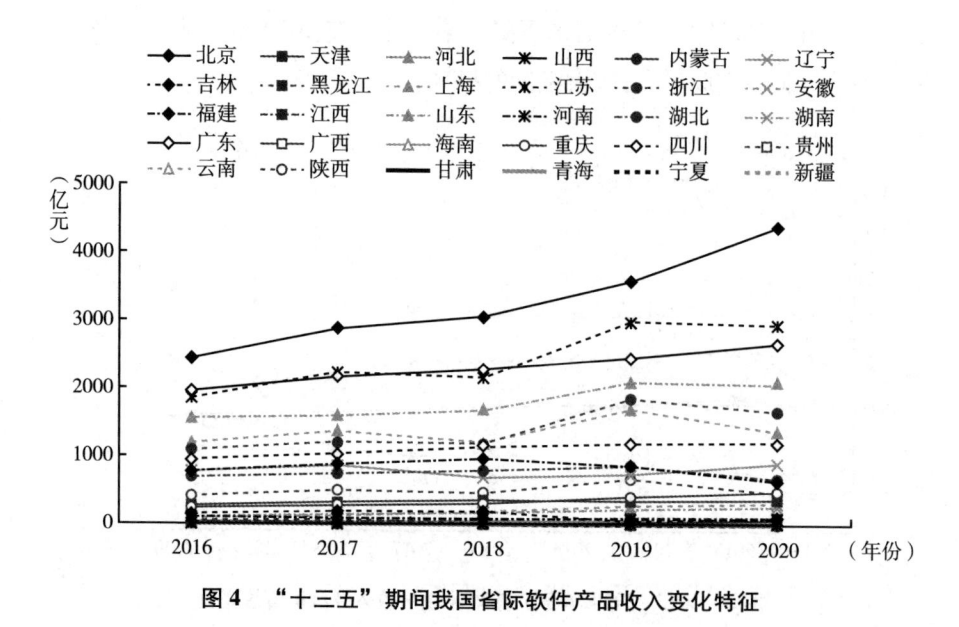

图4 "十三五"期间我国省际软件产品收入变化特征

2.信息技术服务收入保持较快增长趋势，北京和广东位居第一梯队

在信息技术服务收入方面，我国信息技术服务收入呈现逐年增长的趋势，其中北京市、广东省、江苏省、上海市的信息技术服务收入位于所有省份的前列。由图5可看出五年间我国信息技术服务总收入呈现逐年增长趋势，年均增速为19.2%，每年的增速都达到16%以上。

总体上看，北京市、广东省、江苏省和上海市的信息技术服务收入是领先的，且四个省（市）在"十三五"期间都保持着增长。江苏省2016~2017年和2018~2019年该收入不存在大幅度的增长，但都分别在随后一年有明显的涨幅。北京市和广东省一直处于领先地位，2019年北

我国软件和信息技术服务业时空演变格局以及对制造业的影响研究

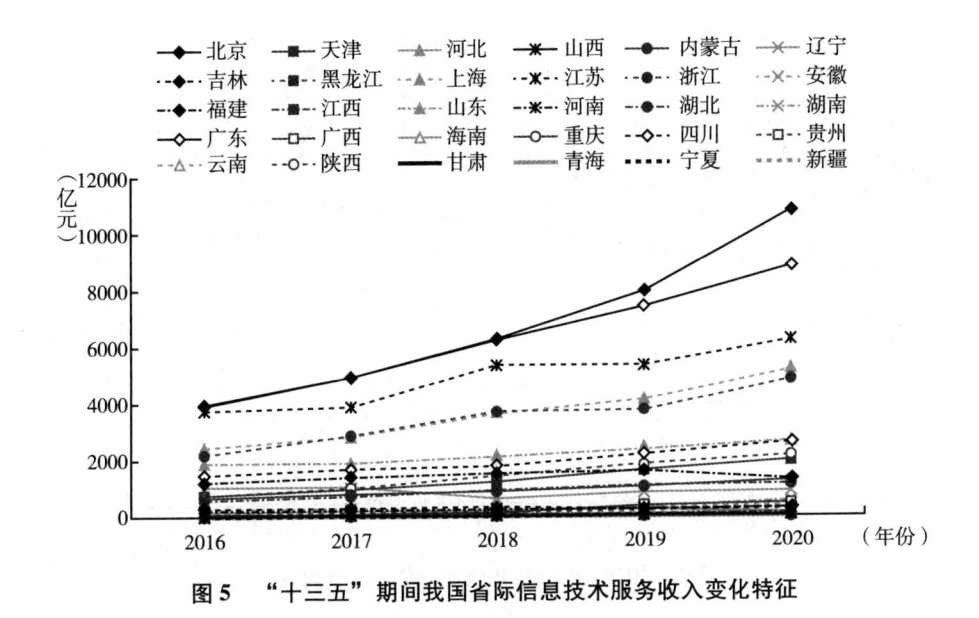

图5 "十三五"期间我国省际信息技术服务收入变化特征

京市的信息技术服务收入超过了广东省，并在2020年达到了10000亿元以上水平。

3. 信息安全收入呈现平稳态势，北京领先优势突出

在信息安全收入①方面，我国总体信息安全收入呈现平稳态势，其中北京市的信息安全收入位于所有省份的前列。由图6可看出三年间我国信息安全收入呈现逐年增长趋势，年均增速为5.7%，其中2019年实现了高速增长，增速达到了11.9%。北京市的信息安全收入是遥遥领先的，总体体量超过了350亿元，且其在2019年超过了400亿元，是其他省份信息安全收入的两倍，年均增长率达13.4%，预计将会持续以领先态势增长，其他省份均在200亿元以下。

4. 嵌入式系统软件收入呈现起伏态势，广东具有领先优势

在嵌入式系统软件收入方面②，我国嵌入式系统软件收入2016~2017年

---

① 信息安全行业为2018年新增分类，从原软件产品和信息技术服务行业中分离。
② 统计口径有变化。2018年开始年报针对该项的统计方法有调整，收入占比出现一定幅度下降。

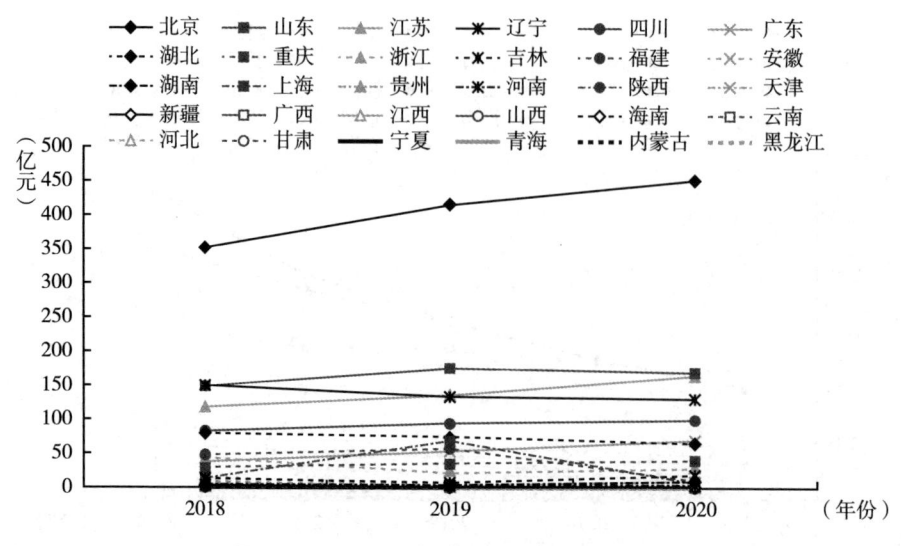

图 6 2018~2020年我国省际信息安全收入

实现了增长，但在2018年有下降，随后缓缓上升。五年间我国嵌入式系统软件总收入年均增速为-0.7%，其中在2018年有一个较大幅度的下跌，变化幅度达到了-22.8%。由图7可以看出，广东省、江苏省和山东省的嵌入式系统软件收入是领先的，其中江苏省在2018年有-57.5%的变化幅度，为所有省份和所有年份中跌幅最大的，广东省和山东省在五年间虽也有下降，但降幅不及2018年的江苏省。在2017年，广东省和江苏省的嵌入式系统软件收入规模都超过了2500亿元，但在之后的年份中有所下落并且未回到2500亿元的体量之中。

然而考虑到2018年统计口径的变化，大幅度下降有极大可能是统计方法的调整引起的，因此更应当将该五年的数据拆分为两部分（2016~2017年、2018~2020年）研究。2016~2017年以及2018~2020年的变化趋势都是相似的，江苏省都是呈现逐渐增长的趋势，山东省是起伏的态势。广东省2017年比2016年有增长，2018~2020年的变化曲线呈现起伏的形态。根据新的统计方法，总体而言，我国嵌入式系统软件收入呈现起伏的态势，广东省占据着领先地位。

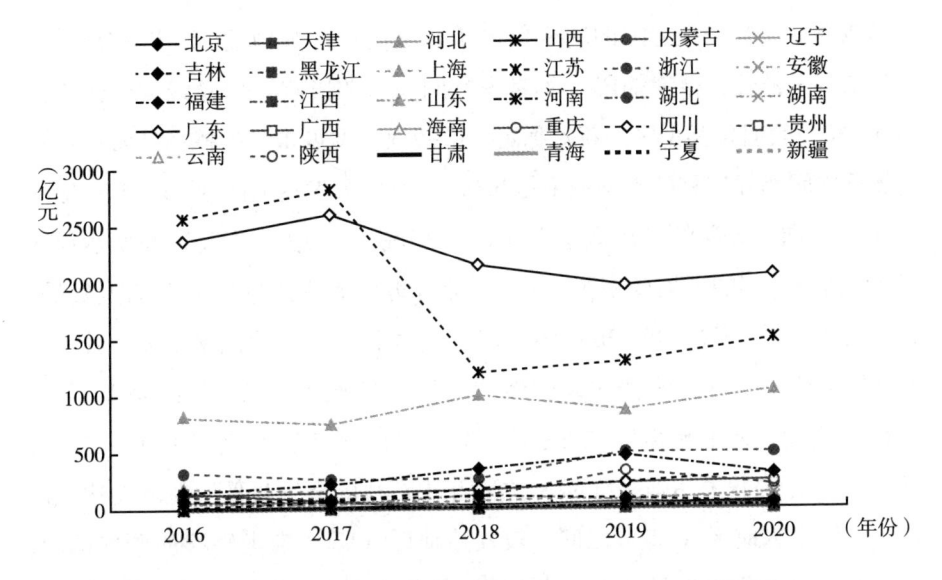

图 7 "十三五"期间我国省际嵌入式系统软件收入变化特征

三 我国省际软件和信息技术服务业时空演变特征

(一)基于普通马尔科夫链模型的分析

基于马尔科夫链模型分析 2012~2020 年我国省际软件和信息技术服务业的时空演变特征。利用 PySAL 计算软件业务收入的普通和空间马尔科夫链转移概率矩阵,其中空间滞后权重为距离权重,采用分位数方法将各省区市软件业务收入及空间滞后类型均离散化为发达、较发达、一般、欠发达等 4 种类型,原始数值 4 种类型分别用符号 C3、C2、C1 及 C0 表示,而空间滞后类型也离散化为 4 种类型并分别用 LAG3、LAG2、LAG1、LAG0 表示,马尔科夫链转移概率矩阵计算结果见表 2。我国软件业务收入的空间马尔科夫链的卡方检验的统计值为 33.511 (P 值为 0.006),表明空间马尔科夫链模型通过统计显著性检验。

在不考虑空间溢出效应的情况下,2012~2020 年我国省际软件业不同发展水平维持现状的概率相对较高,发达类型(C3)保持不变的概率明显高于其他类型，各类型之间的转变仅限于相邻类型。具体而言，P（H0）普通马尔科夫链转移概率矩阵（不考虑空间滞后的影响）对角线的数值均值为 0.938，表明各类型之间相对稳定，维持现有发展水平的概率非常高。不同类型之间相互转移的平均概率是 0.021，其中欠发达地区（C0）和一般地区（C1）向上转移的平均概率为 0.042，而较发达地区（C2）和发达地区（C3）向下转移的平均概率为 0.025，即各地区有更大的概率会向上发展。在欠发达地区（C0）和一般地区（C1）之间相互转移的概率较高，其中一般地区（C1）向下转移为欠发达地区（C0）的概率最高，为 0.098，欠发达地区（C0）向上转移为一般地区（C1）的概率较高，为 0.068。在一般地区（C1）和较发达地区（C2）之间互相转移的概率最低。在较发达地区（C2）和发达地区（C3）之间，较发达地区（C2）向上转移的概率偏低，为 0.017，而发达地区（C3）向下转移为较发达地区（C2）的概率为 0.033，略高于较发达地区（C2）向上转移的概率。

表2　2012~2020年我国省际软件业务收入的马尔科夫链模型分析结果

空间滞后类型		C0	C1	C2	C3
P(H0)	C0	0.932	0.068	0.000	0.000
	C1	0.098	0.885	0.016	0.000
	C2	0.000	0.017	0.966	0.017
	C3	0.000	0.000	0.033	0.967
P(LAG0)	C0	0.944	0.056	0.000	0.000
	C1	0.500	0.500	0.000	0.000
	C2	0.000	0.000	0.000	0.000
	C3	0.000	0.000	0.000	1.000
P(LAG1)	C0	0.941	0.059	0.000	0.000
	C1	0.067	0.933	0.000	0.000
	C2	0.000	0.048	0.952	0.000
	C3	0.000	0.000	0.000	1.000
P(LAG2)	C0	1.000	0.000	0.000	0.000
	C1	0.056	0.944	0.000	0.000
	C2	0.000	0.000	1.000	0.000
	C3	0.000	0.000	0.059	0.941

续表

空间滞后类型		C0	C1	C2	C3
P(LAG3)	C0	0.000	1.000	0.000	0.000
	C1	0.045	0.909	0.045	0.000
	C2	0.000	0.000	0.950	0.050
	C3	0.000	0.000	0.059	0.941

资料来源：根据中国统计年鉴，由作者统计整理得到。

（二）基于空间马尔科夫链模型的分析

考虑空间滞后效应的空间马尔科夫链模型对比普通马尔科夫链模型，其概率明显发生了改变，对角线的数值降低而不同类型之间相互转移的概率有所提高，表明我国省际软件和信息技术服务业受到邻近地区的显著影响，呈现出空间自相关特征。空间滞后类型为LAG0的马尔科夫链转移概率矩阵对角线的数值均值为0.611，不同类型相互转移的概率为0.046，欠发达地区（C0）和一般地区（C1）向上转移的平均概率为0.028，而较发达地区（C2）和发达地区（C3）向下转移的平均概率为0。空间滞后类型为LAG1的马尔科夫链转移概率矩阵对角线的数值均值为0.957，不同类型之间相互转移的概率为0.015，欠发达地区（C0）和一般地区（C1）向上转移的平均概率为0.030，而较发达地区（C2）和发达地区（C3）向下转移的平均概率为0.024。空间滞后类型为LAG2的马尔科夫链转移概率矩阵对角线的数值均值为0.971，不同类型相互转移的概率为0.010，欠发达地区（C0）和一般地区（C1）向上转移的平均概率以及较发达地区（C2）和发达地区（C3）向下转移的平均概率都为0。空间滞后类型为LAG3的马尔科夫链转移概率矩阵对角线的数值均值为0.7，不同类型相互转移的概率为0.100，欠发达地区（C0）和一般地区（C1）向上转移的平均概率为0.523，较发达地区（C2）和发达地区（C3）向下转移的平均概率为0.029。

综上所述，可知不同地区维持现状的平均概率达到 0.835 的高值，而不同类型之间相互转移的平均概率极低，仅为 0.038，其中欠发达和一般地区向上转移的平均概率略高，为 0.124，但较发达和发达地区向下转移为欠发达和一般地区的平均概率仅为 0.022，这说明不同地区倾向于维持现有的发展水平，相互转移的可能性存在但偏小，其中向上转移的可能性高于向下转移的可能性。

四 软件和信息技术服务业对我国制造业影响的实证分析

（一）变量和模型选择

随着数字经济的快速发展，软件和信息技术服务业对制造业的作用越来越重要。由上述分析可知，我国省际软件和信息技术服务业呈现出空间自相关特征，因此在研究软件和信息技术服务业对制造业的影响时，应当考虑空间的因素。本文使用空间面板数据模型探究 2012~2020 年省级层面软件业务收入等影响因子对于制造业的影响，其中考虑软件和信息技术服务业的空间溢出效应。样本数据为 31 个省份分 9 年（2012~2020 年）的面板数据，因变量"Industry"表示每年规模以上工业企业主营业务收入，核心变量"Info"表示软件业务收入，其他影响因子有"Fin"、"PerGDP"、"FDI"、"PFE"，分别表示金融业增加值、人均地区生产总值、外商投资企业投资总额、地方财政一般预算支出，其中"Fin"和"FDI"反映该地区的金融情况，"PerGDP"反映该地区的宏观经济状况，"PFE"反映该地区的政府调控力度（见表3）。为了消除计量模型可能存在的异方差，对因变量和自变量取对数，各变量分别表示为"lnIndustry"、"lnInfo"、"lnFin"、"lnPerGDP"、"lnFDI"、"lnPFE"。相关变量及数据如表3所示。

表3 变量及数据描述性统计

变量		单位	均值	标准差	最小值	最大值	预期效应
Y_{it}	规模以上工业企业主营业务收入:Industry	亿元	34589	35467	91.88	156591	—
X_{it}	软件业务收入:Info	亿元	1628	2657	0.01	15737	正向
	金融业增加值:Fin	亿元	5.54	2.78	1.94	16.49	正向
	人均地区生产总值:PerGDP	万元	5.54	2.78	1.94	16.49	正向
	外商投资企业投资总额:FDI	亿美元	2049	3520	11.31	27450	正向
	地方财政一般预算支出:PFE	亿元	5171	2877	864.40	17431	正向

资料来源：根据中国统计年鉴，由作者统计整理得到。

（二）实证结果分析

使用Stata软件的"XSMLE"和"spxtregress"模块对以上样本数据进行空间自回归模型（SAR）和空间杜宾模型（SDM）的实证分析。实证分析将得到四种估计结果，分别是固定效应、随机效应的SAR（分别是表4①、②）和SDM（分别是表4③、④）。根据豪斯曼检验结果，随机效应（Re）的模型要比固定效应（Fe）模型的效果更好，又结合以下计量结果，变量"lnInfo"、"lnPerGDP"、"lnPFE"的估计系数以及"lnInfo"的空间滞后项都在1%的统计水平上显著，"lnFDI"的估计系数在5%的统计水平上显著。综上所述，空间计量模型SAR的随机效应回归模型（表4②）是本次实证中的最优模型。

表4 空间面板数据回归模型的计量结果

变量及统计指标	①	②	③	④
	SAR Fe	SAR Re	SDM Fe	SDM Re
Main：				
lnInfo	0.0752**	0.0940***	0.0601*	0.0954***
	-(2.69)	-(3.35)	-(2.38)	-(3.62)
lnFin	-0.0284	-0.00832	-0.115	-0.00471
	(-0.30)	(-0.09)	(-1.31)	(-0.05)

续表

变量及统计指标	① SAR Fe	② SAR Re	③ SDM Fe	④ SDM Re
lnPerGDP	0.808***	0.593***	0.863***	0.549**
	-(4.76)	-(3.39)	-(5.65)	-(3.25)
lnFDI	-0.0931**	-0.0884**	-0.0813**	-0.0740**
	(-3.18)	(-3.00)	(-3.08)	(-2.64)
lnPFE	0.562***	0.503***	0.559***	0.680***
	-(3.87)	-(3.52)	-(4.29)	-(5.05)
_cons		7.110***		1.647
		-(8.31)		-(1.74)
Wd:				
lnInfo	-0.562***	-0.435***	-0.577***	-0.623***
	(-7.10)	(-5.48)	(-8.12)	(-8.96)
Variance:				
sigma_e				
_cons	0.146***	0.147***	0.0172***	0.0199***
	(22.27)	(21.84)	(11.69)	(10.85)
sigma_u				
_cons		1.497***		
		-(6.86)		
lgt_theta				-2.710***
				(-15.78)

注：*、**、***分别表示在1%、5%、10%的水平上显著。
资料来源：根据中国统计年鉴，由作者统计整理得到。

表4空间面板数据回归模型的计量结果如下。

（1）软件和信息技术服务业对我国制造业的发展有显著促进作用，同时具有明显的负向空间溢出效应。"lnInfo"表示的是各地区的软件业务收入，其估计系数显示为显著正向，表明软件业务收入这项因素对规模以上工业企业主营业务收入产生了显著的促进作用。软件和信息技术服务业的繁荣，意味着越来越多的软件产品、信息服务、嵌入式系统等将会在实体经济中得到更为广泛的应用，制造业的生产更为高效、管理更为科学、数据更为安全。而"Wd"项中的"lnInfo"系数显著为负，表明邻近省份软件和信息技术服务业的发展将会促使其制造业进步，从而对本地制造业形成制约，一定程度上将抑制本地规模以上工业企业主营业务收入的增长。

(2) 金融业的发展将显著抑制我国制造业的进步。"lnFin"与"lnFDI"均为反映金融业发展状况的指标，由表4可知金融业增加值与我国制造业并无明显联系，而外商的投资力度加大将显著抑制我国制造业的发展。与预期的正向影响不一致，实际结果显示负面，这反映我国市场中出现过度金融化的"脱实向虚"现象，若不进行改革，企业金融化水平将不断提高，进一步挤压实体经济发展的空间。党的十九大报告指出要"深化金融体制改革，增强金融服务于实体经济的能力"，意味着政府也已注意到"脱实向虚"所带来的不良后果，在今后需要将"脱虚向实"进行到底。

(3) 地区宏观经济运行良好能够明显加强我国制造业的发展且影响较大。"lnPFE"和"lnPerGDP"均体现地区宏观经济状况，它们的估计系数均显示为显著正向，表明宏观经济环境良好能够为制造业的发展带来有利影响。制造业是我国的立国之本、强国之基，是国家经济命脉所系，制造业的发展有利于国家经济发展，同样地国家经济发展也将带动制造业发展。

综上所述，软件和信息技术服务业对我国制造业的发展有显著促进作用，同时具有明显的负向空间溢出效应。金融业的过度发展将不利于我国制造业进步，需要在二者中取得平衡。地区经济大环境对制造业有较大影响，因此也应注重整体的发展。

五 结论与建议

（一）结论

本文采用了Theil指数、马尔科夫链模型分析了2012~2020年我国软件和信息技术服务业的区域差异和时空演变特征，并分别从软件产品收入、信息技术服务收入、信息安全收入和嵌入式系统软件收入四个方面分析"十

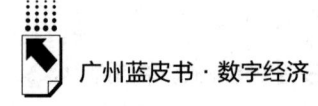

三五"期间我国省际软件和信息技术服务业的变化趋势。研究发现：（1）我国软件业务收入2012～2020年呈现快速增长的趋势，年均增速16.12%，华东地区是我国主要的软件业基地。（2）我国软件业务区域差异总体平稳，Theil指数在0.888～0.895之间浮动，年均上涨0.12%，总体差异主要来源于组内差异，组间差异的贡献较少。（3）7个区域的Theil指数变化趋势有所差异，西北、华北地区呈现明显的上升趋势，西南、华东地区呈现下降趋势，华中地区波动上升，而华南、东北地区波动下降。（4）基于马尔科夫链模型，在不考虑空间溢出效应的情况下，不同发展水平维持现状的概率相对较高，发达类型保持不变的概率高于其他类型，各发展水平类型之间的转变仅限于相邻类型；空间马尔科夫链模型结果表明，我国省际软件和信息技术服务业呈现出空间自相关特征，不同发展水平类型维持现状的概率降低但相互转移的概率提高。（5）"十三五"期间，我国软件业务收入逐年增加，其中软件产品收入、信息技术服务收入逐年增长，嵌入式系统软件收入2016～2017年实现增长，但在2018年有所回落，随后缓缓上升，北京市、江苏省、广东省、山东省、上海市对我国软件业务收入的贡献都占据着领先的地位。（6）软件和信息技术服务业对我国制造业的发展有显著促进作用，同时具有明显的负向空间溢出效应；金融业和宏观经济环境也对制造业有影响，但金融业是消极的影响，宏观经济环境是积极的影响。

（二）建议

基于以上的分析和结论，根据工信部印发的《"十四五"软件和信息技术服务业发展规划》提出的"产业链、产业基础、创新能力、需求牵引、产业生态"五个方面，笔者认为可以从以下几个方面对我国的软件和信息技术服务业进行全面的优化和调整。

1. 推动产业转移和产业升级

在较发达和发达地区，对其产业链中上游进行产业升级，提高其软件开发环境、软件应用开发的实力，产业链下游的供给不应局限于较发达和发达地区，也应当普及欠发达和一般地区。并且由于Theil指数表明组内差异对总体差异的贡献最大，又由空间马尔科夫链模型可看出相互转移的概率提高，因此理应将较发达或发达地区的低技术含量环节转移到邻近的一般或欠发达地区，加速产业链的完备，提升产业链的现代化水平。

2. 刺激产业新需求，其中重点以软件为导向

2012~2020 年我国软件业务收入快速增长，再加上受到新冠肺炎疫情的影响，人们对数字产品的需求加速增加。以往我国"重硬轻软"，然而对软件应用的需求在如今已成为主要的方面，并且也能更快收到反馈。因此较发达和发达地区应当鼓励率先开展新的试点，将软件业务创造性地与更多场景相结合，以期用新的需求创建新的经济增长点，加快数字经济的发展。

3. 保障产业基础，完善产业生态

从产业链的上游到下游，上游要保障技术水平的稳步提升、基础资源的稳健、生产标准化高水平化，中游形成产业集聚，大大提高生产水平，下游的市场要开发新的需求，壮大市场，以此形成一个可持续的产业。

4. 坚持发挥政府的宏观调控职能，及时高质量地调整产业发展以及布局之中的问题

单靠市场的力量容易造成产业过度集中在资源占优的地区，但是对整体的发展而言将是不可持续的，依靠政府及时科学的调控，能够对产业进行良好布局，更加有利于产业的可持续高质量发展。

参考文献

韩宝国、李世奇：《软件和信息技术服务业与中国经济增长》，《数量经济技术经济研究》2018 年第 11 期。

杨嫩晓、王雪、杨洵：《信息服务业对西安经济增长的影响分析》，《西安邮电大学学报》2015 年第 1 期。

倪明、胡晓艳：《信息产业发展对经济增长带动作用的实证研究》，《图书情报工作》2010 年第 12 期。

工业和信息化部运行监测协调局：《2019 年中国软件和信息技术服务业综合发展指数报告》，《智能制造》2020 年第 7 期。

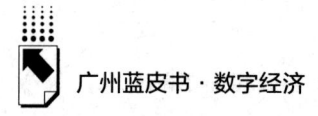

工业和信息化部运行监测协调局：《2020年软件和信息技术服务业统计公报》，《中国电子报》2021年1月29日。

阳军、吴东亚、徐洋、于长钺：《软件和信息技术服务业技术标准体系研究》，《信息技术与标准化》2014年第11期。

韩增林、李冰心：《中国软件和信息技术服务业发展水平格局时空演变研究》，《经济经纬》2017年第5期。

张晓旭：《北京市现代信息服务业特征及发展趋势探讨》，《科学之友》2012年第3期。

巫细波、葛志专：《我国汽车消费市场区域差异变化趋势及影响因素省际差异》，《对外经贸》2020年第6期。

B.11 广州建设全球金融科技中心对策研究*

邹小华 〔比利时〕本·德拉德**

摘　要： 随着金融与科技的不断融合，金融科技成为金融业转型、科技创新以及经济社会高质量发展等的重要推动力量。本文通过构建金融网络联系度评价模型，对广州在全球金融联系网络，特别是金融科技全球联系网络中的地位进行了分析，在此基础上结合广州金融科技发展现状，综合分析广州建设全球金融科技中心的现状基础，并就其进一步发展提出相应的对策建议。研究发现，广州在全球金融网络的连接度排名全球第13，在国内仅次于北京、上海排名第3；全球金融科技网络连接度在中国境内城市中亦位居第3，但小于其全球金融网络连接度。广州在内部金融体系建设、金融基础设施、产业基础、政策配套、发展环境和金融人才等方面也都具备一定的基础。未来，广州建设全球金融科技中心，应重点优化金融市场营商环境，建设具有合作分工优势的粤港澳大湾区金融科技网络，建设整合能力强的金融科技机构和平台，大力推动金融数字化国际化转型，持续完善数字化信息化金融基础设施。

---

* 本文是国家自然科学基金青年项目"基于中资企业分支网络全球扩展的世界城市网络的空间演化与机制——以高级生产性服务业为例"（项目编号：41801167）以及广州市社会科学院青年课题"广州全球联系能级提升研究"（项目编号：22QN001）的阶段性研究成果。
** 邹小华，广州市社会科学院区域发展研究所与广州城市战略研究院助理研究员，博士，研究方向为城市全球化与城市网络；〔比利时〕本·德拉德，比利时鲁汶大学公共治理研究所教授，全球化与世界城市研究网络（GaWC）副主任，研究方向为全球城市网络与区域城市发展政策。

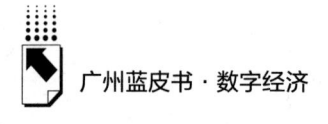

关键词： 金融科技　全球联系　国际金融中心　金融创新

一　问题提出

在过去的二十年里，金融业出现了"去中介化"的趋势，即随着金融业中新的参与者（如苹果支付、微信支付等）一定程度上绕过以银行为主的传统金融方式，越来越多的"传统"金融参与者感受到了压力。更重要的是，由于许多金融市场在很大程度上已成为虚拟和非中介化的市场，人们可能认为，国际金融中心在全球城市体系中的重要性将减弱，更进一步，全球金融企业的性质将被重新定义并且再中介化。国际金融中心的日常金融活动中，越来越多地涉及对冲基金、私募股权基金、养老基金以及资产的知识和技术密集型管理，以及为更广泛的经济和社会参与者开发新的金融工具，而严格意义上的银行业务比重逐渐减少。因此，未来国际金融中心将不再单一地被界定为全球金融资本集聚地或流通地，而更多地被界定为金融管理和金融产品开发的全球性知识生产中心，而强大的技术创新能力也是这些城市的重要特征之一。

货币及金融与技术之间一直保持着高度关联的关系，并且，这种关联度近年来在不断加强。在此基础上产生的改变金融服务供给的技术和创新，则可称为金融科技。金融科技包括一系列由创新技术驱动的金融服务，如移动支付、数字银行、财富管理以及加密货币和跨境支付。而金融科技行业则依赖于大型数据集、人工智能、云计算和区块链的开发和使用等，并旨在与传统金融方式竞争，扩大金融服务的范围。金融科技的发展不仅对整个金融行业产生影响，也将重塑现有国际金融中心的空间格局（Derudder & Taylor, 2020）。

党的十九届五中全会明确提出，"要构建金融有效支持实体经济的体制机制，提升金融科技水平，增强金融普惠性"，这也体现了金融科技发展的重要性和必要性。金融科技的发展也能够进一步推动广州金融业的创新和可持续发展。因此，广州建设一流的国际金融中心，发展金融科技至关重要。

二　金融科技的发展

在过去十年中，金融科技的增长非常迅速。2010~2019年，全球风险投资企业对金融科技的投资从约18亿美元增加到600亿美元。除企业外，主要国际金融中心的政府和私人行为主体正在积极推动金融科技的发展，将其视作占领新市场和发展新能力的宝贵机会，以增强其国际金融中心的地位。金融科技的发展能够推动成本降低、效率提高以及带来更多便利，并能够根据客户情况和需求提供更适合的产品定制服务，其发展有可能"颠覆"现有的金融机构发展模式和金融细分市场。因此，金融科技对重塑全球生产和金融网络有重大影响，也因此对国际金融中心的性质有着影响。

金融科技的发展一定程度上加快了金融行业"消亡"的到来，即"传统"金融服务公司要么迅速适应并创造新的竞争定位，要么逐渐消亡。中国作为金融科技发展领域的领跑者，国内基于互联网的金融和社交媒体品牌，如微信和微博，已经直接切入传统金融业，打破了传统金融服务的生态。然而，这并不一定预示着传统金融服务机构时代的终结，金融科技的发展也推动了传统金融机构的科技化转型。比如中国工商银行和中国建设银行等大型金融服务机构已制定并实施互联网金融战略。传统金融服务机构通过与百度、腾讯等互联网公司为主的科技公司的合作，共同开发在线金融服务。这种伙伴关系意味着，与其说是金融科技导致了传统金融服务公司的"消亡"，不如说是其推动了既定金融部门、公司和城市的等级制度重构。尽管如此，随着以"大数据"为中心的互联网和社交媒体公司产生的知识不断输入，"金融服务"作为一种类别显然正不断演变，这将影响我们对"关键"金融参与者的理解（例如，对金融感兴趣的科技公司，而不是位于国际金融中心的银行）及其定位特征。

金融科技的发展给传统金融业带来的一个重要改变就是，一定程度上导致"金融脱媒"现象，即由银行以外的其他实体提供金融服务，且不需要实物商品（如现金或银行卡等）。尽管金融科技可能会通过多种方式导致国际金融中心及其构成主体的重构，但这很可能意味着"金融再中介化"，即由技术促成的金融创新会产生新的商业模式、应用、流程和产品。随着越来越多的新技术企业或制造企业的金融部门进入金融服务领域，"生产"和"金融"之间的界限将越来越模糊。比如作为世界上最大的消费电子产品合同制造商，富士康正通过其电子商务平台重塑企业间的网络和权力关系，该平台也被用于为其上下游供应链企业等提供贷款和金融担保服务。通过利用其业务关系以及密切了解供应商业务运营和财务状况，富士康能够降低信贷风险，因为企业要成为合格的供应商，就必须满足严格的标准。电子商务平台整合了供应链融资和 B2B 交易，这也增强了富士康在塑造供应商网络方面的力量。由此可见，金融科技正在重塑企业间的议价能力和战略耦合。企业不再专注于通过改进制造工艺、提高劳动效率、获取新技术或通过改变供应商网络来节约成本以创造或提升价值，而是在发展新形式的竞争优势。例如在融资或数据智能方面，在线交易正在产生大量用于算法分析的数据，技术公司或部门通过这些数据，为新产品和细分市场提供更准确的信息。从富士康的例子我们可以看到，之前我们很少将其与"金融业"联系在一起的企业正在通过开发金融科技解决方案成为金融行为主体。这不仅超越了通过提供额外服务来追求新的收入形式，而且产生了"一个不断增长的金融服务生态系统"。

虽然上述金融科技发展的例子来自技术和制造企业，但它们有一个共同的战略，即调动数字中介和平台组织的关键优势。基于此，"牵头企业"可以将自己定位为一个基于平台的中介，在数据和算法方面拥有竞争优势和资产，而不是作为金融资本的所有者或管理者。这一点在 GAFA（谷歌、苹果、脸书和亚马逊）和 BAT（百度、阿里巴巴和腾讯）这样的领先金融科技巨头当中变得更加明显。这些大型科技公司的独特企业模式即为，以自身作为平台，利用数字基础设施来积累和分析用户数据，以便从中介中提取价值。

随着这些"平台"正在成为金融业越来越重要的商业模式，其对国际金融中心也产生日益深刻的影响。人们往往期望金融科技初创企业对金融服务有"颠覆性"潜力，而可能出现的情况恰恰相反，随着成功的平台企业越做越大，企业将不断增长和整合。对于像 GAFA 和 BAT 这样的龙头金融技术公司来说，其不断增长的规模、用户捕获和数据专长使其成为主流企业中的核心角色，而不是技术、金融或零售领域的细分市场参与者。随着更多的行为主体、技术和金融服务参与到金融科技中来，我们有必要解决新的地理环境问题，这些地理环境是由业务方向、劳动力市场和更广泛的生产网络的重新配置而产生的。金融科技对国际金融中心的影响是其对中介影响的必然结果。去中介化，如果走到极端，将意味着金融中心，即银行等中介机构的所在地，成为历史。再中介化则维持了新型的金融中心，前提是中介机构继续同地办公，而事实确实如此。新兴的研究表明，金融科技强化了现有的金融中心，并使其成为金融科技中介资金流动网络中的受益者。同时，新的金融科技中心往往出现在拥有强大技术部门的城市。

三 全球科技金融网络及广州联系

（一）研究设计

1. 研究思路

城市为创造新财富和刺激发展提供了基本的经济环境，但是城市本身并不能创造经济价值。城市的功能是将各经济行为主体通过在城市内部和城市之间的各种活动进行有机联系，从而将不同城市联系到全球网络当中。联系能力越强的城市，其资源配置能力越强，竞争力也就越强。按照这一逻辑思路，在全球金融网络体系当中，金融联系能力越强的城市在国际金融中心体系中的地位就越高。金融服务企业是全球金融网络的核心塑造者，而国际金融中心地位实际上取决于其在国际金融服务公司全球网络中的地位。

传统的金融服务网络是金融科技发展的基础，而金融科技的发展是数字

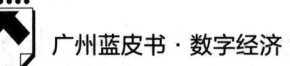

化背景下传统金融中心发展和转型的重要方向。因此，在对全球金融网络以及广州的全球金融连接度进行分析的基础上，本文对广州金融科技连接度进行了进一步分析。

2. 研究方法

基于前述理论，本文研究采用GaWC创建的城市联系网络评价模型，具体评价思路与过程如下。

衡量企业j在城市i的重要性的基本标准是其服务值V_{ij}，V_{ij}的值越大，表明其越重要。这些数值可以排列组合成一个$m \times n$的服务值矩阵V。网络模型的核心是基于以下公式来定义企业j在城市a和b之间的关联CDC_{a-b}：

$$CDC_{a-b} = \sum_{j} V_{aj} \cdot V_{bj} \quad a \neq b \quad (1)$$

对企业j而言，企业网络中联系能力最强的是总部，分支机构的等级越高，在公司网络中的联系能力也越强。对城市a而言，如果企业j的总部布局在该城市，则该城市在该网络中的地位最重要，企业j布局等级越高的分支机构则意味着该城市在该公司网络中的地位越重要、联系能力越强。在选定样本公司之后，通过分析所有选定公司总部及分支机构在全球各大城市布局，便可得出一个城市在全球公司网络中的联系能力（GNC_a），如式（2）所示：

$$GNC_a = \sum_{b} CDC_{a-b} = \sum_{bj} V_{aj} \cdot V_{bj} \quad a \neq b \quad (2)$$

对全球金融科技联系网络的评价方法也主要建立在全球金融网络研究方法的基础上。为了评估包括广州在内的中国城市在全球金融科技网络中的地位以及研究如何进入全球核心金融科技市场，本部分并没有计算一个城市与其他所有707个城市的联系，而只考虑并汇总其与全球最重要的十个金融科技城市之间的联系。采用此种方法的原因有两个方面：（1）该数据再次以伦敦为基准城市进行标准化，因此可以将城市当前作为国际金融中心的角色与其连接到主要金融科技市场的能力进行比较；（2）通过相关计算结果可以将广州相对位置与中国境内其他城市进行对比。

3. 数据来源

为分析国际金融网络，在企业层面，本文选取 75 家金融服务公司①作为样本。样本公司根据 Brand Finance 发布的"全球金融行业 500 强"排行榜②选取，该排行榜综合考虑了样本企业的实力、风险和未来潜力等要素。公司相关信息数据采集时间段为 2020 年 7~9 月。样本城市选取方面，选取了全球 708 个城市进行分析，选取标准为国家首都，或者人口规模大于 20 万的国家或区域重要城市。具体而言，首先提取 75 家金融服务公司在 708 个城市中的规模信息、分支机构信息和业务信息。其次提取 75 家金融服务公司在 708 个城市机构的额外功能，如总部、区域性总部等。最终，根据提取的信息，用标准化服务值 V_{ij} 表达每一家公司在 708 个城市的分支机构设立情况。标准化服务值 V_{ij} 分配范围从 0 到 5，公司总部所在的城市为 5 分，没有办事处的城市则为 0 分。拥有公司"普通"或"传统"办事处的城市得 2 分，如果缺少某些关键信息（如只有当地合作伙伴，而没有一个实际的办事处），则分数降到 1。特别大型办事处可得 3 分，具有重要区域外部功能的办事处可得 4 分。最终结果能得到一个 708×75 的矩阵 V，其中 V_{ij} 的

---

① 中国工商银行、中国建设银行、中国农业银行、中国银行、美国富国银行、美国银行、美国花旗银行、美国摩根大通银行、中国招商银行、香港汇丰银行、西班牙国际银行、德美利证券、加拿大皇家银行、中国交通银行、美国第一资本金融公司、上海浦东发展银行、中国邮政储蓄银行、法国巴黎银行、俄罗斯联邦储蓄银行、中国中信银行、日本三井住友银行、美国高盛集团、荷兰国际集团、英国巴克莱银行、中国兴业银行、加拿大丰业银行、中国光大银行、中国民生银行、加拿大蒙特利尔银行、西班牙毕尔巴鄂比斯开银行、日本三菱日联金融集团、瑞士瑞银集团、美国摩根士丹利、美国合众银行、新加坡星展银行、中国平安银行、加拿大帝国商业银行、荷兰农业合作银行、PNC 金融服务集团、法国兴业银行、澳大利亚联邦银行、美国美林证券、英国劳埃德银行、瑞士信贷银行股份有限公司、巴西伊塔乌联合银行、日本瑞穗金融集团、巴西布拉德斯科银行、美国发现银行、意大利联合圣保罗银行、印度国家银行、卡塔尔国家银行、英国国民威斯敏斯特银行、印度 HDFC 银行、渣打银行、法国东方汇理银行、法国国民互助信贷银行、新加坡华侨银行、巴西联邦储蓄银行、澳大利亚国民银行、新加坡大华银行、瑞典北欧联合银行、韩国新韩金融集团、澳大利亚澳新银行、巴西银行、比利时联合银行、韩国国民银行、迪拜国民银行、荷兰银行、中国华夏银行、阿联酋第一阿布扎比银行、马来西亚马来亚银行、美国纽约银行梅隆公司、澳大利亚西太平洋银行、北京银行、日本银行。

② Brand Finance, Top 500 Banking Brands 2020 Ranking, https：//brandirectory.com/rankings/banking/2020/table, 2020-09-28.

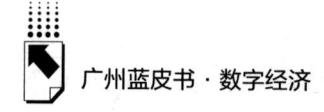

取值范围是0到5。为了更好开展比较分析，在对国际金融中心联系度分析时，以伦敦作为标杆城市即连接度最好的城市，其联系度为100。

金融科技联系网络的数据采用Findexable①确定的10个最重要的金融科技中心城市的联系数据，包括旧金山、纽约、伦敦、新加坡、圣保罗、洛杉矶、班加罗尔、波士顿、柏林和孟买等。

（二）广州金融科技全球联系现状

1. 金融联系总体基础较好

基于以上分析方法，计算得出国际金融中心的全球排名。表1显示了全球金融联系度最高的20个国际金融中心（含中国部分城市）和20个中国境内国际金融中心城市。

全球金融网络与国际金融中心分布格局呈现以下特征。

一是在全球金融网络版图上，以伦敦和纽约为代表的西欧和北美城市在国际金融中心体系当中占据重要位置。亚洲尤其是中国城市在国际金融中心体系中加速崛起。

二是基于连接度的测算，全球金融网络和城市网络分布大体相似，即国际金融中心体系和全球城市体系整体上具有较高的耦合性。这意味着具有全球竞争力的城市往往是具有全球竞争力的金融中心。

三是个别城市在全球金融网络的表现优于在全球城市网络的表现。比如法兰克福、洛杉矶和卢森堡等城市在国际金融中心中排名比其在世界城市中排名更加突出，香港金融连接度甚至与纽约和伦敦的连接度大致相当。

四是广州在全球金融网络中具有较好的影响力和竞争力，在国际金融中心版图上排名第13，在中国境内城市中排名第3，与悉尼、多伦多、孟买和首尔等主要城市同属一个等级。同时，可以看到中国城市在全球金融网络中呈现出长尾现象，即除了北京、上海、广州和深圳之外，其他一些城市的金融连接度也在不断增强。

---

① Findexable, Global Fintech Ecosystem Rankings, https：//gfi.findexable.com/，2021-07-21.

表1 全球（含中国部分城市）和中国境内20个关联最密切的城市全球金融网络连接度

排名	城市	国家	GNC	排名	城市	GNC
1	伦敦	英国	100.00	1	北京	85.30
2	纽约	美国	99.75	2	上海	82.72
3	香港	中国	99.40	3	广州	56.97
4	新加坡	新加坡	86.96	4	深圳	50.91
5	北京	中国	85.30	5	天津	50.79
6	上海	中国	82.72	6	成都	44.63
7	东京	日本	67.21	7	杭州	44.43
8	巴黎	法国	65.62	8	重庆	43.01
9	法兰克福	德国	64.11	9	大连	42.34
10	迪拜	阿联酋	61.90	10	南京	40.24
11	多伦多	加拿大	58.71	11	武汉	39.73
12	悉尼	澳大利亚	57.99	12	青岛	39.44
13	广州	中国	56.97	13	长沙	39.39
14	首尔	韩国	54.63	14	苏州	39.29
15	孟买	印度	52.61	15	沈阳	38.47
16	深圳	中国	50.91	16	哈尔滨	37.55
17	天津	中国	50.79	17	厦门	36.77
18	雅加达	印度尼西亚	50.71	18	济南	35.38
19	卢森堡	卢森堡	50.25	19	太原	35.21
20	洛杉矶	美国	46.17	20	昆明	35.15

资料来源：根据相关金融公司分支机构数据计算而得。

2. 金融科技联系发展相对滞后

根据以上方法，通过测算，得出中国境内20个关联最密切城市的金融科技全球连接度，如表2所示。

表2 中国境内20个关联最密切城市的金融科技全球连接度

排名	城市	金融科技GNC	传统国际金融公司GNC
1	上海	62.67	82.72
2	北京	56.63	85.30
3	广州	32.21	56.97

续表

排名	城市	金融科技 GNC	传统国际金融公司 GNC
4	深圳	25.44	50.91
5	天津	25.17	50.79
6	成都	19.81	44.63
7	杭州	19.50	44.43
8	重庆	18.95	43.01
9	苏州	18.55	39.29
10	大连	18.00	42.34
11	沈阳	16.50	38.47
12	青岛	16.36	39.44
13	武汉	15.61	39.73
14	无锡	15.40	34.67
15	哈尔滨	15.20	37.55
16	南京	14.92	40.24
17	长沙	14.65	39.39
18	厦门	14.41	36.77
19	昆明	13.22	35.15
20	宁波	12.60	35.10

资料来源：根据相关金融公司分支机构数据计算而得。

从表2可以看出，中国境内主要城市科技金融全球连接度呈现以下特征。

一是对比标杆城市伦敦，中国境内城市金融科技全球连接度的差距要大于传统金融全球连接度的差距。虽然中国拥有世界上最有活力的金融科技市场，但大部分市场仍局限于境内，金融科技市场国际化方面还有很大的发展空间。

二是中国境内城市的金融科技全球连接度普遍低于传统金融全球连接度20余个基点。比如上海金融科技全球连接度低于传统金融全球连接度20个基点，北京金融科技全球连接度低于传统金融全球连接度达29个基点，广州金融科技全球连接度低于传统金融全球连接度达24.8个基点。这意味着中国境内城市在金融数字化和金融科技发展方面仍显滞后。

三是虽然广州在金融科技网络中连接度排在中国境内城市第三位，但与标杆城市的差距较大。与北京、上海相比，广州金融科技全球连接度与传统金融全球连接度差距更大。这意味着在当前正在迈进的数字金融时代，广州还需要在推动传统金融数字化、发展金融科技方面加大力度。

四 广州金融科技发展的基础

（一）金融体系发展完善

广州拥有强大的综合金融实力以及完善的金融服务体系。2020年广州金融业增加值实现2234亿元，居全国大城市第四位，自2019年以来，金融业已成为广州第四大支柱性产业。其中保险业规模居国内城市第三位，证券市场交易规模2020年实现20.6万亿元，境内外上市公司累计达到201家，总市值约3.8万亿元。截至2020年末，广州注册证券、基金、期货总部机构13家，登记备案的私募基金管理人1746家；共有小贷公司116家，其中互联网小贷公司41家，居全国一线城市第一位；融资租赁公司2458家，资产总额1772亿元；持牌金融机构326家，其中法人金融机构56家，地方金融机构超过3500家，金融业总资产超过9万亿元。这些都为广州金融科技的发展提供了坚实的基础。

（二）金融信息基础设施良好

全球范围内的城市间的金融竞争本质上是城市间对资源跨时空的吸引和配置能力的竞争，该能力的强弱很大程度上取决于城市跨国基础设施的建设水平。特别对于金融科技而言，对于全球数据、信息的搜集、处理和应用能力，是国际金融科技中心建设的重要环节和支撑。当前，广州已建成产业数

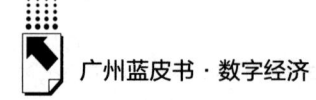

字化平台、数字政府、国家超级计算广州中心、广州金融风险监测防控中心等一系列数字金融基础设施。当前广州拥有广州股权交易中心、中证机构间报价系统南方总部、广州碳排放权交易中心、广州金融资产交易中心、广州商品清算中心、广州航运交易所等六大金融交易平台及一系列金融基础设施，2021年4月，广州期货交易所正式揭牌，成为我国内地第五家期货交易所，也实现了广州国家级金融基础设施历史性跨越，这些都为广州金融科技的国际辐射力提升提供了有力支撑。

（三）金融科技发展支持力度大

近年来，广州制定及出台了一系列与金融科技相关的规划、政策，着力提升金融科技实力。早在2018年10月，广州就出台了《关于促进金融科技创新发展的实施意见》，加大金融科技发展的支持力度，同时也为广州金融科技的发展指明了重点方向。2021年9月出炉的《广州市金融发展"十四五"规划》，对包括"构建科创金融体系，增强金融支持科创能力"以及"推动数字金融创新，提升金融科技服务能力"等金融科技相关内容在内的12项重点内容进行了谋划。在区级层面，黄埔区积极探索建设粤港澳大湾区科创金融示范区；天河区依托国际金融城，打造粤港澳大湾区金融合作示范区；海珠区则大力建设金融支持数字经济和人工智能发展核心区。广州金融科技发展实现多点开花、错位发展的良好局面。2022年3月，广东证监局、广州市地方金融监管局正式发布《关于开展广州资本市场金融科技创新试点工作的通知》，进一步助推广州金融科技的发展。

（四）金融科技人才支撑

广州具有丰富的科研资源和大量人才储备。广州拥有37所本科院校，省会城市中仅次于武汉和西安，在华南地区具备绝对优势，有利于地区产学研的深度融合，加速人才输送，促进金融科技创新。近年来，广州在高端金融人才引进和留住人才方面不断加大力度。广州市地方金融监督管理局于2016年2月印发《广州高层次金融人才支持项目实施办法》，先后经过两次修订，重点吸引包括金融科技等领域在内的金融高端人才，并累计评出广州高层次金融人才1361人，奖励资金超过1.73亿元。2021年黄埔区发布的"促进金融科技高质量发展10条措施"，指向性地对金融科技企业高端人才提供奖励，在粤港澳大湾区各城市区级政府同类政策中的力度也最大，着力破解金融科技人才难招难留的难题。

（五）金融科技发展基础好、产业需求大

包括大数据、人工智能、区块链、云计算等在内的新一代信息技术，作为金融科技发展的关键基础要素，在广州的发展已形成一定的规模。2020年末广州拥有高新技术企业11610家，所拥有的入选全国科技型中小企业信息数据库企业数量，在全国各城市中居第一位。一方面，数量巨大的高新技术企业储备，为优质金融科技企业的培育提供了厚实的基础，也为金融科技创新业务的开展提供了肥沃的土壤；另一方面，高科技企业因其自身"轻资产、高风险"的特征，难以得到传统金融机构的青睐，这也对金融科技的发展提出了迫切的需求。

（六）金融科技发展环境优越

"十三五"以来，广州先后出台关于市场、平台、机构、人才、环境、监管、服务等领域的一系列文件，金融政策体系的完整性、覆盖面等不断提升与扩大，政策的促进引领效应日益显现。通过成立地方金融监督管理局，全面开展对融资担保公司、商业保理公司、小额贷款公司等地方金融机构的监管。2020年9月，广州获中国人民银行批准，入选我国第二批金融科技创新监管试点城市。在探索创新地方金融监管模式方面，形成"五链协同"监管与服务体系，监管质效明显提升，地方金融稳健规范发展，金融营商环境持续优化。

五 广州建设全球金融科技中心的对策建议

尽管广州尚不具备像新加坡、香港、上海和北京等领先的国际金融中心

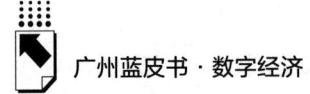

那样的全球影响力，但整体上已发展为与世界联系紧密的国际金融中心，其全球金融网络连接度与悉尼、首尔、多伦多和孟买等相近。广州已具备强大的综合金融实力和金融体系，金融基础设施良好，产业基础坚实，政策配套与人才供给和激励等方面也都具备一定竞争力，当然，相关方面也有待进一步提升。针对广州未来建设全球金融科技中心，建议如下。

（一）建立健全国际金融中心的制度框架，全面优化金融市场营商环境

国际金融中心的发展存在许多共同特点，包括城市中国际金融活动的占比高于平均水平，经济发展以及政治局势稳定，拥有经验丰富且具有国际视野的金融机构、发达且面向全球的通信和交通基础设施，受过高等教育的劳动者，一系列专业化的支持性服务以及有利于金融国际化的监管环境。广州要提升全球金融网络连接度、建设国际金融科技中心，首先要围绕国际金融中心发展的共同规律和要求建立明确的战略、按部就班的路径、清晰的可预见和实用的制度框架，并通过适当的政策持续强化这一制度框架。积极回应和关切金融机构在经营活动中面临的问题，为金融机构提供便捷、公开、透明的服务，不断优化金融营商环境。努力争取国家对广州开展金融创新和科技创新探索与试点的支持。

（二）建设具有合作分工优势的粤港澳大湾区金融科技网络，增强大湾区整体金融科技资源配置能力

综观全球，国际金融中心的形成并不存在单一的路径模式，不同国际金融中心之间可能存在巨大差异，且在发展过程中可能相互补充，共同构成全球金融中心体系，以数字化和信息化为基本特征的金融科技中心发展得更好。因此，对广州而言，在建设全球金融科技中心的过程中，既不能照搬其他成熟的国际金融科技城市的发展模式，也不应仅把其他国际金融科技城市看作竞争对手。基于这一思路，广州在建设国际金融科技中心过程中，应加强与香港、澳门、深圳等粤港澳大湾区其他国际金融中心合作分工。重点是

要依托粤港澳大湾区开放包容和便捷高效的硬联系网络和软联系网络，积极推动广州、深圳、香港、澳门金融基础设施互联互通，建立高效的一体化金融基础设施网络，促进金融资源开放流动和高效配置，加强四地金融实现错位发展、各扬所长。

（三）建设具有强整合能力的金融科技机构和平台，提升全球金融网络连接能力

金融数字化转型和金融科技网络连接度提升将对广州建设国际金融中心越来越重要。为提升广州全球金融科技连接度，一是充分发挥广州综合性门户城市优势，吸引国内外金融机构在广州设立金融科技公司、数据中心、研发中心等金融科技主体。积极与国内外领先的数字科技企业建立战略合作关系，鼓励其在广州设立金融科技研发中心或实验室。二是大力培育广州本地金融科技创新企业做大做强，打造数字金融龙头企业和独角兽企业。加快推进设立粤港澳大湾区国际商业银行，并将其打造成为具有广泛影响的国际金融企业。支持金融机构和大型企业集团通过资源整合和市场运作发展成为具有重要影响力的金融控股集团，并开展国际化经营布局。鼓励推荐符合条件的数字金融相关企业在科创板、创业板上市或新三板挂牌，培育发展一批具有国际影响力、数字科技赋能金融的示范项目。三是以国际化视野升级建设广州国际金融城等金融核心功能区，增强对全球金融机构集聚承载能力。

（四）大力推动金融数字化转型，推进金融科技关键技术研发

随着新一轮科技革命和产业变革的孕育发展，数据要素价值化正引发金融发展模式新变化。在此背景下，顺应这一趋势，一是要鼓励传统金融机构应用大数据、人工智能、物联网、云计算、区块链等技术积极投资内部数字金融创新和产品研发，形成"金融+数字""金融+科技"产品和服务，加入数字金融生态系统或创建自己的数字金融生态系统。二是要把促进金融发展的政策辐射相关的高新技术企业乃至高科技制造业，推动各类科技金融公

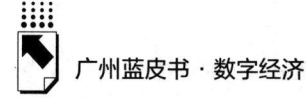

司、金融科技公司、金融技术公司、虚拟金融公司、开放金融公司、平台金融公司等新兴金融机构加速涌现并成为创新创造金融产品和服务的明星企业。三是要加强金融科技相关领域关键技术的研发，包括建设全国一流的数字金融科技研发体系，加强数字金融关键技术攻关；依托广州拥有的区块链发展先行示范区，支持鼓励金融机构联合区块链技术研发机构或企业，加快推动基于金融场景的区块链关键技术研发；充分发挥广州人工智能与数字经济试验区优势，鼓励金融机构联合人工智能研发机构，开展人工智能在金融领域相关应用的技术研发，构建智能化的数字金融业态；在依法合规的前提下，充分利用通信大数据，探索金融级云计算解决方案。

（五）持续完善数字化信息化金融基础设施，提升金融科技全球服务能力

一是进一步推动征信基础设施建设。强化信用信息支撑保障功能，引导信用服务机构发展壮大，支持经备案的征信机构、信用评级机构利用公共信用信息为企业提供信用产品及服务。进一步推广线上融资服务平台，加大信用信息归集整合力度。二是吸引境内外金融科技、数据资讯服务提供商来穗发展，聚集大数据、云计算、人工智能等领域的金融科技企业，提供期货交易结算、风控管理、行业分析、资金监控等服务，完善期货市场基础设施。三是发挥广州高端商务服务业发达的优势，引导鼓励会计、律师、资产评估、信用评级、投资咨询服务等中介服务机构更多开展金融科技相关业务，引导中介机构规范经营，促进中介服务市场专业化、高端化发展，构建服务优良的金融科技中介服务体系。

参考文献

Cojoianu, T. F., Clark, G. L., Hoepner, A. G. F., Pažitka, V. and Wójcik, D., "Fin Vs. Tech: Are Trust and Knowledge Creation Key Ingredients in Fintech Start-Up Emergence and

Financing?" *Small Business Economics*, 57 (4) (2021).

Derudder, B. and Taylor, P. J., "Three Globalizations Shaping the Twenty-First Century: Understanding the New World Geography through its Cities", *Annals of the American Association of Geographers*, 110 (6) (2020).

Gabor, D. and Brooks, S., "The Digital Revolution in Financial Inclusion: International Development in the Fintech Era", *New Political Economy*, 22 (4) (2017).

Hendrikse, R., Bassens, D. and van Meeteren, M., "The Appleization of Finance: Charting Incumbent Finance's Embrace of Fintech", *Finance and Society*, 4 (2) (2018).

Lai, K. P. Y. and Samers, M., "Towards an Economic Geography of Fintech", *Progress in Human Geography*, 45 (4) (2018).

Langley, P. and Leyshon, A., "Platform Capitalism: The Intermediation and Capitalisation of Digital Economic Circulation", *Finance and Society*, 3 (1) (2017).

Tsai, C. and Peng, K., "The Fintech Revolution and Financial Regulation: The Case of Online Supply-Chain Financing", *Asian Journal of Law and Society*, 4 (1) (2017).

Yeung, H. W. and Coe, N. M., "Toward a Dynamic Theory of Global Production Networks", *Economic Geography*, 91 (1) (2015).

数字转型篇
Digital Transformation Reports

B.12
数字化转型赋能广东制造业高质量发展的机制与路径[*]

吴伟萍[**]

摘　要： 制造业是实体经济的核心，广东作为全国制造大省，面临较大的转型升级压力。数字化转型能够促进制造业产业链升级，降低制造成本，增强产业链各环节要素资源配置能力，从而从整体上推动制造业高质量发展。"十四五"时期广东进入推动制造业高质量发展的关键期，需要大力推进制造业与数字化融合向更大范围、更深层次、更高水平拓展，促进产业数字化智能化转型，塑造广东制造业竞争的新优势。

关键词： 数字化转型　产业集群数字化　制造业

---

[*] 本文为国家社会科学基金项目"大数据驱动制造业供给质量提升的机制与实现路径研究"（项目编号：19BJY103）的阶段性研究成果。
[**] 吴伟萍，广东省社会科学院经济研究所副所长，研究员，研究方向为数字经济、产业经济。

制造业是实体经济的核心，广东是全国制造大省，但仍然存在大而不强的问题，面临较大的转型升级压力。数字化转型有助于推动制造业产业链升级，降低制造业生产运营成本，提升产业链各环节要素资源配置能力，从而从整体上促进制造业高质量发展。广东制造业数字化处于向纵深发展的新阶段，"十四五"规划纲要也将产业集群数字化转型列为重点工程。"十四五"时期广东将步入制造业高质量发展的关键期，需要重点在数字化分类推进、健全生态体系等方面着力，进一步促进制造业数字化智能化转型，塑造广东制造业竞争的新优势。

一 数字化转型赋能制造业高质量发展的机制

随着云计算、大数据、人工智能、5G 等新一代数字技术与实体经济的不断融合，数字化转型已经从提高生产效率向制造业全流程、全产业链数字化、网络化、智能化进一步拓展。从理论上来讲，数字化转型主要从三个方面促进制造业高质量发展。

（一）数字化转型赋能制造业全产业链升级

制造业产业链的上游环节以原材料及仓储配送等为主。在原材料的采购及粗加工环节，通过工业互联网、电子商务等数字化技术应用，能够充分掌握从原材料到半成品再到产成品过程的生产需求，促进原材料供应与中游制造环节的匹配对接；另一方面，利用大数据、供应链管理平台等数字技术，能够对仓储物流环节进行实时监测和大数据分析，从而构建快捷高效的仓储物流体系，提高产业链前端的快速反应能力。制造业产业链中游环节以工业品的加工制造和组装为主，通过数控机床、智能机器人等智能化设备的推广应用，能够提高生产系统的生产效率及制造工艺水平。同时，通过搭建工业互联网平台，构建柔性化、个性化的生产线，也有助于制造企业削减小批量、定制化的生产成本，提升中游制造环节的利润增值能力，加快从"产品制造"向"个性化定制生产者"的角色转变。制造业产业链的下游环节主要是产品的销售及应用服务。数字技术的快速发展拓宽了工业产品的市场空间及应用场景，通过电子商务营销平台、网络直播等数字化手段，一方面可以优化拓展工业品的销售网络，提高商品和服务的流通效率；另一方面也有助于制造企业及时了解消费者的需求偏好及产品的使用数据，进而反馈给产业链的各个环节，使企业能够及时对相关产品、技术、服务等进行改进和提升，形成产业链供应链高效协同的良性循环。

（二）数字化转型有助于降低制造业生产运营成本

制造业数字化转型能够帮助企业在生产运营各环节降本增效，从而加快制造业升级。通过生产设备的数字化、网络化升级改造，使用数字机床、工业机器人来实现对传统技术工人的替代，可以有效降低劳动力成本，提高劳动生产率；制造企业利用工业软件系统对生产过程中产生的工业数据进行分析处理，能够帮助制造企业有效降低生产运营和管理成本，提升原材料使用效率，降低制造过程中的能耗物耗。传统制造企业由于供求信息不畅，面临较大的库存压力及供应链成本压力，通过数字化转型可以利用大数据等手段推动企业供需渠道快速对接，缩短企业按需生产的响应时间，从而降低库存压力及供应链管理成本。同时，数字化转型可以通过对制造业全产业链进行数字化改造，加快各部门各环节之间的信息传递，减少沟通成本及交易成本，并且可以对生产运营过程中出现的问题做出快速、及时、准确的反应；工业互联网、5G等新兴技术在产业链中的应用也将带来技术的改革，减少劳动投入，提高生产和服务效率，进而提高行业的盈利能力。

（三）数字化转型提升产业链各环节要素资源配置能力

数字化转型有助于提高产业链各环节的要素资源配置能力，进而驱动制造业升级。数字化转型能够结合制造企业的业务需求，将数字技术及管理信息系统融入企业各部门的运营业务流程中，促进企业内外部产业链和供应链的协同。利用企业资源管理（ERP）、供应链管理（SCM）等工业软件系统，信息技术可渗透制造企业的原材料采购、产品研发、生产管理、市场营销等多个环节，帮助企业快速分析生产运营信息并提供决策手段，提高资源配置效率，摆脱依赖人力的传统模式，并且可以提升针对下游市场需求变化的快速反应能力，做出更为精准的决策。电子商务的发展重塑了企业的营销模式，企业可以通过信息化、数字化的网络平台进行产品销售，将新技术、新模式应用于提升自身的竞争力和产品的差异化，从而进一步拓展市场空间。同时，产业链中各个环节生成的数据成为联通各个产业的重要资源，数字化技术将工业数据进行整合和分析，通过数据管理平台加快数据在产业链各部门的流通，促进制造业产业链各环节数据增值，并提高投入产出效率。

二 数字化推动广东制造业发展的现状及存在的问题

广东的制造业数字化水平一直居于全国前列，随着数字技术加速与工业技术及企业业务融合，对传统的生产、经营、管理及服务方式进行全方位变革，制造业数字化进入向纵深发展的新阶段，也存在一系列的挑战与问题。

（一）广东制造业数字化发展现状

1. 数字产品制造业发展为数字化转型奠定坚实基础

数字产品制造业是数字经济的核心产业，广东的数字产品制造业水平稳居全国前列，为制造业数字化转型提供了坚实产业基础。其中，2021年广东电子信息制造业营业收入为4.34万亿元，规模总量连续31年稳居全国首位；2020年，电子信息制造业增加值为9979.3亿元（见图1），总量居全国第一位；移动通信、微电子、集成电路等多领域的产品产量均居全国前列，广东成为全球重要的电子信息产品制造基地；计算机、通信和其他电子设备制造业规上企业营业收入达4.39万亿元，多年来远超国内其他省市。广州超高清视频、大数据、区块链、人工智能等新一代信息技术产业走在全国前列，拥有一批高水平的国家级示范区、先导区。

广州蓝皮书·数字经济

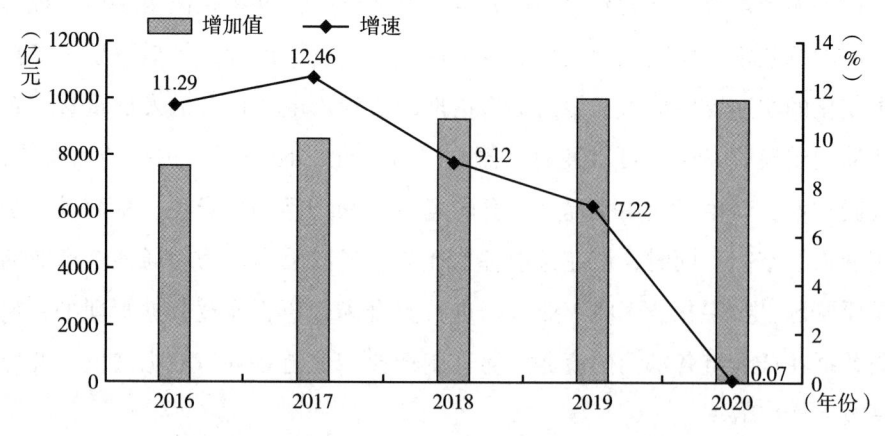

图1 2016~2020年广东电子信息制造业增加值及增速

资料来源：广东省统计信息网。

2.工业互联网应用成为制造业数字化转型的重要抓手

广东以工业互联网示范区建设为抓手，以产业集群数字化转型为重点，以建设跨行业、跨领域、特色型、专业型工业互联网平台为着力点，大力推动制造业数字化、网络化、智能化发展，首创"制造业数字化转型产业生态供给资源池"。2021年，广东已引进510家优秀制造业数字化转型服务商，培育了4家国家级"跨行业、跨领域"工业互联网平台。在研发管理协同、生产设备状态监控等领域提供了超过400项应用服务，累计推动2万家规模以上工业企业"上云上平台"，带动超过60万家中小微企业"上线用云"。截至2020年底，全省共培育25个国家级、378个省级智能制造试点示范项目，有力推动了制造业转型升级。

3.聚焦战略性产业集群加快数字化转型重点突破

战略性产业集群是广东制造业数字化转型的重要突破口。2021年，广东聚焦10大战略性支柱产业集群和10大战略性新兴产业集群，出台广东省制造业数字化转型实施方案及若干政策措施（见表1），加快数字化与制造业的融合发展。广东特别是珠三角的主要地市结合产业集群工业企业的现实需求，力图从解决集群关键问题、开发行业应用场景入手，为集群企业提供定制化数字化转型解决方案，促进集群整体数字化转型快速推进。例如，广州着力推动特色产业集群的数字化转型，在家居、汽车、服饰、美妆等行业探索在线定制、柔性生产，工业互联网发展水平整体处于全国前列；深圳以建设国家级工业互联网示范基地为方向，推动开展产业集群数字化转型试点工作，并在南山、龙岗、龙华等区域落地了近10个特色产业云创新中心及行业攻关基地，围绕5G、人工智能、车联网、大数据、区块链、工业互联网等领域，以点带链，力推以智能升级促战略性集群高质量发展；佛山围绕优势产业集群，支持工业互联网平台商联合行业龙头、行业协会等机构，推动产业链数字化升级，提升产业集群协同制造能力，推动产业集群数字化转型。

表1 广东战略性支柱产业集群数字化转型及赋能重点

集群类型	集群名称	数字化转型及赋能重点
战略性支柱产业集群	新一代电子信息产业集群	率先开展新型工业软件研发与应用示范，推动产业链供应链自主可控
	绿色石化产业集群	围绕广州、惠州等炼化一体化基地，支持开展数字园区、数字工厂建设
	智能家电产业集群	支持家电行业龙头企业提升大规模个性化定制和供应链整合能力，支持中小型企业开展自动化、数字化升级改造
	汽车产业集群	推动整车制造企业、上下游零部件配套企业和销售服务企业开展在线协同研发设计，应用虚拟仿真和云协作平台
	先进材料产业集群	提升先进材料产业集群的关键设备、关键流程数据采集和应用分析能力
	现代轻工纺织产业集群	加快推动轻纺产业集群的机械加工、注塑、装配、包装等环节设备上云和人机协同
	软件与信息服务产业集群	强化广州、深圳等中国软件名城的产业集聚效应和辐射带动作用，加强与港澳合作，培育安全可控软件产业生态
	超高清视频显示产业集群	探索互动式视频、沉浸式视频、虚拟现实视频、云服务等新业态，拓展新体验新场景
	生物医药与健康产业集群	支持大数据、人工智能等技术在病毒溯源、新药筛选、防控救治等方面的拓展应用
	现代农业与食品产业集群	鼓励区块链、大数据、物联网、遥感等技术在农业与食品产业领域应用与创新

资料来源：根据《广东省制造业数字化转型实施方案（2021-2025年）》整理所得。

4. 传统产业集群加快数字化转型与模式变革

近年来，广东加快推进传统优势产业集群上网触电，以营销数字化为牵引，倒逼研发设计和生产制造数字化。广东线上"产业带"发展水平走在全国前列。2020年广东传统优势产业在淘宝天猫平台上形成55个成交额超10亿元的产业带。其中，超1000亿元产业带1个（广州服装），超500亿元产业带3个（深圳服装、佛山家具、广州日化），超100亿元产业带11个，带动全省小家电、家具等实现平台销售额全国占比均超30%，平台年销售额进入全国前1000的品牌数量居全国第1位。广东部分优势产业集群在实现营销数字化基础上，也在积极探索"以销定产""按需生产"新模式，如佛山家居产业集群企业通过构筑覆盖订单全生命周期的定制平台，面向消费者提供个性化定制的全屋整体解决方案。

（二）广东制造业数字化转型面临的难点及挑战

尽管近年来广东在"两化"融合特别是制造业数字化方面取得了不少成效，但与先进国家和地区相比，仍面临不少发展难点及挑战。

1. 数字化与制造业发展的融合深度亟待拓展

从整体上看，广东制造业仍处于由工业2.0向工业3.0过渡的水平，多数制造企业的数字化转型尚处在起步阶段。特别是纺织服装、家具、建材等传统制造业领域，仍普遍面临生产端与消费端数字化融合不均衡、供应链上下游数字化融合水平偏低等问题。此外，不少制造企业由于受技术、人才、资金的制约，并未普及大数据、企业云等数字技术应用，核心数字技术供给不足、数据采集困难，对大数据的开发应用主要集中在精准营销等有限场景，未能深层次挖掘数据资产的潜在价值，阻碍了广东制造业数字化转型的整体发展进程。

2. 传统产业集群数字化升级的内生动力仍待增强

广东传统产业集群内部的企业多数以外贸出口为主，企业已经适应了"接单-生产-出口"的简单模式，尚缺乏数字化转型的积极性。部分受海外市场不确定性影响的企业有意愿依托电商平台开展营销渠道数字化转型，但缺乏电商运营经验，同时外贸转内贸面临产品不适销等问题。此外，对于集群内部的大企业而言，数字化转型涉及对组织架构的变革，而且存在转型失败的可能，数字化转型面临较大的内部阻力。而对中小企业而言，数字化生产和智能制造的转型升级成本高，不少企业面临"不想数字化、不敢数字化、不会数字化"的转型困惑。

3.制造业数字化转型的生态体系有待进一步完善

工业互联网平台是制造业数字化转型生态体系的重要组成，广东在构建工业互联网平台方面已取得初步成效，但专业互联网平台和技术服务体系赋能中小企业数字化转型有待深入。与消费互联网不同，工业互联网平台的应用除了有通用性技术平台外，还需要有行业特色的专用性技术平台，如纺织、服装、家具、灯具等，以及将通用技术与行业技术相结合的专业技术服务商。而现有的行业互联网平台和技术服务体系还难以为每个中小企业数字化转型提供有针对性的解决方案和给予具体指导。此外，既熟悉数字技术又了解行业专用技术的复合型技能人才短缺、制造业数字化高端人才供给不足是制约广东制造业数字化转型的主要因素之一。

4.制造业数字技术自主创新能力亟待提高

目前广东在制造业数字化领域的关键硬软件技术仍存在不少短板，在工业控制系统、核心基础零部件、关键基础材料和重大技术装备等领域原始性创新不多，存在"卡脖子"风险；同时，支撑工业互联网发展的操作系统、数据库、中间件等基础性软件，控制与传感、工控安全等关键核心技术严重依赖国外，制约制造业数字化转型。

三 加快数字化赋能广东制造业高质量发展的路径选择

广东要把握数字经济变革的战略机遇，着力推动新一代数字技术与制造业融合发展，加快实现全方位、全链条数字化转型升级，塑造广东制造业高质量发展的新优势。

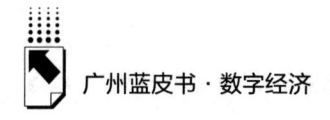

(一）明确转型重点，制定分类推进制造业数字化转型的路线图

推进制造业数字化转型应分类施策。制造业不同行业对于数字化转型需求及应用方向有较大差异，需要根据行业特点及数字化发展阶段，制定差别化的数字化转型路线图。应围绕广东的"双十"战略性产业集群，优先选择规模体量大、转型升级需求迫切的制造业领域，制订数字化转型实施路径。鼓励工业互联网平台和服务商开展面向不同行业和场景的应用创新，发挥重点行业和标杆企业的示范效应，协同带动集群中小企业融合发展，促进上下游的协同生产与数据对接，构建跨界融合的新型产业供应链体系。探索以专业镇为主要载体的传统产业集群数字化转型路径，引导集群企业应用系统解决方案上云上平台，探索符合行业特色和中小企业需求的数字化转型路径。

（二）健全生态体系，强化制造业数字化升级支撑能力

结合制造业应用场景和行业服务需求，大力发展行业性工业互联网平台。鼓励制造行业的龙头企业利用自身丰富的数字化经验构建具有行业特色的工业互联网平台，带动行业内上下游产业链及供应链企业加快数字化升级。支持既有产业服务能力又有互联网创新基因的IT企业或平台服务商搭建产业集群数字化基础平台。整合公有云平台，并协调电信运营商，推动工业企业按需使用公有云及相关电信网络的成本降低。构建以制造行业需求为导向的复合型数字化人才培育机制。多层次加大制造业数字化技能人员培训力度，支持行业协会与联盟等围绕制造行业特点开展多类型的人员培训。加快数字化人才培育与交流合作，在部分高校、科研院所等机构设置人工智能、云计算、大数据等与制造业数字化转型相关的专业与招生目录，推进制造业数字化产学研深入跨界合作。

（三）完善创新体系，着力提升数字技术自主可控能力

抢抓"双区"和横琴、前海两个合作区建设机遇，发挥广深港澳科技

创新走廊等重大合作平台政策先行优势，鼓励科研院所、企业结合工业互联网、大数据、云计算、人工智能等技术在制造业领域联合开展数字核心技术攻关，集中力量突破一批基础通用技术和颠覆性技术。争取条件组建一批制造业数字技术国家实验室、国家智能制造创新中心，建设一批国家重大数字科技项目。引进培育一批制造业数字化领域的领军企业，鼓励企业通过投资并购、知识产权合作、联合运营等多种方式开展创新合作。加大以数字化转型为重点的技改投入，发挥政府专项技改基金的杠杆作用，支持传统产业集群和战略性产业集群内的各类企业开展智能化改造和技术创新。

（四）强化硬件支撑，加强新型数字基础设施建设

推动数字化与广东制造业的深度融合，必须加快建设布局新型数字基础设施。应围绕制造业转型升级新需求，强化数字化基础设施与制造业的交互共振，推进新一代数字新基建。推进公共基础设施数字化改造，提升基础设施的数字化、网络化、智能化水平和服务效率效能。推进工业互联网大数据中心布局建设，重点提升广东产业集群数字基础设施水平，推动制造业特色产业集群利用5G开展集群企业内网升级改造，打造"5G+工业互联网"应用示范园区，加快粤东西北地区等欠发达地区产业集群的数字基础设施建设。

参考文献

广东省人民政府：《广东省制造业数字化转型实施方案（2021-2025年）》，2021年7月。

王月琴：《广东：加快制造业数字化转型，建设工业互联网示范区》，《中国电子报》2021年4月16日。

吴伟萍：《以制造业数字化转型推进"两化"融合发展》，《广州日报》2021年10月11日。

中国信息通信研究院：《中国数字经济发展白皮书》，2021。

B.13
数字经济背景下广州家居行业商业模式创新研究

王宇同 李昆朋 林宁 张淑 张明一*

摘　要： 在数字经济迅猛发展的背景下，家居行业已迈入信息化发展新阶段，我国家居行业商业模式创新的步伐也在持续加快。本文首先介绍了数字经济和商业模式创新之间的联系，阐述数字经济背景下家居行业进行商业模式创新的必要性，在分析比较家居行业传统商业模式及数字经济发展趋势下新模式的基础上，建立数字经济背景下家居商业模式理论模型，分析广州定制家居的发展现状与趋势，旨在探索广州家居行业进行商业模式创新的策略及从中获得的启示，为中小型家居企业进行商业模式创新提供借鉴参考。

关键词： 数字经济　数字技术　商业模式创新　家居行业

随着工业互联网、云计算、大数据、物联网、人工智能、区块链等新技术的飞速发展，经济社会发展各领域全过程依托新技术逐步进行数字化转型，数字经济成为我国经济发展的新动能。习近平总书记在中共中央政治局

---

* 王宇同，广州市工业和信息化局数字产业处，研究方向为数字经济；李昆朋，广州市工业和信息化局数字产业处，研究方向为数字经济；林宁，广东通信产业服务有限公司研究总院，研究方向为云计算、大数据分析、网信安全等；张淑，公诚管理咨询有限公司，研究方向为经营管理、经济分析等；张明一，广东通信产业服务有限公司研究总院，研究方向为大数据挖掘、机器学习应用等。

第三十四次集体学习时曾指出：数字经济发展速度之快、辐射范围之广、影响程度之深前所未有，事关国家发展大局，是把握新一轮科技革命和产业变革新机遇的战略选择。在国际形势不稳定、人口红利逐渐消失、生产要素成本逐年上升、新冠肺炎疫情抑制经济发展的大环境下，数字经济时代的到来加速行业重新洗牌，培育新的经济增长点，家居行业面临升级换代的挑战与机遇。面对技术融合的趋势，家居企业进行数字化全新升级迫在眉睫，广州作为定制家居产业的发源地，如何在数字经济浪潮中探索家居行业新的商业模式、推动行业高质量发展成为亟待研究的问题。

一 数字经济与商业模式创新

党的十九大报告指出，创新是引领发展的第一动力。近年来，在数字经济迅猛发展的背景下，互联网经济快速发展及科学技术日新月异使得传统经济格局和企业竞争本质发生巨大改变，数字化变革不仅颠覆已有的经济模式，持续推动产业结构优化升级，还会释放经济活力，催生一系列活力四射的新产业、新业态、新模式，助力企业在创新实践中发展。技术层面的变革必然带动商业模式的创新，作为企业创新的重要类型之一，商业模式创新不仅有助于企业快速占据市场，从瞬息万变的市场环境中获取超额利润，而且驱动企业获取持续竞争优势，商业模式的创新将为社会经济发展带来更大、更持久的收益，我国商业模式创新的步伐也在持续加快。

（一）数字经济驱动形成新的商业模式

数字经济时代不断产生海量的数据，释放巨大的价值，数据成为人们生产生活中重要的生产要素，生产要素的增加与供需关系的变化使得供给侧和需求侧从产品到服务都在悄然改变，消费者需求与商机不断变化，同时，数据流通促进了信息在市场中的快速传递和有效共享，使得跨界经营成为可能，企业必须时刻面对不同领域的竞争者。在数字经济时代，企业面临着外部环境瞬息万变、市场不确定性持续增加的挑战，这需要企业在原有的商业模式基础上做出改良来提升运作效率，从而驱动形成新的商业模式。数字经济的本质在于信息化，通过新技术促进数据这个新要素进行价值转化，在这一过程中，促进形成新业态新模式，进而推动经济产业结构优化升级，企业为了持续经营，势必投入商业模式创新的洪流，以应对当下经济环境。

（二）数字经济的发展为商业模式创新提供技术支撑

作为活跃性、延展性较强的新型业态，数字经济以其非竞争性、正外部性、规模收益递增等特点提高社会经济的运行效率，5G、大数据、区块链、云计算、AI等新技术的快速发展使得信息传播更加方便快捷，企业更容易触达范围跨界以获取外部支持，进而形成协同发展催生新的商业模式；网络平台等数字技术的发展使资源价格更加公开、透明，降低了价值链中间商的作用，促进"去中介化"，产品和服务提供商可直接向客户提供产品和服务，形成点对点的价值链，中间商在这个新时代中需改变商业模式，重新挖掘自身价值；数字技术促进企业感知和捕获更多来自消费者的异质性资源，如运用大数据等新兴技术对海量用户进行数据分析，商家能更快速、更清晰地了解消费者需求，使得企业能够更加精准地应对需求偏好的变化，制定有针对性的生产、经营策略，重塑其创造、交付和获取价值的方式，在技术创新的支撑下形成新的商业模式。

（三）商业模式创新是数字技术进行市场推广的重要途径

在分工精细的数字经济时代，商业模式创新是推广技术创新的重要因素。数字技术没有与生俱来的价值，在其商品化之前很难为企业带来丰厚的利润，企业若想获得商业成功就不能只依托数字技术，而且要借助商业模式创新，释放数字技术所蕴含的潜在经济价值，在新的商业模式架构下，企业可以将数字技术合理商业化，进而把数字技术转化为市场收入以获取巨大利润。因此，数字技术需要借助商业模式创新达成商业化目的，企业只有将商业模式创新和技术创新有效结合，激发新技术的潜在价值，才能推动数字技术的应用。

（四）数字经济时代下商业模式创新呈现出新的特征

为培育新的经济增长点，相关部门会采取包容审慎的态度制定相关法律政策对待新的商业模式，给商业模式创新创造一个良好环境。在数字经济时代，商业模式创新呈现出两大特征：①商业模式创新速度加快。数字经济时代，以技术为驱动的商业模式创新风起云涌，信息的快速、高效传播为商业模式创新加速提供了基础，一方面，创新者能够快速实现商业模式落地，商业模式创新周期缩短；另一方面，消费者能够快速接受新鲜事物，缩短了创新者培育市场的周期。②商业模式创新形态各异。数字经济时代以跨界融合为发展趋势，信息资源的整合会促使前所未有的商业模式诞生，且业务形式多种多样。

二 家居行业商业模式

（一）传统商业模式

商业模式指的是企业为顾客提供产品或者服务进而获得收益的架构，强调企业如何创造价值、进行交付和分配价值。从宏观层面来说，经济的发展以及技术的变革都会带动商业模式发生变化；从微观层面来说，商业模式运营方式在企业建立之初便已经确定，每个企业都有自己独特的运营方式。

家居行业传统的主要商业模式有以下五种：①自产自销模式：在这种模式中，厂家自己设计、自己制造，采用直接销售的方式向消费者销售，这种模式销售链短，销售半径小，省略了中间冗余环节，价格更加低廉，且该模式下厂家能够更加直观地向消费者展示一系列产品，但是只有具备一定规模与实力的企业才能开设工厂店，由于家居产品体量大，为节省租金，工厂店只能设在偏远地区，造成消费者购买不便。②家居城模式：由原来零散的零售店自发集中组成区域集群，随着家居城越办越大，形成综合性卖场。③经销商模式：通过自营和加盟的方式形成全国各地专卖店，厂家通过经销商渠道将产品运往全国各地，零售商租用超市、商场等场地进行销售。该模式的优点是利润高，零售商可进行自主经营，对客户定位清晰，在价值链中实行统一采购、统一营销、统一结算的方式；缺点是实体店扩张缓慢，受疫情影响大，且处于价值链薄弱环节。④自有品牌管理模式：消费者对某类商品的需求和要求信息被零售商不断收集、整理并进行分析，零售商根据收集到的资料分析消费者需求，从新产品的造型、材质、功能等多方面考虑进行开发设计，采取自行生产或选择合适生产企业生产两种生产方式，将自己的品牌商标或标签加注到产品上进行销售。比如宜家家居通过调研用户需求，加强产品设计，建立自主品牌进行销售，明确产品"低价、精美、耐用"的定位，培育品牌价值。该模式抓住了产业链最赚钱的两个环节：产品设计和销售，此外，还在销售环节中融入客户服务，而通过外包形式完成剩下利润不高的环节来构建产业链的协同。⑤大宗业务模式：与房地产开发商或者工程承包商签订合同进行合作，该模式优点是扩张快，疫情之下逆势增长，缺点是议价能力弱以及标准化精装房不涉及个性化定制，大家都可以干的情况下供应商竞争压力大。

（二）数字经济发展趋势下新商业模式

随着近年来互联网行业的发展，整个家居行业发生了非常大的变化，包括消费、市场、营销和渠道层面。比如最传统的营销模式为坐商，即坐在门店等待客户上门，与该时期整个消费购买方式有关，也与家居行业重实体门店的属性有关。客户的购买渠道绝大部分集中在家居建材卖场，只要把网点铺得足够广，辐射客户广，达成销售的可能性就大。由于互联网的发展和推广，人们的生活方式、消费观念、购物模式等发生了改变，电子商务成为备受消费者青睐的购物模式，涉及各行各业，家居行业也不例外，消费者开始在网上订购大型家居商品。

家居电子商务大体可分为以下几种模式：①B2C（Business to Customer）模式：企业与消费者通过线上直接交易的电子商务模式，是目前最为常见的一种模式，指企业（Business）建立商城式电商，通过网络平台向消费者（Customer）出售各类家居产品或者综合服务等一系列的商业活动，提升了产品种类和质量，有完善的售后服务体系，但存在无实体店的接触很难让消费者买单的问题。②B2B（Business to Business）模式：一种企业与企业之间在线上进行业务往来的商务活动，其中并无消费者参与，线上销售采取通过网络购物平台销售和自建平台销售两种方式，家居 B2B 电商平台从线索、商机、订单到回款，实时追踪，实现家居行业产品交易全流程自动化、精细化管理，通过商品信息全过程数字化管理简化供采双方的交易路径。③C2C（Computer to Computer）模式：消费者与消费者之间进行交易的电子商务形式，这种模式中卖方消费者可以将闲置不用或全新的物品放到交易平台，拓展营销渠道，商家既是出卖者也是消费者，买方消费者根据自己需求选择商品和卖家进行交易。一般来讲这种模式商家信誉和产品质量难以保证，物流和售后服务较差，因此交易规模不会很大，以小件商品为主，但是其门槛低，自由灵活，可满足消费者灵活多样的需求，还可以弥补厂家批量化商品不够丰富的不足。④O2O（Online to Office）模式：采取线上互联网（Online）与线下实体门店（Office）相结合的电子商务模式，这种模式一般是利用互联网的信息优势宣传商品以吸引客户实现线上引流，同时建立线下体验店，将线上客户群分流到体验店中，解决客户无法亲身体验的弊端，充分发挥家居行业线下优势，整合产品营销，加强各种附加服务，如个性化定制等。该模式的特点是先利用互联网发布信息来达到较好推广宣传的效果，客户在享受互联网消费便捷的同时拥有实体店亲身体验的购物经历，有效降低客户和商家的时间和精力等成本，O2O 将实体店和互联网完美结合起来，缓解了电子商务用户体验性差、不能切身体验贴心服务等问题。

三 数字经济背景下家居商业模式理论模型

商业模式是具有一定结构和内在逻辑关系的系统，价值贯穿于商业模式整个流程，对价值进行影响、创造、传递、获取以及维护是商业模式的内涵。商业模式创新可认为是商业模式构成要素的创新或重组，本文以 Osterwalder 商业模式理论为研究基础，构建数字经济背景下家居商业模式理论模型。

（一）家居商业模式要素解析

1. 数字价值主张

价值主张是指企业明确消费对象，确定目标客户，提供满足客户需求的产品或者服务，企业商业模式成功的关键在于该企业价值主张明确、与目标客户需求保持一致。数字技术使得企业更容易触达范围跨界以获取外部支持，企业可通过不断设计数字价值主张来寻求可能存在的跨边界的市场机会，数字价值主张由客户定位、数字化产品或服务和异质性需求三方面构成。其中客户定位是指家居企业该为哪些群体提供产品或服务，企业能够针对这些群体的需求来产生对应的价值；数字化产品或服务是企业为目标客户提供的价值内容；异质性需求是指企业运用大数据等新兴技术捕获消费者的异质性资源，挖掘客户的个性化需求。

2. 数字价值创造

价值创造是指企业综合运用自身资源创造产品或提供服务以满足目标客户需求，数字化转型将提高企业运作效率，提升运转敏捷性。数字价值创造包括数据驱动的工作流程优化、产业链平台、客户交互机制3方面，家居产品或服务从投入到产出所使用的流程或机制是企业拥有竞争优势的重要途径，数字技术可驱动从原料采购、设计开发、生产制造、品牌建设到产品销售这一周期性工作流程优化，产业链平台的建立促进人力资源、核心技术、硬件设施以及厂房等关键资源的调度，建立与客户的交互机制可通过让客户参与到产品创造中以动态识别个性化需求，有助于客户与生态参与者共同创造价值。

3. 数字价值传递

价值传递是指家居企业以某种方式让目标客户认识并了解自身产品或服务以及将其传递给客户，包括开拓市场、营销策略等诸多内容，数字价值传递主要为企业数字化转型中价值传递的渠道（如销售渠道、宣传渠道）发生的变化，集线上宣传和线下体验于一体的O2O模式在扩大品牌宣传的同时增加分销渠道。

4. 数字价值获取

价值获取是指企业给价值创造参与者分配利润，数字价值获取本质则为通过激励机制和价值交付机制促进相关利益者持续参与到企业价值创造过程中。合理设计激励机制可保证价值收益合理分配给利益相关者，调动各方积极性；数据驱动的价值交付机制进行资源配置可有效提升企业价值传递的效率，降低成本支出。

5. 数字价值维护

企业对已有商业模式维护及动态调整以保持企业相对稳定的竞争优势，主要包括客户关系维护、合作伙伴关系维护等。在数字技术促进跨界协同的背景下，对于企业而言，建立生态圈与合作伙伴以及客户共同创造且分享价值成为推动企业发展的关键力量。

（二）家居商业模式理论模型构建

基于上述研究，本文提出数字经济时代下家居商业模式理论模型（见图1）。

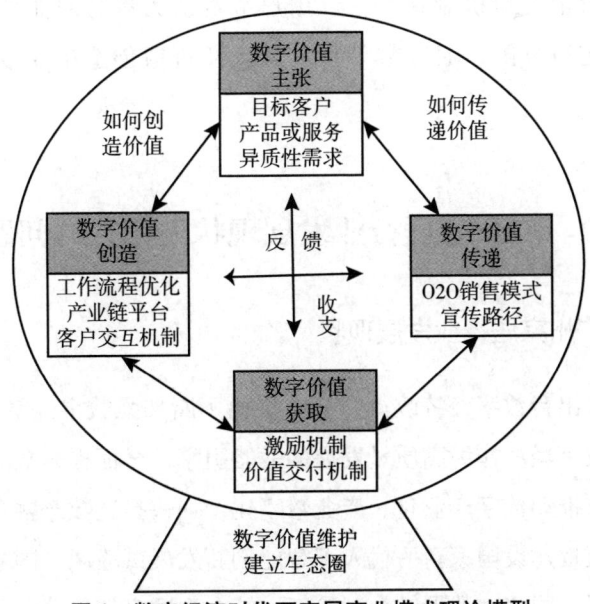

图1 数字经济时代下家居商业模式理论模型

资料来源：作者自行绘制。

从图1中可以看出，数字经济时代下家居行业商业模式由数字价值主张、数字价值创造、数字价值传递、数字价值获取以及数字价值维护5个要素组成，作为商业模式基本内容，这5个要素相互影响、相互作用、不可分割，形成一个有机的整体。数字商业模式创新的本质是商业模式构成要素中融入数字化元素组件，数字经济时代下家居行业商业模式的创新是数字技术驱动的商业模式组成要素的变化：企业运用数字技术捕捉异质性需求资源，建立平台优化价值创造流程，向客户提供定制化的产品或者服务，完成价值传递。数字价值主张的设计使用数据驱动的算法决策捕捉用户的个性化需求，决定了企业价值创造的内容与方向；数字价值创造解决"怎么通过流程优化来高效率为目标客户提供其所需要的产品和服务"的问题，产业链平台的建立整合了需求侧与供给侧信息资源，在细致掌握用户需求变化的基础上高效完成资源匹配，客户交互机制的设计有利于以客户为中心进行价值共创；数字价值传递借助数字技术将采购、物流等全渠道资源与客户需求整合，为客户提供全面可追踪服务；数字价值获取将激励机制与价值交付机制结合，以用户端价值为参考对企业价值创造中获取的利润进行分配，通过数字技术从企业价值创造中获取利润并进行分配。

四 广州家居行业发展现状与存在的问题

（一）广州家居行业发展现状

随着中央出台数字经济政策，地方层面不断加强数字经济的战略引导，广州坚持把数字经济作为高质量发展的战略引擎，全面提升数字经济发展综合优势，深入推动数字产业化、产业数字化，加快打造数产融合的全球标杆城市。广州获批建设国家新一代人工智能创新发展试验区、国家人工智能创新应用先导区、国家大数据综合试验区、综合型国家信息消费示范城市、国家服务型制造示范城市、"全球定制之都"案例城市等。

1.广州定制家居产业发展不仅起步较早，在全国也走在前列

广州作为国家重要中心城市、综合交通枢纽和"千年商都"，在商贸、都市消费工业领域有自己独特优势，努力打造数产融合的标杆城市。定制的本质是服务型制造，是制造业转型升级的方向，因此，定制经济成为广州推动产业数字化转型的一个重要方向，作为中国定制家居产业发源地的广州，已成功打造"家居定制看中国，中国定制看广州"的响亮行业口碑，并在建设"定制之都"上不断发力：2019年成立广州市定制家居行业协会；每年开展广州建博会；2020年发布《广州市推动规模化个性定制产业发展建设"定制之都"三年行动计划（2020~2022）》，明确了重点发展定制家居、汽车、时尚服饰、智能终端、专业服务五大领域；实施"定制之都"示范工程，评选了44家示范（培育）单位。

2.广州具有发展规模化个性定制产业的良好基础

广州作为中国定制家居产业的发源地，不断推进定制模式成熟发展。目前，广州及周边地区集聚设计、软件、制造、物流等定制家居产业链上下游企业1000余家，已形成完善成熟的产业链集群；定制家居产业集群约3600家企业，初步形成了全国规模最大产业集聚地；到2022年，集群产值预估超过1000亿元，行业规模不断扩大；全国前30家定制家居企业超过一半集中在广州及周边城市，中国定制家居核心上市企业11家，广州企业占5家（4家总部在广州），先后培育了中国家居行业第一家上市公司（索菲亚）、第一家股票市值突破千亿企业（欧派），全球家居行业前五强广州占三席：欧派第一、索菲亚第四、尚品宅配第五。

3.广州家居产业朝着数字化、智能化演进

不同于标准家居产品生产，定制家居企业在生产制造环节普遍存在订单处理难、信息化要求高、数据量巨大、加工要求精准度高等一系列难题，导致大规模家居定制生产门槛较高。随着数产融合时代的到来，产业链分工更加深入，智能制造成为定制家居行业新的发展方向。欧派集团通过打通订单到交付各环节信息孤岛，形成线上线下营销、设计生产一体化信息平台，实现一键输出生产加工数据，无缝对接生产设备，满足消费者一站式、个性化

定制需求，欧派公司通过数字化转型，将设计、报价、下单三个岗位合并成1个（减少1500人），设计师效率提升50%，报价效率大幅提高至99%，整体效率提升50倍以上，技审、价审、结算工作量减少了80%（减少500人），直接成本降低1200万元，销售收入提升约20%。以欧派为行业标杆企业，其他家居企业逐步引入互联网技术和大数据技术，向产业化、数字化、智能化方向发展。随着家居产业转型升级加快，同时人们对生活品质和家居产品的要求日益提升，品质化、年轻化、数字化、智能化等已成为家居产业演变过程中不可避免的趋势。

4.广州工业互联网平台服务体系基本形成，赋能家居行业数字化转型

规模化个性定制依托新一代信息技术，通过个性化设计、柔性化生产、智能化服务满足用户需求，是制造业数字化的典型应用。广州把传统产业集群升级改造作为数字化转型的着力点，而中小型定制家居企业因规模、经济、人才等限制，在数字化转型的道路上举步维艰。不仅如此，定制家居意味着每一个生产都是独一无二的，面对来自消费者不同的定制需求，独立设计师经常需要寻找可对接个性化需求的定制家居工厂。这些都成为个性化定制道路上的阻碍，因此，工业互联网是制造业实现定制化、数字化转型的关键支撑。目前，广州已建成定制家居行业标识解析二级节点，定制家居公共服务平台成功入围广东省首批产业集群工业互联数字化转型试点；近年来，广州陆续引进树根互联、阿里云、航天云网等国内知名平台，树根互联企业打造"全球定制家居产业链平台"，助力定制家居产业集群打通顾客需求、前端设计、柔性制造、销售订单、物流和运输产业全过程，实现提效降本，也为千千万万中小型企业的数字化转型发展指明了方向，以平台为核心的工业互联网生态体系正加速形成，助力定制家居产业集群的数字化转型。

（二）广州家居行业发展存在的问题

在数字经济发展趋势以及市场环境瞬息万变的背景下，以不变应万变的商业模式已经无法满足市场需求，创新和变革势在必行，家居行业已经进入同时面临挑战与机遇的重要拐点期。家居企业需重新审视调整其商业模式，

新的挑战造就新的赛道，所有家居企业所要考虑的问题是如何在新赛道不落后甚至实现弯道超车。定制家居迎合人们追求品质、个性的心理，根据消费者个性化需求，利用信息化、智能化手段，实现大规模柔性生产，具有高效利用空间、环保等特点。定制家居与传统家居的区别在于：数字技术解决了个性化定制与大规模工业化生产间的矛盾，定制家居能够根据客户需求设计生产，适应消费升级，高度满足消费者个性化需求；此外，定制家居只有2~3天的周转库存，有更加快速的市场响应，是一种新型的业态，助力企业实现"以产定销"向"以销定产"模式的转变。

2020年12月，广州公布首批"定制之都"示范（培育）名单（共10家），包括示范企业8家、示范平台1家、示范体验馆1家，涉及定制家居、汽车、时尚服饰、专业服务等领域。如何借广州打造"定制家居之都"之东风，谋求家居行业长远发展，是当下家居行业所要思考的问题。广州发展定制家居产业还存在一些主要问题：①广州定制家居行业聚集了欧派、索菲亚、尚品宅配等行业巨头，但仍未出现千亿级企业，市场里占多数的仍是中小企业，行业仍有很大的发展空间；②广州家居领域的个性化定制生产规模在快速发展，但大规模的个性化定制服务水平不高，整体发展处于初级阶段，缺乏明确针对性的产业规划、标准引领等政策，大产业发展缺乏整体性系统谋划；③家居定制企业的发展速度近两年明显下滑，整体市场空间拓展，家居定制企业之间竞争激烈，被迫降低价格以获取市场份额，不利于整个行业发展。

五 数字经济背景下广州家居商业模式创新启发

（一）建立线上到线下的全渠道融合

伴随入局品牌的增多，家居行业竞争加速，行业蛋糕被分割，客流被分散，过去的渠道集中被打散。受新冠肺炎疫情影响，互联网直播等线上销售互动性更强、传达信息更形象，更多消费者的决策行为从传统线下转向线上。引流获客一直以来都是定制家具企业的经营核心，线上全方位的引流获客能力变得至关重要。作为重实体门店的家居行业应在传统渠道夯实的基础上，拥抱互联网，进一步加强线上渠道的拓展，布局全新赛道，对新赛道进行搭建、投入与深耕，探索家居行业线上引流新模式，采取线上线下联动机制，通过整合线上、线下销售渠道的商品价格、库存、客户消费偏好等信息打造多渠道信息共享平台，构建全渠道供应链整合新模式，满足客户消费方式多元化的体验需求，实现精准营销，强化在各个渠道的获客能力。

（二）提升线下服务品质，打造大家居概念

部分家居企业一改之前重线下渠道、重经销网络的经营模式，主动拥抱互联网，纷纷入驻各大电商平台，开启了直播间带货新风尚，却让消费者失去了线下体验，重实业的家居行业植入互联网，遇到的最大问题就是缺乏覆盖全国的服务网络：家居商品网购退款率居高不下，难以得到客户较高的满意度。而在数字化时代，互联网快速传播消息使得信息不对称正在打破，消费者的影响力在迅速扩大，他们拥有令人难以置信的主导权。此外，《广州市家具定制消费调查报告》显示，广州消费者更注重产品质量和服务，因此，注重服务的整合、提升消费者体验成了行业最核心的问题。随着人们消费意识的改变，定制家居需要更加全面和一体化的服务，企业在发展线上渠道的同时，提升线下服务品质，利用数字化技术打造更好的消费体验，建立服务标准考核或激励奖励机制，提高客户满意度，促进全流程服务质量的提升，让服务成为企业的核心竞争力之一，保持稳定、持续增长。

（三）增加与消费者的互动和个性化

当80后、90后成为主力消费人群时，他们希望拥有具有独特风格的家居产品，甚至是可以私人定制的，其对家居产品的品牌化、个性化、健康化和功能化需求与日俱增，促进了家居整体解决方案需求释放。随着数字技术的发展，家居零售商可挖掘已拥有的消费者信息，分析目标群体行为，并设计与客户交互机制，探索为消费者搭建综合性体验平台，在家居设计与定制

过程中让客户参与进来，达到其想要的效果，通过增加与消费者的互动来提高客户对个性化解决方案的满意度，借广州打造"定制家居之都"之东风，谋求家居行业长远发展，满足市场个性化需求，加大"内循环"。

（四）合理应用数字化生产模式

在传统的家居行业商业模式中，产品或者服务的多样性与所触达的范围并不能两全，大众化的产品总是千篇一律，由于家居行业的个性化定制难度比较大，如果每个客户要求不同，重新开模具会大幅增加成本，商家往往不愿意为用户做定制服务，个性化定制的产品只有少数人能够享受到。而数字技术的发展可解决这个矛盾，如传统的定制家居安装是通过设计图和现场测量人工确认，若是订单数量增加，容易导致安装出错，设计师需要一边接单测量、出设计方案，一边和工厂对接确认工艺数据、订单生产排期和安装，每一个环节都需要亲自确认，其工作量无疑是巨大的。而利用数字化生产模式，依托工业互联网平台，设计师不仅可以快速地完成需求匹配并找到合适的工厂，大大降低人力和沟通成本，提高生产率，还能实时掌控定制家居订单的透明化生产过程和流程管理，工业互联网平台通过整合产业链上下游优质资源，打造定制产业集群线上公共服务平台，定制可做到低成本、高效率，促进产业集群发展，助推工业提速增效。因此，积极利用云计算、5G、人工智能等数字化手段，不断升级家居定制行业的发展模式，增长提高价值链，实现数字经济的发展。

参考文献

中国信息通信研究院：《中国数字经济发展白皮书（2021）》，2021。

Foss NJ，Saebi T，Fifteen Years of Research on Business Model Innovation，*Journal of Management*，2017。

张越、赵树宽：《基于要素视角的商业模式创新机理及路径》，《财贸经济》2014年第6期。

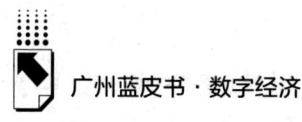

Osterwalder A., The Business Model Ontology – A Proposition in A Design Science Approach, Universite de Lausanne, 2004.

钱雨、孙新波:《数字商业模式设计:企业数字化转型与商业模式创新案例研究》,《管理评论》2021年第11期。

刘凯宁、樊治平、于超:《基于NK模型的商业模式创新路径选择》,《管理学报》2017年第11期。

B.14
广州特色产业集群数字化转型路径研究

——基于工业互联网平台视角

中国工业互联网研究院广东分院课题组*

摘　要： 推动制造业数字化转型是产业高质量发展的必然举措，也是我国建设制造强国的战略路径之一。广州正努力打造制造强市，纺织服装、美妆日化、箱包皮具、珠宝首饰、食品饮料、定制家居等六个传统特色产业已经具备良好的产业基础，亟须推动数字化转型。推动产业整体式、集群化数字化转型符合行业发展规律。基于数字赋能制造业转型的视角，在数字经济加速到来但仍处于初级发展阶段的背景下，广州首先要着力破解行业不想转、不敢转、不会转的问题，需要针对不同行业的痛点、堵点，围绕平台化设计、数字化管理、智能化制造、个性化定制、网络化协同、服务化延伸等维度，高质量搭建工业互联网平台，选择好不同行业的数字化转型路径。

关键词： 广州　特色产业　数字化转型　工业互联网

习近平总书记指出要提升工业互联网创新能力，推动工业化与信息化在更广范围、更深程度、更高水平上实现融合发展。推动产业集群数字化转型是进一步促进专业化分工和创新资源汇聚，建设制造强国、促进产业迈向价值链中高端的重要路径。广州正积极推动"广州制造"向"广州智造"升

---

* 课题组成员：黄启洋，中国工业互联网研究院广东分院负责人，研究方向为数字经济；罗盈盈，中国工业互联网研究院广东分院工程师，研究方向为数字化转型；梁宵，中国工业互联网研究院广东分院工程师，研究方向为智能制造。

级，打造具有国际竞争力的先进制造业集群，已形成多个具备竞争优势的特色产业集群，特别是纺织服装、美妆日化、箱包皮具、珠宝首饰、食品饮料、定制家居等六大产业集群拥有较为完整的产业链，产业集聚效应明显，在数字时代加速到来的背景下，亟待数字化转型。

一 广州特色产业集群转型现状分析

《广州市国民经济和社会发展第十四个五年规划和2035年远景目标纲要》指出，要促进纺织服装、美妆日化、箱包皮具、珠宝首饰、食品饮料、定制家居等传统特色产业数字化、定制化、时尚化转型，打造"广州工业"新名片。实施特色产业集群"1+2+N"数字化转型行动，并且明确要大力开展工业互联网赋能行动，促进高端工业软件和工业互联网平台创新发展，面向产业集群打造公共服务平台，促进产品创新、业务创新、组织创新和商业模式创新。

（一）主要基础

1. 产业集群规模优势显著，竞争力全国领先

广州在纺织服装、美妆日化、箱包皮具、珠宝首饰、食品饮料、定制家居等传统优势产业集群（简称"六大特色产业集群"）拥有较为完整的产业链，产业聚集效应明显。2019年，除纺织服装以外的五大特色产业集群规模以上工业总产值约2700亿元，占广州市规上工业总产值的14%。

表1 广州传统特色产业集群主要表现

特色产业集群	主要表现
箱包皮具产业集群	广州市花都区狮岭镇是箱包皮具产业集聚区，以中小微企业为主，拥有注册中小微生产企业8126家，原材料商户16327家，被誉为"中国皮具之都"
美妆日化产业集群	广州是全国化妆品产业重要集聚地之一，集中分布在白云、花都、黄埔三区。花都区日化产业以大型企业为主，有近200家化妆品工业企业，近50家规上工业企业，2000余家商业企业；白云区日化产业以中小微企业为主，有1300余家持证企业，4000余家经营企业，1000余个自主品牌；黄埔区日化产业以品牌商为主，区内化妆品工业产值达400亿元，产业规模达800亿元

续表

特色产业集群	主要表现
珠宝首饰产业集群	广州番禺区借助区位与资源优势形成了具有一定规模的珠宝首饰产业集群。目前，番禺区有珠宝加工厂家约2000家，中小企业占比过半，年产值规模约400亿元，从业人员约7万人，产业集聚效应明显。转型前，以传统加工制造为主的广州珠宝产业集群内企业发展面临包括产品附加值较低、经营模式单一、专业人才匮乏、缺乏区域品牌、依赖国际市场、管理成本较高等挑战
食品饮料产业集群	广州食品产业的供应链、制造能力、食品安全体系等都已相对成熟。广州已成为国际和国内食品知名品牌企业的集聚区，食品产业整体装备水平和技术水平位居全国前列，2021年广州食品产业的工业产值已达2000亿元
定制家居产业集群	广州被联合国工业发展组织（UNIDO）授予"全球定制之都"，拥有大小定制家居企业超千家（含供应链），产值规模近700亿，占国内定制家居行业30%

资料来源：课题组调研获得。

2. 产业链上下游企业联系紧密、组团发展特征显著

广州六个产业集群基本形成以若干大中型企业引领、成千上万家中小微企业为网络支撑的生态格局，企业根植广州，贸易网络辐射全球，产业集群上下游企业联系紧密，整条产业链上的企业成本资源协调能力强、整合程度高、成本优势大，可实现价值链资源优化。比如在食品饮料和美妆日化行业，产业集群在数字化转型过程中，以华糖、丹姿等龙头企业为引领，实现大带小、强带弱，引导产业集群上下游、产供销、大中小微企业共同开展行业平台建设，以广州为地域分工合作中心，整合行业各类资源，促进食品饮料、美妆日化产业集群式发展。

3. 产业集群服务商服务程度深，资源整合能力强

拥有高水平的服务商是行业转型升级的重要支撑条件之一。广州157家工业互联网平台商和解决方案服务商入选广东省工业互联网产业生态供给资源池，数量居全省第一。广州六个产业集群所属行业之间差距大，资源互通能力弱，然而各产业集群内均已经初步形成实力较强的服务商，专业化服务于产业集群上下游企业，服务商拥有该产业集群的高渗透率，服务针对性强，精准指向产业链企业的痛点、难点，在产业集群具有高知名度和可信

度，具备较强的资源整合能力。比如美妆日化行业已有服务商探索出以轻量应用研发为起点，从单点应用、系统应用到全线数字化的逐步迭代升级模式；纺织服装行业已有企业研发出轻量级服装设计建模工具软件、打版数字化管理系统、服装数字供应链系统、面辅料供应履约系统等全流程的信息化系统。

4. 数字化转型政策引领性强

在全省"一盘棋"统筹推进数字化转型基础上，广州将传统产业集群的升级改造作为着力点，出台了《广州市关于深化工业互联网赋能改造提升五大传统特色产业集群的若干举措》《广州市推动规模化个性定制产业发展建设"定制之都"三年行动计划（2020~2022年）》《广州市推进制造业数字化转型若干政策措施》等政策，加快工业互联网赋能产业转型升级步伐，加紧建设具有全球影响力的"定制之都"，为传统产业集群向千亿级现代产业集群跃升贡献数字力量。

（二）数字化转型中的主要问题

然而这些产业的产业链现代化程度较低，产业链供应链还存在诸多"断点""堵点""痛点"，特别是在智能化、数字化成为制造业发展必然趋势的背景下，部分核心环节和关键技术主要依赖发达国家市场主体，产业基础创新能力不足，数字化转型已经遇到不少挑战。

1. 中小企业居多，行业话语权较弱

广州的产业集群呈现典型的组团式分布特征，电子信息、家电、纺织、服装、家具等产业集群内小企业多，大企业、强企业少，缺乏具有全球竞争力的龙头企业，大部分企业缺乏竞争力与知名度，在国内外竞争中，缺乏行业话语权、标准制定权，往往处于产业链价值链的低端，很难依托自身实力扩大知名度及业务范围。以家居定制产业集群为例，作为新兴行业，广州9家定制家居上市龙头企业在全国的市场占有率合计不到15%，行业集中度低，总体上行业格局呈现较为明显的"大行业、小企业"特点。

2. 数字化转型能力普遍较弱

在广州的各类产业集群中，中小企业数量占比均在90%以上，企业数字化转型的自身基础条件和外界支撑条件都还比较弱。部分集群企业尤其是中小企业数字化水平较低，不敢数字化；数字化转型意识不强，不想数字化；缺乏云计算、大数据、人工智能等新ICT知识的储备和应用经验，企业不能很好地将新兴技术与业务进行融合，不会数字化。比如食品饮料行业普遍存在生产工艺复杂、生产效率偏低、生产成本高、质量管控难且数据分散、数据孤岛现象严重等共性问题。美妆日化产业集群内的企业普遍存在产品质量管控难度大、内部管理方式传统低效、成本居高不下等共性核心痛点。而由于资金投入大、实施周期长对生产影响较大，没有信息化建设的统一规划布局能力等原因，中小企业的信息化建设水平普遍不高，生产交付效率还处于比较低的水平。

表2 中小企业数字化转型的基本需求

转型需求	主要表现
数字化转型路径	中小企业局限于规模，往往缺乏数字化转型的创新理念、转型方法与工具，对发展趋势认知不足
行业转型标杆	中小企业在数字化转型过程中普遍存在"不会转"的问题，需具备行业经验的主体引领产业集群数字化转型，打造相应行业标杆，对技术、管理模式等具体环节予以"展示"
专业技术人才	由于中小企业自身经营特点和市场竞争能力弱，发展初期员工薪资待遇低、高精尖设备紧缺、研发资金不足、培训机制不完善等，人才吸引力有限，培养人才难，"低端锁定"现象明显。缺乏面向各行业的人才培训平台，缺乏基于特定场景和实训基地的建设，职业院校与制造业企业校企合作较弱
行业服务商	中小企业普遍反映当前阶段的行业服务商技术能力薄弱，解决方案单一。比如服务商提供的工业互联网解决方案大多是面向特定行业的通用型解决方案，无法满足企业的个性化需求，且成本较高。服务商的技术更新速度慢，与新一代信息技术脱节，无法为行业企业提供更优质的服务
政策、资金支持	广州的中小企业长期以来习惯"埋头走路"，往往不大了解政策动向，相较于大型企业，实质上其更需要得到政策及资金支持
案例宣传推广	中小企业自身总结能力和推广能力偏弱，拓客渠道局限，市场突破难度大，需要将中小企业数字化转型的优秀案例和成果有效地宣传、推广

资料来源：课题组调研获得。

3. 转型的协同能力较弱

产业集群的发展缺乏宏观的调控作用，集群中的中小企业缺乏协同发展的意识，导致无法充分发挥企业密集度高、协同能力强的优势。在新冠肺炎疫情影响下集群内企业的协同能力亟须加强，共同打造产业链上下游协同创新发展。以定制家居行业为例，该行业整体信息化与自动化程度较高，但由于生产工艺种类繁多且复杂，行业普遍存在信息断点、数据孤岛。"设计数据与工艺数据断链""工艺数据与生产数据断链""生产数据与送装数据断链""全流程数字化缺失严重"等整体降低了企业订单交付效率，造成极大产能浪费。此外，行业存在"非标"和"服务半径"问题，大型企业在品牌、生产工艺和信息化水平上与中小企业壁垒凸显。

二 广州特色产业集群数字化转型基本思路

广州应着力从基础端发力，首先要解决特色产业集群内占绝对比例的中小企业"不想转、不敢转、不会转"难题和现实挑战，优先以箱包皮具、纺织服装、美妆日化、珠宝首饰、食品饮料、定制家居等六个已经具备成熟集群形态、较强产业基础的产业集群为突破，大力搭建数字化平台，推动产业集群整体数字化转型，激发传统产业发展新活力（见图1）。

（一）着力解决企业"不想转"难题

1. 以多样化的宣传推广方式，破除传统观念与路径依赖

创新宣传推广模式，探索出官方宣传引导与在线直播、视频展播、线上对接等多渠道融合并行的宣传方案。聚焦建设推广平台，搭建行业交流平台，推进工业互联网公益大讲堂进行业、进集群、进园区，举办工业互联网赋能产业集群高质量发展专题论坛。择优选择推广对象，以集群建设中优秀标杆范例为宣传蓝本，宣传推广优秀服务商、解决方案以及数字化转型标杆企业经验做法，营造出中小企业参与工业互联网赋能行动的良好氛围。

2. 以示范标杆、领军企业带头实践破除老旧理念

立足"一行一策、成熟一个、试点一个"原则，从集群内重点优势企业数字化、网络化、智能化技术改造切入，通过智能工厂系列改造实现"一张图看全厂"，提升企业内部的生产管控水平和精益制造能力，最终助力企业显著提高研发、生产、管理、协同等多环节能效，形成行业内标杆、示范、引领。

（二）着力解决企业"不敢转"难题

1. 建标准体系，以规范与技术指导夯实产业转型基础

要加快形成《广州市特色产业集群数字化转型平台建设技术规范》，促使特色产业集群建设联合体在数字化转型平台的架构设计、核心功能、性能及安全、运维管理等方面形成统一认知，统一行业基础规范与数据接入规范，实现上下游生产协作水平提升。加快形成《广州市特色产业集群数字化转型平台生态接入规范》，促进特色集群内企业上下游的协同协作水平提升，强化广州产业链公共服务平台的运行监测能力。形成一批标识解析二级节点，为数据互联互通提供保障。

2. 建特色平台，以平台应用走深向实赋能产业创新发展

建设立足于广州本土、面向特色产业的专业化工业互联网平台，推动平台化设计、数字化管理、智能化制造、网络化协同、个性化定制、服务化延伸六大工业互联网平台应用模式走深向实。通过平台搭载的轻量化、低耦合、易使用的应用软件，以低成本、易见效的微数字化改造方式，打通各方数据与信息壁垒，降低数字化转型门槛，以低成本易见效的方式，吸引企业主动数字化转型。

（三）着力解决中小企业"不会转"难题

1. 以产业链公共服务平台建设赋能产业大脑

政府牵头搭建广州产业链公共服务平台对接工业互联网平台、行业协会等，整合多维度数据，加快集群间数据互联互通，打破上下游配套企业数据

壁垒。各方发挥优势共建产业云图。面向广州市六大特色产业集群，系统梳理产业链上中下游各要素生产工艺流程、原材料种类、重点生产设备等，逐步实现对特色产业集群的运行监测与商业分析。大中小微企业用积极融通共赢发展。创新产业链数据应用模式，深入挖掘产业链数据价值，针对产业链各环节，着力构建产业发展评估、工业App、解决方案展示、供需对接、产融、产教等一系列公共服务，以优质公共服务与咨询供给助力大中小微企业融通发展。

2. 以协同合作解决缺技术、缺人才转型难题

创新生产资源共享方式，实现设备采购方与使用方双赢。对于无法购买昂贵设备的使用方企业，在不增加研发、采购、运维投入前提下，共享优质资源实现加工品质与产能提升，缩短生产周期；对于已购买设备的采购方企业，设备利用率和投资回报率均有提升，第三方平台助力企业的生产设备管理成本降低。创新人才共享模式，助力企业快速定位匹配度高的各类技术人才。比如在箱包皮具集群数字化转型中，借助"包料人垂直产业招聘平台"，通过各种管理软件进行人才能力数字画像及通过招聘平台积累人才流动数据，实现用人需求与求职需求的智慧对接，解决企业人才缺失问题。

三 广州六大特色产业集群数字化转型具体路径

通过系统梳理集群内企业数字化转型共性需求和痛点，尽快搭建工业互联网平台，分类精准推动广州箱包皮具、纺织服装、美妆日化、珠宝首饰、食品饮料、定制家居六大特色产业集群整体性数字化转型，平台建设至少应在平台化设计、数字化管理、智能化制造、个性化定制、网络化协同、服务化延伸等六个维度开展应用，形成一批技术先进、成效显著、能复制推广的新模式，提升产业整体经营效率和产业创新发展能力（见表3）。

广州特色产业集群数字化转型路径研究

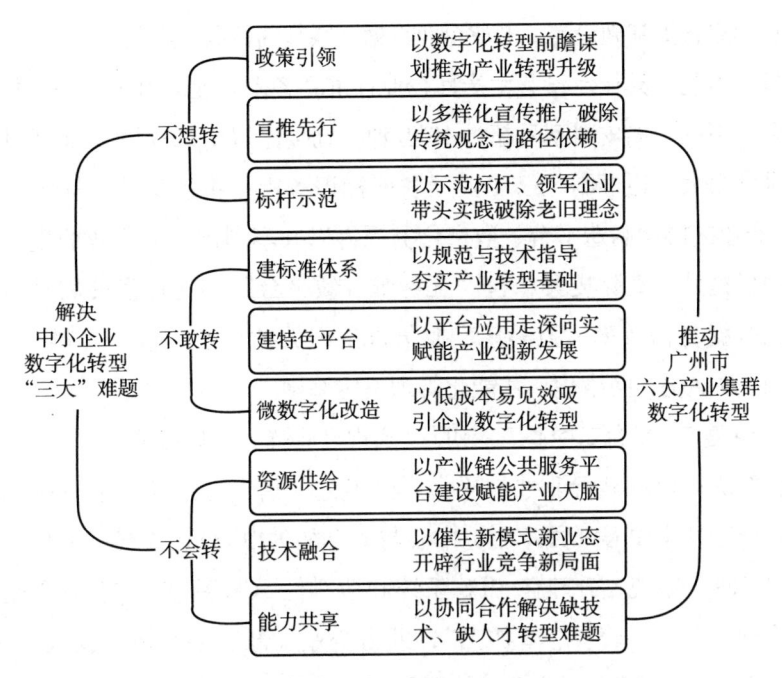

```
                    ┌─ 政策引领 ── 以数字化转型前瞻谋
                    │              划推动产业转型升级
            ┌ 不想转 ┼─ 宣推先行 ── 以多样化宣传推广破除
            │       │              传统观念与路径依赖
            │       └─ 标杆示范 ── 以示范标杆、领军企业
            │                      带头实践破除老旧理念
            │       ┌─ 建标准体系 ─ 以规范与技术指导
解决        │       │              夯实产业转型基础          推动
中小企业 ───┼ 不敢转 ┼─ 建特色平台 ─ 以平台应用走向实         广州市
数字化转型  │       │              赋能产业创新发展          六大产业集群
"三大"难题  │       └─ 微数字化改造 以低成本易见效吸        数字化转型
            │                      引企业数字化转型
            │       ┌─ 资源供给 ── 以产业链公共服务平
            │       │              台建设赋能产业大脑
            └ 不会转 ┼─ 技术融合 ── 以催生新模式新业态
                    │              开辟行业竞争新局面
                    └─ 能力共享 ── 以协同合作解决缺技
                                   术、缺人才转型难题
```

图1 广州市特色产业集群数字化转型基本思路

资料来源：课题组绘制。

表3 六大特色产业集群数字化平台应用功能维度

类别	箱包皮具	纺织服装	美妆日化	珠宝首饰	食品饮料	定制家居
平台化设计	√	√	√	√		√
数字化管理	√	√	√	√	√	√
智能化制造		√				√
个性化定制				√		√
网络化协同	√	√	√	√		√
服务化延伸			√			

资料来源：参考《工业和信息化部办公厅关于组织开展2021年工业互联网平台创新领航应用案例征集活动的通知》文件内容。

（一）搭建箱包皮具产业集群数字化平台

针对箱包皮具产业集群"包、料、人、工"管理难，上下游协同难以及无标准、碎工艺、缺平台等痛点，搭建箱包皮具产业集群数字化平台。

229

1. 建立各类基础设施，形成企业数据互联基础标准与规范

目前箱包皮具行业没有生产性行业标准，各个企业对每个工序、材料的标准要求不一，如皮料型号超过10万种，五金件超过20万种，企业供应链管理难度很大。通过制定《工业互联网标识解析 箱包皮具 标识编码规范》，产业链协同制造平台、数字化资源得以共享利用，上下游的生产协作水平得以提升，破除皮具箱包"无标准、缺平台"的行业发展制约，提升企业间数据通信效率，为实现产业集群生产关键要素"包""料""人""工"的数字化、网络化、智能化管理奠定基础。

2. 构建"一平台二中心三应用"，实现产业链上下游协同

为解决箱包皮具行业"缺平台、碎工艺"痛点，建设一个工业互联网平台、两个共享中心（共享制造中心与共享能力中心），搭载三个核心应用（云盖特ERP系统、升产亿MES系统和搜料亿SCM系统），助力企业内部管理实现"管人、管料、管加工"，助力企业外部连接实现"找人、找料、找加工"。平台核心是在产业链协同创新上下足功夫，在"包""料""人""工"等关键生产要素上实现互联互通，提升产业集群整体供应链效率，达到提质、降本、增效、减存目的，提高产业集群整体供应链效率。

3. 开发符合行业应用场景的低成本ERP，促进要素集聚

以SaaS（软件即服务）化箱包行业ERP平台为入口，完成不同场景应用之间的数据、服务、账号体系、权限、应用界面的改造集成，打破企业间、软件系统间的信息壁垒。一方面真正实现低成本、易运维、高灵活的企业应用；另一方面依托品牌商订单能力推动上下游企业上平台。上平台后企业能够在线比价、接单、交付、运输，将箱包皮具庞大的供应链拧成一股绳，扭转"市场失灵""劣币驱逐良币"等现象。

（二）搭建纺织服装产业集群数字化平台

针对纺织服装产业集群同质化严重、数字化转型不足、研发设计不足、缺平台以及无力购买大型制造设备等痛点，搭建纺织服装产业集群数字化平台。

1. 建立云设计、云版房、云工厂、面辅料供应链，创新生产

为解决纺织服装行业研发设计能力不足、数字化转型不足、同质化严重等痛点，建设云工厂、云设计创意中心、云版房生产中心以及面辅料供应链系统，利用数字化技术升级传统产业，采用工业互联网平台手段整合各环节生产要素，实现生产组织方式的创新。由深耕纺织服装行业多年、具有行业平台属性及行业影响力、拥有纺织服装产业链全链条资源的纺织服装企业牵头，构建面向广州中小微纺织服装企业的供应链体系，为企业提供简单易用的服装设计建模工具软件和快速打版打样的全流程数字化管理服务。从产业供应链角度，针对每个节点打造数字化解决方案，关注各节点间上下游企业的对接方式，打造新型产业生态圈。

2. 整合集群资源，以订单驱动推进中小企业广泛上平台

依靠集群整体力量承接大型企业订单，通过平台管理订单，以订单调动中小企业的积极性和参与。通过"服装数字供应链系统"建设，梳理服装供应链的业务流程，实现数据流协同。通过承接服装品牌的订单资源，整合众多中小服装生产企业的产能，打造"云工厂"模式，订单将自动拆分至各协同工厂优势制造领域，并根据工厂产能进行合理分配。通过产业集群中的协同制造，避免个体企业产能缺乏的影响，充分利用其他企业的优势资源，从而快速响应客户需求。

3. 建设"产业赋能中心"，以小单快反新模式促进产能平衡

为解决纺织服装企业规模普遍较小、自身无力购买大型设备的问题，广州纺织服装建立了"产业赋能中心"，围绕"小单快反"目标进行生产组织模式创新，打通服装订单信息、采购信息、仓库数据、裁剪数据、流水线数据、质量数据、成品数据各个环节节点，实现全过程数据可视化控制。通过大数据分析，实现员工生产工序智能组合与调配、生产效率实时控制、订单快速响应。

（三）搭建美妆日化产业集群数字化平台

针对美妆日化产业集群产销协同难、绩效考评复杂、缺平台、质量管控难、库存压力大、产品附加值低等痛点，搭建美妆日化产业集群数字化平台。

1. 提供专业系统打通信息壁垒，实现产业全链条协同协作

在美妆日化特色工业互联网平台上提供专业数字化解决方案，帮助企业建设数字化运营、仓储物流、质量管控、大数据可视化、产业链协同、设备管理等系统，使企业内设备做到联网上云，提升企业的数字化水平。同时打通 ODM/OEM 厂商、品牌商、供应链合作商与 MCN 机构的联系，打破信息壁垒。通过平台中的供应链采购系统形成从采购需求、确认供应商、下达采购订单、订单生产协同、下达到货通知、收发货管理、对账与结算到订单关闭的闭环，使行业上下游企业可以更快更准获知订单执行情况，实现协同生产，优化资源配置。同时提升企业内部产供销效率，降低库存，减少采购与包装材料浪费。通过自动化和信息化行业双向选择倒逼设计、选料、制造等环节提升研发能力、进行生产迭代，从而推进整个产业的数字化转型升级等。

2. 严格生产制造全生命周期管控，守好质量底线

一方面制定《化妆品生产企业智能制造信息化系统实施指南》，形成化妆品生产企业建设智能制造信息化系统技术规范。同时打造数字制造系统、供应链协同系统、新型数字营销系统，促进供应商、仓储、配方称重、生产配制、内包、外包、消费者等全生命周期管控，实现生产过程透明化、数据电子化、活动合规化，提升效率、实现精益生产，提高生产效益和品质，达到企业合规、减员、增效目的。另一方面促进集群内生产企业落地云 MES、云 WMS 应用，覆盖仓储、称重、配制、静置、灌装和包装等场景，同时满足飞检、智能报表和大数据分析看板等需求。此外建设数字孪生 VR 应用，实现数字智造向可信智造的高质量发展。

（四）搭建珠宝首饰产业集群数字化平台

针对珠宝首饰产业集群品牌价值低、订单依赖海外市场、人才不足、原创设计缺乏、转型经验不足及缺乏平台等痛点，搭建珠宝首饰产业集群数字化平台。

1. 建设五大应用模块，形成数字化转型专项服务体系

在珠宝首饰集群内搭建专业化工业互联网平台，提供共享设计应用、生产透明化应用、共享设备应用、直播应用与质检应用，形成面向珠宝首饰产业集群的数字化转型专项服务体系。通过共享设计应用解决设计师图纸管理、设计溯源、知识产权保护等痛点问题。通过生产透明化应用解决绩效管理难、招工难等问题。通过共享设备应用解决产业设备贵、设备利用率低、排产难等问题。通过质检应用解决产业质检溯源难、防伪难等问题。通过直播应用解决企业找主播难、找工厂难、找设计难等问题，完成质检应用服务体系初步搭建。

2. 应用"一物一码"技术，实现设计溯源与质检溯源的统一

通过"一物一码"技术，实现商品研发设计、生产加工、包装仓储、渠道物流、终端销售、真伪查询、数据分析等产品全生命周期信息记录追溯管理。设计溯源方面通过现有设计资源的整合、延长、优化产业链条上游的设计，提升产品附加价值，最终实现珠宝设计的产品化、定制化；建设集珠宝设计作品展示、品牌选品、工厂对接为一体的共享设计应用，打通设计款式与工厂生产之间的堵点，实现设计共享及设计品类销售预测。质检溯源方面实现消费者、企业、国检的连接，满足珠宝认证、查询、溯源等基本需求。

3. 构建一体化功能体系助力企业实现订单开源和品牌建设

以数据（交易、货物）归集、开发为手段，以直播零售为交易渠道，构建集MCN机构、供货商、主播培训机构/孵化基地、电商运营等元素于一体的功能体系。以直播效果评价上游设计、加工等方面能力，为相关工业企业实现订单开源、品牌建设。通过直播的方式，突破传统销售模式，降低企业营销成本，降低信息不对称，形成网络消费新方式。

（五）搭建食品饮料产业集群数字化平台

针对食品饮料产业集群精细管理难、质量管控难、协同能力有待提高、生产效率有待提升以及缺平台等痛点，搭建食品饮料产业集群数字化平台。

1. 统一数据接入规范，实现工厂精细管理与产品溯源

一方面通过食品饮料行业工业互联网标识解析二级节点、工业互联网应用标识化支持、食品饮料产品追溯公共服务平台等为接入应用的数据提供唯

一、可识别的工业互联网标识，为行业内部及行业间互联互通统一基础规范。建立每一批产品的身份标识，实现来源可查、去向可追，进一步实现标准化规范化的全供应链信息追溯。另一方面实现工厂的精细化管理。构建基于设备域的应用，通过设备状态远程监控系统、维保系统和预测性维护系统，对生产设备进行实时监测和分析、提前预测故障并进行事前维护，实现设备全生命周期的智能化管理，降低生产风险和设施安全管控成本。借助具有行业应用属性的功能服务产品，实现采购管理、供应商管理、物料管理、出入库管理、盘点管理及库位管理等供应链上各环节的精益管理，提高仓储作业效率及作业准确性，提升企业综合竞争力。

2. 建设六大应用模块，促产业链、供应链、价值链融合

在食品饮料集群内搭建专业化工业互联网平台，提供设备域应用、能源域应用、生产域应用、供应链域应用、质量域应用、销售域应用六大数字化应用模块，打通产业链条上下游数据壁垒，赋能产业链、供应链、价值链，实现"三链"融合，助力企业上云上平台，实现行业生产企业运营管理线上化、生产制造可视化、质量管理规范化、产品质量溯源防伪体系化。最终实现工业企业"一张图看全厂"，实现生产过程透明化；"一个工业应用管设备"，完成设备精细化管理；"一个码查质量"，通过质量码实现产品全生命周期、质量周期数据可追溯；"一链聚行业"，利用工业互联网平台的承载作用，实现产品全产业链数据追溯。切实帮助食品饮料工业企业实现提质、扩能、降本、增效及高质量快速发展。

3. 整合质检、金融机构与平台商，构建数字化服务联盟

针对食品饮料行业普遍存在生产成本高、产品附加值低等共性问题，汇集产业集群内质量检测机构、金融机构及直播平台商等企业力量、优势资源，打造食品饮料行业数字化转型服务联盟，助力行业生产企业数字化转型及高质量发展，最终实现行业总体的良性发展，促进属地产业产值提升。探索通过数字转型贷产品提升对小微企业信贷支持，在科技赋能下，通过数字化转型推动普惠金融信贷业务增量、扩面、提质、降本。

（六）搭建定制家居产业集群数字化平台

针对定制家居产业集群数字化转型成本高、专业人才缺乏、生产交付能力低、信息断链、运营管理水平亟待提升以及缺平台等痛点，搭建定制家居产业集群数字化平台。

1. 建设特色化专业定制平台，实现协同制造与共享制造

构建以"接入层—平台层—应用层"为主体的专业定制平台。借助平台的链接能力，一是打通"设计—生产—物流安装"信息化全链条，从信息化与运营模式上整体赋能中小企业，帮助中小企业缩小与头部企业的距离，促进行业产能的共享；二是实现全产业链条的企业上下游协同、快速响应、管理升级，助推行业内规模化的专业分工，促进市场产值的巨量增长和制造半径的全球化。

2. 应用智造中台，助力定制家居产业低成本数字化

一是借助"平台层"兼容多种异构软件的数据互通和业务连接能力，实现数据互通和业务连接。二是运用生态化的平台运营和数据运营模式，构建平台生态联合体的运维和增值服务，打破销售设计、制造区域、服务半径的壁垒。三是基于区块链技术的应用，促成产业联合服务的线上交易服务和资源配置优化服务，形成订单规模化与制造规模化的衔接，实现质量与成本的线上资源共享。

（七）搭建广州市产业链公共服务平台

针对缺乏支撑决策的数据、产业链运行监测体系缺乏、企业培育手段匮乏和培育资源分散、部分企业曝光度不足和供应链中断风险等痛点，搭建广州市产业链公共服务平台。

1. 深度挖掘数据价值，构建实时精准画像支撑战略规划

基于统一数据接口标准，实时采集、清洗、处理分析各产业集群数字化平台中工业软件数据、生产数据、设备运行互联数据、供应链数据、销售运维数据等外部数据，地方区域行业数据、平台数据、国家工业互联网大数据中心资源管理平台数据以及第三方工业互联网服务平台所汇聚的数据，实现企业、园区、研究机构精准画像，实时展示各集群市场规模及增长情况。同

时基于算法模型对各产业集群市场产销量、产能、产业链布局等进行预测分析，输出涵盖集群成熟度、产业发展规模、产业饱和度、产业竞争力等维度的分析报告，支撑政府制定相关行业政策以及为企业制定发展战略规划提供依据，实现巨量工业数据的深度价值高效转化。

2. 紧跟政策法规指引，助力产业数字化推深做实抓机遇

一方面搭建行业资讯平台，提供全面的工业相关实时政策浏览、政策解读。通过政策法规数据库、权威人士专业解读等，为政府领航掌舵助力。另一方面进行全产业链实时监测，为集群健康发展保驾护航。汇聚产业链各环节企业生产、仓储、订单、物流等数据，形成贯穿产业链的数据链条，构建产业链运行情况预测、监测、评估和预警体系，实现全产业链动态化、系统化、精确化风险预警。

3. 搭建数字交易中心，增强产业集群协同创新生命力

一方面针对部分企业曝光度不足、线下推广成本高、供应链中断风险等痛点，搭建供需对接平台。汇集标准化企业供需信息，解决传统销售供应渠道单一、供需不对称问题，助力中小企业开拓市场，在生产、储备、运输等环节全面保障产业链供应链稳定运行；另一方面面向工业产品全生命周期业务场景需求，搭建工业 App 商城，提供工业 App 开发、工业 App 评测、工业 App 在线部署等服务。实现工业技术、经验、知识模型化、软件化、复用化，助力产业链企业数字化转型升级，实现企业运营服务的数字化、网络化、智能化，提升产业链协同创新能力。

参考文献

中国工业互联网研究院广东分院：《广州市特色产业集群数字化转型成果白皮书（2021年）》，2021。

钱淑芳：《广州市产业集群的发展状况》，《时代经贸》2011年第12期。

张百尚：《广东产业集群的现状、问题和升级研究》，《广东科技》2007年第6期。

B.15 广州服装产业数字化转型研究

陈 峰 阳作荣[*]

摘 要： 服装是广州的传统优势产业，也是支撑广州时尚之都建设的核心产业之一。在电商、直播等互联网消费兴起，个性化定制、小单快反等消费新趋势倒逼下，服装产业"以产定销"的传统生产模式正在走向尽头。数字化时代已经到来，数字技术可以打通设计、制造、供应链、营销、服务全链路各个环节，以"按需生产"为目标构建敏捷柔性供应链、化解库存风险、提升价值链水平、挖掘消费市场潜力，以实现高水平的供需动态平衡。广州服装产业应抓住数字技术、数字经济发展先机，全面拥抱数字化，以数字化样板工厂为抓手推进行业工业4.0，以数字化打版中心切入构建全球服装产业链数字化运营中心，以平台赋能为重点推动行业数字化转型，以产业园区为载体构建产业数字生态，以"数字技术+行业知识"为目标重构行业人才体系，抢占制高点，重塑新优势，提升产业能级，实现高质量发展。

关键词： 数字化 服装产业 高质量发展

一 数字化转型对于服装产业高质量发展的重大意义

习近平总书记指出发展数字经济意义重大，是把握新一轮科技革命和产

---

[*] 陈峰，广州市社会科学院现代产业研究所副研究员，研究方向为产业经济；阳作荣，广州千誉智能科技有限公司合伙人、服装产业专家，研究方向为服装产业数字化。

业变革新机遇的战略选择。数字技术、数字经济具有高创新性、强渗透性、广覆盖性，是改造提升传统产业的支点，是构建现代化经济体系的重要着力点。具体到传统的服装产业，数字化转型是新发展阶段推动产业转型升级的根本遵循，是实现高质量发展的核心动力。

（一）数字化是服装产业转型升级的根本遵循

习近平总书记和党中央高度重视发展数字技术和数字经济，发展数字经济是我国的国家战略。党的十八大以来，习近平总书记多次强调要发展数字经济，2016年在十八届中央政治局第三十六次集体学习时强调要做大做强数字经济、拓展经济发展新空间；2017年在十九届中央政治局第二次集体学习时强调要加快建设数字中国，构建以数据为关键要素的数字经济，推动实体经济和数字经济融合发展；2021年在致世界互联网大会乌镇峰会的贺信中指出，要激发数字经济活力。党的十八届五中全会提出，实施网络强国战略和国家大数据战略，拓展网络经济空间，促进互联网和经济社会融合发展，支持基于互联网的各类创新。党的十九大提出，推动互联网、大数据、人工智能和实体经济深度融合，建设数字中国、智慧社会。党的十九届五中全会提出，发展数字经济，推进数字产业化和产业数字化，推动数字经济和实体经济深度融合，打造具有国际竞争力的数字产业集群。出台了《网络强国战略实施纲要》《数字经济发展战略纲要》，从国家层面部署推动数字经济发展。2022年新年伊始，习近平总书记在《求是》杂志2022年第2期撰文，再次强调：发展数字经济意义重大，数字技术、数字经济是世界科技革命和产业变革的先机，我们一定要抓住先机、抢占未来发展制高点。

（二）数字化转型是推动服装产业高质量发展的核心动力

针对服装产业库存积压、人力成本上升、环保约束加强、利润下滑等行业痛点，我国服装产业加快了数字化进程，数字技术对服装产业链的各个环节的渗透，使全行业综合竞争力大幅增强，在全球价值链中的地位稳步提升，数字化转型成为服装产业高质量发展的核心推动力。就单个企业而言，设计环节的数字化，大大提高了设计打版的作业效率，样板的设计、放码、排料、工艺单以及样板管理，都利用智能化软件完成，结合输入、输出自动加工设备，设计的力量被放大，成为行业价值链攀升的主导力量。数字化服装工艺系统能够通过计算机编制工序，提供多种可选方案，以达到最优的工序排列，为工艺师的工作减轻负担。数字化服装工艺设备系统使得服装生产变得柔性而高效。服装吊挂系统把样片送到需要加工的工位，同时，该工位的操作台会显示样片在该工位的具体加工指引。送料自动化的实现，不仅提高了企业的生产效率，还有效地节省了人力。数字化库存管理系统有助于相关人员及时掌握库存的各种详细情况，并能进行各种储备分析，便于企业对库存进行有效控制，避免存货积压。数字化的预警信息系统能适时反映库存情况，有利于企业制定生产计划。就产业整体而言，数字技术在全行业的应用将大大降低企业与企业之间的交易成本，提高跨行业、跨地区的生产协同效率，颠覆传统的生产组织方式，构建全新的商业模式与产业生态。

二 服装产业数字化转型的方向与实现模式

（一）服装产业数字化转型的方向与能力构建

服装产业数字化转型的方向是，依托数字技术颠覆"以产定销"的传统生产模式，构建以消费者为中心、"按需生产"的新模式，即围绕数据这一核心生产要素，运用数字技术对企业内产供销、仓储、物流，对产业链上下游客户和合作伙伴的相关数据进行采集、传输、存储、计算、分析、应用，构建高质量敏捷柔性生产组织方式和全新的利益分配关系，从而更加精准、高效地满足、挖掘消费需求，促进业务的增长。

其中，数字化转型的核心生产要素是数据，核心驱动力是数字技术，数据的采集、传输、存储、计算、分析、应用由集成5G、大数据、云计算、人工智能、区块链等数字技术的工业互联网平台、数据中心、操作系统等数字软硬件基础设施来实现。传统服装产业数字化转型主要构建三种能力。

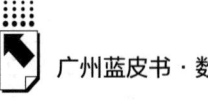

一是连接（连接能力），从企业的角度，实现连接的网络体系包括企业外网和企业内网。企业外网用于连接企业不同地区的机构、上下游合作企业、客户和产品。企业内网用于连接企业内部门、人员、设备、材料、产品、环境。通过数据的采集、集成、标准化、统一建模，实现网络节点之间数据信息传输的互通和识别，构建协同分工的产业生态。

二是智能（智慧能力），人工智能在服装行业的应用主要有三个场景：第一是智能装备，包括自动识别、人机交互、工业机器人以及数控机床等设备或系统。第二是智能工厂，包括设计、生产、管理以及集成优化等领域的智能化。最后是智能服务，以"大数据+智能算法"为底层，为用户提供包括3D智能量体、智能穿衣推荐、智能直播间场景体验等覆盖购、洗、护、存、搭全生命周期的服务。由互联网搭建的互联互通平台，将智能装备、智能工厂、智能服务融合，把工业4.0的"智能工厂""智能生产""智能物流"进一步扩展到"智能消费""智能服务"等全过程的智能化。

三是信用（互信能力）。数字化转型所依托的工业互联网，从本质上讲也是一个工业信用载体。区块链技术在工业互联网平台上的应用，为传统制造业转型升级和高质量发展搭建起一张巨大的"工业信用网"。仅以工业生产中的质量检测环节为例，质检结果客观、公正、准确、可靠，对于促进交易非常重要。区块链由于其分布式数据存储、点对点传输、共识机制、加密算法和不可更改的技术特点，不但能实时采集数据，更为重要的是可溯源原始数据、可验证报告。采购商（客户）身处任何地方都能便利地通过终端获取可信报告。这张加载在工业互联网上的信用互联网，在器件供应方、设备检测方和终端用户之间构建起一个跨越时空、高效率、低成本的互信机制，大大降低了产业链上下游各企业、各环节之间的交易成本，提高了相互之间的协同效率。

在以上三个能力之上搭建起新的业务模型，包括生产、协同、定制、服务化衍生等，是服装产业数字化的基本模型。连接是基础，智能是实现数据驱动的关键，信用则是降低交易成本、促进紧密合作的倍增器。通过三个能力的构建，最终实现从设计、生产到消费的全流程数字化，构建起大规模个性定制、网络协同制造、共享制造和制造服务化的新范式。

（二）数字化在产业链各环节的实现模式

1. 服装设计环节

基于增强现实、社群互动与产品全生命周期的数据，结合智能算法，提升产品的迭代创新能力。

基本模型：时尚潮流+社群迭代+产品数据=创新产品

其中，数据库是核心，它包括客户人体数据、需求数据、服装版型数据、服装款式数据、BOM 数据（物料清单，bill of material）、服装工艺数据、面料数据、辅料数据等海量数据，数据越多越全越有用。

3D 柔性仿真工业软件，从研发设计切入，为服装企业提供 3D 设计、推款审款、快速改版、直连生产和在线展销的全链路数字化解决方案。国内目前开发的一款 Style3D 设计软件，其本身还可作为数字化的模特，为消费者提供对于潮流的在线体验，提供一种轻盈而放松的购买、造型和穿戴体验。对于正在开启的"元宇宙"时代，这种身临其境的沉浸感和体验感，本身就是消费者购买价值的一部分。

用户社群，品牌由私域流量积累起来的用户社群参与到产品快速迭代中。有了潮流、有了设计，要快速地迭代到整个社群中，由用户高度参与互动、提出建议，然后进行快速改进，形成一种迭代创新能力。

这是数据驱动的产品设计创新非常重要的能力，就是基于增强现实、社群互动和产品生命周期的数据来提升产品的快速迭代创新能力，让设计师能够有更多的时间、空间用于创意，而把那些模板的事情、纷繁复杂的各种信息交给数据、交给机器来完成，构建"设计师创意+人工智能"人机协同的能力。

同时，也通过社群整合各种各样的设计师，未来很多设计师可能就是以个人创业者的形式出现的，要把他整合到社群中来形成快速迭代的能力。以数据驱动的产品设计与创新就在于能够对设计的各种要素快速进行整合。

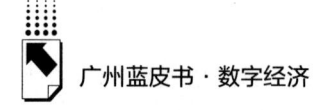

2. 服装制造环节

结合需求信息、生产数据和算法，形成智能决策与制造，实现小单快反、大规模定制。

基本模型：按需定制+生产数据+智能制造=小单快反柔性生产

客户下单后，在网络终端或门店端输入人体数据和款式信息，系统会自动调整样板各个部位的大小，快速生成符合客户体型的数字化样板。与此同时，智能平台调用款型库、工艺库、BOM库、产能库中的数据，通过数据和算法实现智能决策，向生产线和供应链传达覆盖生产全流程的指令。

3. 供应链环节

数字化转型的供应链不再局限于生产计划、排产、物流，因为数字技术打通了相关各方的数据壁垒，构建起了全链路的数据库，使得供应链环节可以通过数据中台，把所有的数据进行聚合，然后进行跨域分析，优化整个供应链系统，精准配置资源。

基本模型：线下渠道+线上渠道+供应链数据=资源配置优化

将线上渠道（包括移动端、PC端、微信、抖音、快手、直播平台等）产生的数据、线下渠道（包括门店、经销商等）与供应链的数据通过数据中台进行聚合，是提升供应链响应能力的关键。构建整套线上线下配送的数字化网络体系，将线上服务的网络、遍布各地的线下渠道的数据实时反馈回来，在整个供应链网络中流转起来，使之与整个实体进行配合，两者之间达到资源配置的最优，尽可能地减少库存，满足对经营利润、成本各方面的要求，实现资源配置的最优。

4. 营销环节

基于多平台采集的数据，运用大数据和算法对数据进行清洗、分析，依据分析结果为品牌制定营销策略，提升营销效率。

基本模型：多触点客户数据+智能算法（多维度关联交叉分析）=精准营销。

在大数据时代，消费者日常生活中的每一个行动和足迹都是有价值的，将消费者在不同设备和平台上的个人数据和行为轨迹以数据的形式记录下来，通过对这些数据进行多维度关联交叉分析，可以发现消费者的消费规律，从而更好制定营销策略。与数据营销相关的触点包括：社交媒体、搜索引擎、程序化广告、CRM营销、自建官网、App、小程序等。其中社交媒体营销，比如微信、微博、QQ、今日头条、快手、抖音、小红书等，通过撰写软文、大V等宣传品牌和产品，消费者可以认识品牌，还可以进行多种形式的互动，形成高效沟通与传播裂变。品牌自建渠道包括官网主页、App和小程序，最大优势是构建私域流量和积累自有数据，可以针对自有数据对消费者提供高度个性化的体验，高效且持续地对消费者进行营销，帮助建立消费者对品牌的忠诚度。

5. 服务环节

强调购物体验，通过对客户各种信息抓取、清理、多维度交叉分析、执行评估与优化，能够根据不同客户的特征与个性化需求，做到个性化服务，最大限度地为客户创造价值。

基本模型：智能化体验+客户数据+客户关怀=客户忠诚度

数字化的服务包含客户售前售后的全流程体验，发现需求、主动推送、持续优化，帮助增加客户购物的体验感和对品牌的认知。这些体验感、认知加上企业私域社群中对客户经常性的关怀，就能够形成顾客对品牌的忠诚度。把服务的概念适当放大，引入"服务制造"，我们会发现数字化技术已将有形产品与无形服务打通，客户从消费中所获得的价值涵盖了有形的产品和无形的体验。

（三）小结

服装产业的数字化转型，是通过利用新一代信息技术，构建数据采集、传输、存储、处理和反馈的闭环，打通服装企业内部、产业链上下游、相关行业/领域间的数据壁垒，优化生产过程、提高生产效率、延伸产业链、拓展服务环节，提高行业整体的运行效率，构建全新的、以数据为核心生产要素的行业数字经济体系。今天，我们看到ZARA、SHEIN、UR等企业已经能够凭借其对数据的驾驭力形成一个大平台的生态，在这个生态上通过品牌

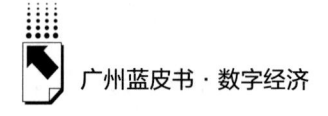

的输出又形成了更多的生态链上的中小企业合作网络,这样一个合作网络、生态网络的构建就是传统服装产业数字化转型所要达到的目标。

三 广州服装产业数字化转型面临的挑战

服装产业是我国数字技术与实体经济融合发展的先行者,行业跑出了青岛红领、杭州犀牛等数字化转型优秀企业,广州也产生了Shein、Urbanvivo、千誉等数字化转型优秀实践案例,但就行业整体而言,就广州而言,服装产业数字化转型的"大气候"尚未形成,转型实践中面临的一些共性问题需要认真研究。

(一)大企业"不愿",中小企业"不敢"

在调研中我们了解到,从红领、Shein、Urbanvivo、千誉等服装企业数字化转型成功,区内很多企业看到了机会,意识到自己正处于一个变革的节点,同时又很焦虑,不知道该从哪里着手。一些规模较大的企业,多年积累了较为完整和成熟的服装生产线,依赖传统的销售渠道和代加工生产模式,依然可以获得盈利。面对数字化纷繁复杂且所需投入成本、精力均较大的情况,企业担心效果不佳,事倍功半,而且也确实看到不少服装企业在数字化转型过程中踩了很多的坑。在数字化转型前景尚不十分明朗的情况下,畏难、观望的情绪比较普遍。大多数中小企业面对智能化改造则感到不知所措。在电商势力越来越大的情况下,中小服装企业一般利润率比较低,竞争焦点也越来越向成本这个方向靠拢,对任何增加成本的改革他们都比较慎重。此外,中小服装企业现在大多是接单式生产模式,小批量多品种,自己也不清楚自身的业务规模和繁杂琐碎的各种业务场景能不能上数字平台、怎么上数字平台、上什么样的数字平台。

(二)大多数服装生产主体工业化基础较差

服装在我国总体上还是一个传统的劳动密集型产业,长期以来主要依靠人力资源低成本优势参与竞争,生产的自动化、信息化程度较低。广州是国内服装产业最发达的城市之一,有精细的社会化分工和完整的产业链,但即便是广州服装制衣企业,其工业化水平依然比较低。广州的服装生产主体以采取"前店后厂"经营模式的中小企业或作坊为主,大多分布在城中村,生产方式大多数处于工业1.0、工业2.0阶段,只有少数进入工业3.0阶段。工业4.0是信息技术与工业技术的高度融合,是网络、信息技术、计算机技术、软件技术与智能设备深度交织所产生的全新的生产模式。打通产供销全链路数字化,数字制造是核心环节,向工业4.0晋级的基础是工业3.0,而即使达到工业3.0的企业,依然有很多业务之间的数据是分割的、不完整的,甚至是缺失的。在数字化之前,许多企业需要补上信息化、精益生产的课。

(三)行业从业人员素质普遍偏低

作为传统的劳动密集型产业,从业者文化层次普遍不高。数据显示,广东省服装行业从业者初中及以下学历者占总数的80%,近三年录用的毕业生中,中高职毕业生占到总量的78%。高学历人才的缺乏使得企业即使配备先进的数字化生产管理系统,也没人会操作。企业IT系统薄弱,相关人才少有储备,后期维护难,较高的系统维护与升级成本也成为工厂的较大负担。另外,目前的数字技术服务商大多提供的是行业通用服务,他们对于企业具体业务的了解并不深入,整个数字化转型在企业的落地,需要将企业运营的各个环节、流程、工艺数字化,将工程师多年积累的经验知识抽象成模型算法,这些都需要企业内部既懂行业知识又懂数字化人才的对接与配合。

(四)企业高层对数字化转型缺乏足够的理解、规划与定力

数字化转型是"一把手工程",需要企业领导的洞察力、耐心、定力与决心。数字化转型涉及企业内部业务、流程等的全面变革,企业外部产业链、供应链的互联互通,必须由企业的决策层引领,自上向下推进。一些企业高层对于数字化转型的复杂性缺乏足够的理解,他们用企业内的信息化框架——IT系统去理解数字化,实际上,数字化转型远远不是IT部门能够实现的。不少企业高层对于劳动力不足、招工难感触更深,认为推进设备自动

化效果更加立竿见影,所以更加重视生产线的机器换人,而对于数据采集和设备联网建设与投入不足,导致一些企业虽然已经应用诸多服装管理系统,但是基础数据不完整,编码体系不统一,数据不能打通,数字化难以推进,"提质增效,降本减存"的效果也难以显现。此外,数字化转型目前仍然是一个逐渐探索、反复修正、持续推进的过程,这也导致一些企业决策层囿于资金、决心与耐心,浅尝辄止。

四 广州服装行业数字化转型的对策建议

数字化转型是服装产业实现高质量发展的必由之路,广州服装产业应抓住新一代信息技术革命与产业变革的新机遇,全面拥抱数字化,加快转型,抢占制高点。

(一)以数字化样板工厂为抓手,推进行业工业4.0

行业的数字化转型是从消费和服务领域向制造领域深入推进的,这是数字经济从消费互联网向工业互联网演进的路径。在服装制造环节纷纷外迁的大背景下,我们必须清醒地意识到,制造环节依然是整个服装产业重要的一环,是行业技术创新的载体、价值衍生的基础、产业数字化与数字产业化的重要场景。迫于租金、用工与人工成本、环保等压力,制造环节从广州这样的大都市外迁是大势所趋,但是在广州区域内保留一定规模数字化制造工厂是必要的。这样的工厂可以定位为母工厂或灯塔工厂,针对服装产业设计弱、市场响应慢、劳动力短缺、库存大等行业痛点,将母工厂作为服装产业数字化转型的实验与示范样本来建设,逐渐将试验成熟的数字化经验向外复制与推广。

(二)从数字化打版中心切入,构建全球服装产业链数字化运营中心

从数字技术对行业的影响看,人体大数据支撑了一人一码的高度个性定制化版型,智能设计软件大幅提高了设计效率,区块链溯源技术已用于设计

版权保护，虚拟现实的设计效果立体展示增强消费者的体验感，数字技术与创意设计的融合潜力巨大，前景可期。在这样一个背景下，我们判断未来服装的产业模式应为："设计师+快速的供应链+客户的运作平台"，也就是"文化创意+智能制造+客户运作平台"。其中，设计师成为最重要的生产要素，设计将成为服装产业最重要的生产力，也是数字技术应用最活跃的环节，抓住了设计师就抓住了数字化时代服装产业发展的牛鼻子。

就设计师的从业环境而言，"丰富可感知的面料+快速打版+样品速制+即秀即卖"是设计师最好的从业生态。以数字化打版中心为核心构建全球服饰产业链数字化运营中心，配套建设面料辅料博物馆（实物+数字）、工业4.0制造小镇、顶级秀场（现场+直播），吸引全国乃至世界设计师群体向广州集聚，构建设计师工作室聚合区。在这里，设计师只需负责设计与创意，其他东西全部交由数字化打版中心完成。数字化打版中心将创意变成数字，用数字语言连接面料、辅料、制造、展示、秀卖等。同时，打版中心沉淀下的数据又能赋能产业链其他环节，比如设计师确定版型后，面料就确定了，当众多设计师的数据积累到一定量的时候，就可能通过大数据和算法来预测面料需求，把之前由人靠经验粗略估计的面料供应变成精确地按需来备货，精准对接供需、降低面料行业库存。因为数据的归集、沉淀与赋能，打版环节就成为行业数字化的核心，成为整个行业信息汇集与发散的枢纽。通过打版中心汇集全国乃至世界的设计师资源，汇集全行业完整的数据信息资源，构建"文化创意+智能制造+数字营销"全球时尚服饰产业链运营中心，使广州服装产业真正做到高点，提高辐射能级和对产业链的控制力。

（三）以平台赋能为重点推动行业数字化转型

发挥行业领军企业引领示范作用，从数字化单体、单个企业应用向全链路、集群化应用延伸。大企业将自己的资源开放建设数字化平台、中小企业通过连接融入链条，用平台大企业带动中小企业数字化水平提升，加速形成依托工业互联网大中小企业融通创新、协同转型的良好态势。鼓励行业数字化领军企业、ICT（Information and Communication Technology）领军企业、互联网平台企业以成立合资公司的方式来构建服装行业的专业细分平台,实现行业数字化所需各路资源的整合与利益捆绑。根据服装产业的特点,引导平台通过分类分库建设覆盖行业、市场、供应链、企业、产品、设计研发等数据资源的数据模型库、软件工具库、行业信息库,完善运营机制,推动数字资源的协同、对接和共享。支持面向中小微企业的制造与设计能力开放,鼓励中小微企业围绕营销、设计、采购、制造等环节开展供需对接、产业电商、集成供应链、众包众筹等应用,通过"大企业建平台,中小微企业用平台"的双轮驱动模式,促进产业链不同环节数字化转型的良性互动发展。

(四)以产业园区为载体构建产业数字生态

时尚产业园或时尚街区是服装产业发展的重要载体,对于构建产业数字化支撑服务体系、驱动服装产业数字化转型升级具有重要作用。建立以园区/街区管理运营平台为基础、大数据运营平台为支撑、产业服务平台为核心的数字服装产业园,有效服务传统企业的数字化转型。引进和整合智能制造服务商、云服务商、智能制造研究机构、服装行业智能制造推进机构等优势资源,搭建面向园区服装制造企业的数字化转型公共服务平台,并对实现过程进行跟踪研究,打造行业转型标杆,积累高效可复制的转型经验向全行业推广。以数字化转型公共服务平台为基础,针对园区企业数字化转型的共性需求,积极推动企业、高校院所、研究机构、行业组织、政府部门紧密合作,配套完善集测试认证、应用示范、人员培训、金融服务、法律服务等专业服务于一体的数字转型支撑体系,构建产业数字化转型生态。

(五)以"数字技术+行业知识"为目标重构行业人才体系

服装产业在数字化转型过程中,人才结构和需求发生重大改变。以数字化智能工厂为例,随着未来工厂不断落地,原来的裁、剪、车等大部分普通工人的工作会被智能机器设备替代,同时,未来工人需要学习更多的数字、智能生产相关技术来适应人机互联、人机合作。这部分的人才需求,给行业的人才培育提出了新的、更高的要求。政府相关部门应积极深化政企合作、引导校企合作，推动企业深度参与高校、高职技校课程设置、教学设计、实训课程开发等，大批量培育既精通数字技术又熟悉服装产业的"数字工匠"。充分发挥行业协会、教培机构、咨询公司等第三方机构在数字技能人才培育中的积极作用，适度将国际交流、继续教育、资格评定等工作交由第三方专业机构承担，促进服装行业形成政府规制和行业规制有效结合的数字技能人才培育体系。动态评估行业人才需求的新变化，适时出台更具针对性的行业人才认定、引进、培养、使用、评价、激励和保障政策。

参考文献

习近平：《不断做强做优做大我国数字经济》，《求是》2022年第2期。

郜成龙：《"互联网+"背景下服装产业升级研究——以温州为例》，《电子商务》2017年第9期。

程朋朋、陈道玲、王建刚：《"互联网+"背景下福建纺织服装产业转型升级的路径研究》，《武汉纺织大学学报》2018年第1期。

陈佳：《创意面料与新锐设计的高效对接 助推纺织服装产业链协同创新》，《纺织导报》2016年第10期。

何亚男、王佩国、陈柯如：《服装D2C2M众设个性定制生态链平台研究》，《纺织导报》2017年第10期。

俞世佳：《服装品牌运营模式下的设计师作用》，《老字号品牌营销》2020年第12期。

苏珍珍：《谁来解决服装产业链信息不对称——"中国服装关联产业创新项目"助力打通产业链》，《中国纺织》2014年第10期。

熊兴、王婧倩、陈文晖：《新形势下我国纺织服装产业转型升级研究》，《理论探索》2020年第6期。

刘丽娴、康瑜、向忠：《美国纺织服装产业转型与时尚设计教育》，《设计艺术研究》2021年第11期。

张杨傲冰、刘元荻、黄楠、刘思瑶、张雯迪、马迁利：《数字经济背景下时尚产业发展模式研究》，《中国市场》2021年第30期。

于安：《时尚设计产业推动高质量发展》，《党政干部论坛》2021年第7期。

B.16
数字赋能自然资源配置效率提升的路径探讨

连 玮*

摘 要： 数据作为数字时代的基础性资源和战略要素，已成为实现国家治理体系和治理能力现代化的重要支撑。如何利用数据要素赋能做好自然资源的科学保护和合理利用，是我国自然资源保护与合理利用面临的时代课题。本文通过系统总结梳理国外自然资源管理制度演变的思想脉络，从数字化治理角度研究我国涉及自然资源保护开发的重要顶层设计的主旨初衷，分析数字化治理对自然资源保护和利用的重要意义，并以广州为例，探讨了其推进土地要素市场化过程中数字化应用场景和路径方向。

关键词： 数字治理 自然资源 配置效率 土地市场 广州

自然资源是人类赖以生存和发展的物质基础和空间载体，自然资源的科学保护和合理利用是可持续发展和生态文明建设的重要内容，而当前我国部分自然资源对外依存度还比较高，国外供应体系面临较大不确定性，资源安全形势不容乐观。如何实现有限的自然资源的科学保护，提升配置利用效率，保障供应链安全，成为当下的重要挑战。数字技术和数字化应用场景广泛渗透覆盖，如北斗导航、智慧国土、智能生态修复技术在自然资源领域的应用加速改变了传统的自然资源保护和利用方式，采用数字化

---

* 连玮，广州市城市规划编制研究中心，研究方向为城市规划、区域经济。

治理方式，为更好推动自然资源保护、提升配置利用效率提供了可能路径。

一 自然资源保护利用制度的演进

（一）西方国家自然资源核算体系的研究

国外关于自然资源核算体系的研究起步较早，最新得到国际公认的是联合国 2008 年修订的国民账户体系（System of National Accounts，SNA），其建立初衷是将企业资产负债表的经验运用于经济体，将经济体内某一时点所有经济部门的资产与负债分类加总列示，得到反映该经济体总量（存量）的报表。其中资源资产属于国家资产负债表中的其他非金融资产，主要包括土地、矿产和能源储备、非培育性生物资源、水资源和其他自然资源，并明确了各类自然资源的核算范围以及估价方法。之后联合国又制订了《2012 年环境经济核算体系：中心框架》（System of Environmental Economic Accounting 2012: Central Framework，简称 SEEA 2012），进一步将自然资源作为环境资产纳入核算，通过核算实物量流量表、可商品化的资源价值量表及环境污染成本、环境治理成本，揭示特定时空内的资源存量水平和识别导致资源增减变动的原因。继 SEEA2012 之后，联合国又深化出台了《实验生态系统核算》（简称 SEEA2012-EEA）。该系统为自然资源作为生态资产核算提供了参考方法。

上述三种自然资源核算体系方法具有比较强的代表性、可行性，三种方法都基于自然资源的资产属性，自然资源转化为自然资产进行核算过程中，需要开展实物量和价值量两部分核算。实物量统计结合自然资源自身的特征，主要聚焦类型、数量、质量、分布等信息，价值量评估可聚焦经济、生态价值等两种类型。

（二）我国自然资源保护利用制度的演进

相对而言，我国对自然资源保护和市场化配置机制的研究以及措施落实相对较晚，近年来，国家层面高度重视自然资源的保护和利用，从顶层设计高度逐步明确了各项制度。大致可以从三份国家级文件中进行梳理。

1. 开展自然资源资产核算，构建自然资源资产负债表

2015年中共中央、国务院发布《生态文明体制改革总体方案》，提出"构建水资源、土地资源、森林资源等的资产负债核算方法，建立实物量核算账户，明确分类标准和统计规范，定期评估自然资源资产变化情况"，标志着自然资源核算工作正式开启。十九届四中全会通过《中共中央关于坚持和完善中国特色社会主义制度 推进国家治理体系和治理能力现代化若干重大问题的决定》，提出"强化自然资源管控"，通过专项报表反映自然资源实物量存量现状和流量变化，要求对全民所有自然资源资产负债表能深入挖掘和分析专项报表数据，反映情况、揭示问题，并将其作为监督考核的工具，促进自然资源的合理开发和生态保护修复。至此，作为编制自然资源资产负债表基础的自然资源核算工作开始如火如荼开展起来。

2. 以自然资源核算带动自然资源调查监测和确权登记，推进自然资源资产产权制度改革

2019年4月，中共中央办公厅、国务院办公厅印发《关于统筹推进自然资源资产产权制度改革的指导意见》，旨在以落实自然资源资产产权主体为落点，以调查监测[①]和确权登记为基础，着力促进自然资源集约开发利用和生态保护修复。

这次改革重点明确了三个方向：一是要建立全民所有自然资源资产价值评估和资产核算体系，一次摸清自然资源资产"家底"、维护所有者权益、合理配置全民所有自然资源资产。二是加快推进自然资源资产产权制度改革，要按照所有者和监管者分开和一件事由一个部门管理的原则，落实全民所有自然资源资产所有权，建立统一行使全民所有自然资源资产所有权人职

---

① 调查监测：初期的自然资源核查是对实物量、价值量的全面清查，在此基础上进一步开展的核查是变更监测，整个过程统称为调查监测。

责的体制。三是完善自然资源监管体制，统一行使所有国土空间用途管制职责，使国有自然资源资产所有权人和国家自然资源管理者相互独立、相互配合、相互监督。

3. 挖掘数据"红利"，发挥市场对资源配置的决定性作用

充分利用自然资源资产价值评估和资产核算产生的数据"红利"，构建统一开放、竞争有序的社会主义市场经济体系，促进要素有序流动，发挥市场对资源配置的决定性作用，推动实现国民经济质量变革、效率变革、动力变革。2020年3月，中共中央、国务院发布《关于构建更加完善的要素市场化配置体制机制的意见》，自然资源产权制度改革的思路和方向更加清晰，特别是为进一步利用市场机制实现土地资源合理开发利用和保护增值指明了方向。而作为工作基础最关键的土地资源资产核算及确权登记数据要素功不可没。从开始提出建立自然资源资产负债表到近期提出土地要素的市场化配置，这一系列的逐步递进为建立健全城乡统一的建设用地市场、指导农村集体经营性建设用地入市、建立公平合理的集体经营性建设用地入市增值收益分配制度都提供了扎实的数据分析基础。为充分运用市场机制盘活存量土地和低效用地，深入推进建设用地整理，完善城乡建设用地增减挂钩机制，为乡村振兴和城乡融合发展的土地要素保障做好了"台账"支撑，也对未来深化产业用地市场化配置改革，健全长期租赁、先租后让、弹性年期供应、作价出资（入股）等工业用地市场供应体系提供了价值保障体系，更是在完善土地利用计划管理，加强土地供应利用统计监测，实施城乡土地统一调查、统一规划、统一整治、统一登记方面发挥了不可替代的积极作用。

以上三份顶层设计文件明确了自然资源保护利用中遇到的一系列难题和重点领域，任务衔接层层递进，成果应用日渐明晰。其目的之一是实现"资源-资产-资本"的价值和治理理念，以便更充分地利用市场化机制和经济手段有效配置自然资源，加快推进自然资源及其产品价格改革，完善自然资源有偿使用机制，推动自然资源市场建设，推进自然资源精准配置和节约集约利用。

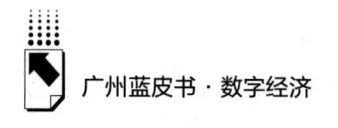

二 数字化对自然资源保护和利用的重要意义

数字化治理方式已经在土地资源的保护和配置中发挥了重要作用，它将继续在促进其他自然资源要素市场化配置、引导建立生态产品价值实现机制中实现应用赋能，提升资源利用效率，推进生态文明建设。

（一）数字思维助力提升国土空间治理能力

国土空间规划改革的总体要求是实现我国空间治理能力和治理体系现代化。国土空间规划"一张图"建设为数字中国提供统一的空间定位框架和分析基础，是数字政府、数字经济重要的战略性数据资源和生产要素。以国土空间规划数据底板为基础，建立以自然环境承载力评价及国土空间开发适宜性评价为代表的现状基础评价，包含对土地、矿产、森林、海洋、草原等自然资源现状和潜力分析评价，可以开展国土空间保护分析评价，对基本农田、自然保护区、国家公园等国土空间保护状况进行分析；对国土空间规划的三条红线、自然资源、"三生"空间等开发利用情况进行分析。根据国土空间监测预警指标体系，动态采集、接入并汇集多源数据，定期发布监测报告，并将监测结果作为关键指标制度、重大问题预警、规划实施评估的基础依据，可以对国土空间政策执行和规划实施的主体进行绩效考核（见图1）。将山水林田湖草等要素数据与经济社会发展数据进行关联、耦合、比对、分析，还可以客观反映社会经济发展和生态文明建设总体情况。

（二）释放自然资源调查监测数据"红利"，加快推进土地要素市场化配置实践探索

依托自然资源统一核查和第三次全国国土调查和地理国情监测，可以建成覆盖国家、省、地、县四级国土调查数据库和共享应用平台，逐步实现自然资源核查向自然资源监测的转化创新。通过调查监测建立自然资源分等定

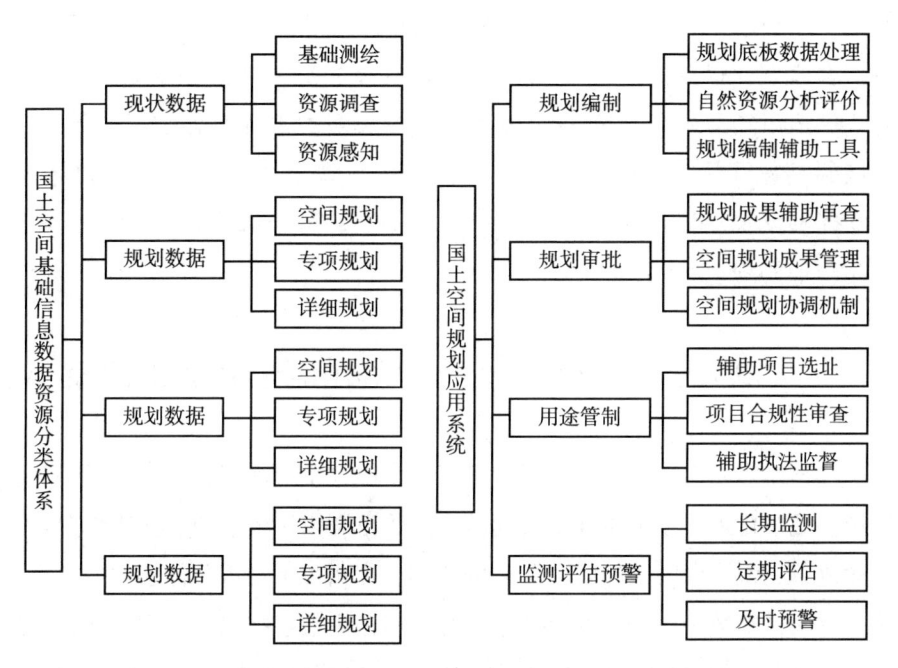

图1 国土空间基础信息数据资源分类体系及规划应用系统

级和价格评估制度，发布自然资源分等定级、价格评估通则、全民所有土地资源资产核算技术规程等行业标准，可以推进全国城乡公示地价体系建设，为加快实现土地要素市场化配置做好了前期的充分准备。近期针对国有土地资源资产的核算，有助于在国有土地划拨、出让、租赁、作价出资入股以及土地使用权转让时，提供价值依据，扩大国有土地有偿使用范围，防止国有资产流失。

（三）夯实自然资源数据基础，探索生态产品价值实现机制

以自然资源核查成果为基础，推进自然资源统一确权登记，清晰界定自然资源资产的产权主体和边界，逐步查清各类自然资源的数量、质量、结构等，可为生态产品信息普查提供支持。推进山水林田湖草沙一体化保护修复，按照"谁修复、谁受益"的原则，鼓励采用"生态银行""两山银行"模式搭建自然资源资产运营管理平台，可灵活运用碳排

放权、排污权、用能权、用水权等权益设计资源环境融资交易机制。同步探索通过产权激励、产业扶持、资源指标交易、盘活存量建设用地等方式创造市场对生态产品的交易需求，可实现生态保护修复和生态产业发展的双重目标。研究探索林草等碳汇参与碳市场抵消和碳中和补偿，建立能够反映碳汇价值的生态保护补偿机制，可全方位多角度构建生态产品价值实现途径。

三 以数字化优化广州土地要素市场化配置的路径

广州作为超大城市，国土面积虽然在全国并不居前列，但市场经济蓬勃发展，城市化进展极为迅速，因而其在全国范围内比较早地开展土地要素市场化改革工作。同时，经过多年来的积累，广州数字经济总体实力位于全国第一梯队，在数字政府、数字社会、数字经济中数字技术和应用模式都已经广泛渗透，在国土自然资源的保护利用中，广州已经开展一系列尝试和试点，总体上形成了三方面的数字化治理和应用的路径。

（一）以数字化系统动态归集国有建设用地配置信息，夯实资产价格变更基础

在全国一盘棋的思路指引下，广州可建立数字化系统，实时反映国土资源资产分布和利用情况，准确反映市场价格变动情况，对已公布或尚未公布正在按程序审查的基准地价成果数据（含级别地价、区片地价及路线价）、标定地价成果数据、城市监测地价成果数据进行统一归集，做到与国家、省的数据一致，实时动态反映。同时，在农用地方面，广州可积极配合国家层面，建立数字化平台，准确反映国有农用地资产变动情况，做好国有农用地资产清查国家级价格体系的建设工作。通过建立数字化平台，协助判断广州市域国家级农用地均质区域划分结果的合理性，对均质区域划分存在样点缺失、样点不足、样点信号代表性不强等问题造成价格异常的情况开展详细调查，更正或补充上报租赁样点。

（二）以数字化平台多维度反映土地资源配置利用动态，服务城市发展

广州正大力推动老城市焕发新活力工作，土地空间资源的高效利用成为重中之重。城市更新、新的功能区建设等工作中的各类资源分布无不与土地资源可利用状况息息相关，必然要全面、准确、实时反映土地资源的利用状态。数字技术的应用为这一目标实现提供了可能。广州可以通过搭建数字化平台，建立空间资源管理系统，统筹全市城乡建设用地计划指标，全程跟踪产业用地先租后让、租让结合、分期供地、弹性出让等市场供应情况，及时总结梳理土地的市场化配置需求，合理设置规划弹性空间，积极盘活存量建设用地，以盘整出的用地指标优先支持广州重大项目平台建设，推动土地的高效利用。加快推动"三旧"用地和违建查处用地的建库入网，释放土地优先用于城市公建配套和重大基础设施建设。

（三）以数字化方式促进土地政策科学制定，提高土地资产的配置效率

在土地资源利用过程中，难免出现实际建设、规划、划拨等各种因素导致土地抵消利用的情况，出现如边角地、历史遗留用地等土地供需规模错配、供需指标错配等各种现象。建立数字化系统，实现现实土地状况在数字系统中的全景式"投影"，可以更加科学、更为直观地感知土地资源的供需状况，从而更加有利于做出科学决策。针对多发的指标供需错配现象，广州可以通过数字化系统，预先模拟和计算最佳配置结构，如探索出指标转换奖励路径，鼓励同权属建设用地的公益性与经营性联动开发，鼓励同一权属下的国有公益性地块（转出地块）交由政府收储收回，其权益可参照城市更新补偿政策，根据"等价值"原则进行容积率转移补偿，转移至联动开发的经营性地块（承接地块）进行建设落实，转出地块与承接地块联合报批、同步实施。

参考文献

中共中央、国务院:《生态文明体制改革总体方案》,2015年9月21日。

国务院:《关于全民所有自然资源资产有偿使用制度改革的指导意见》,2017年1月16日。

《中共中央关于坚持和完善中国特色社会主义制度 推进国家治理体系和治理能力现代化若干重大问题的决定》,2019年10月31日。

中共中央办公厅、国务院办公厅:《关于统筹推进自然资源资产产权制度改革的指导意见》,2019年4月14日。

中共中央办公厅、国务院办公厅:《全民所有自然资源资产所有权委托代理机制试点方案》,2022年3月17日。

中共中央、国务院:《关于构建更加完善的要素市场化配置体制机制的意见》,2020年4月9日。

中共中央办公厅、国务院办公厅:《关于深化生态保护补偿制度改革的意见》,2021年9月。

自然资源部:《自然资源调查监测体系构建总体方案》,2021年1月17日。

习近平:《不断做强做优做大我国数字经济》,《求是》2022年第2期。

马星、梅梦媛等:《自然资源资产核算体系研究——以土地资源为例》,载中国城市规划协会主编《2021年中国城市规划信息化年会论文集》,中国建筑工业出版社,2021。

胡文龙、史丹:《中国自然资源资产负债表框架体系研究:以SEEA2012、SNA2008和国家资产负债表为基础的一种思路》,《中国人口·资源与环境》2015年第8期。

杜尚泽:《习近平总书记在中央经济工作会议上:"那么粮食怎么办?"》,《人民日报》2021年12月12日。

刘桂环:《解读〈关于深化生态保护补偿制度改革的意见〉》,《中国环境报》2021年9月15日。

数字市场篇
Digital Market Reports

B.17
数据资产价值评价研究

普华永道中国数据资产管理及交易定价课题组*

摘　要： 党的十九届四中全会将数据列入生产要素，要求建立健全由市场评价贡献、贡献决定报酬的机制。随着粤港澳大湾区各城市加速出台数字经济领域的法规制度和培育数据要素市场，数据资产价值评价、交易和监管将受到重视并强化。数据作为一种新型生产要素，进行价值评价将是其在商业化交易流通过程中必不可少的一环。本报告以数据价值与应用场景相结合的视角，研究不同应用场景下数据所贡献的不同经济价值，提出开放式数据资产价值评价指标分析框架，探讨数据资产价值影响因素标准化并进行计算、评价及应用的可能性。

关键词： 数据要素　数据资产　价值评价　评价应用

---

* 课题组组长：黄耀驹，普华永道中国数据资产管理及交易定价服务经理；课题组研究人员：翁泽鸿、姚立、陈雪夫、谭韵欢、张萌、盛厚钦、冉汶鑫、赵安然。

2020年4月9日通过的《关于构建更加完善的要素市场化配置体制机制的意见》提出，要加快培育数据要素市场，推进政府数据公开共享，提升社会数据资源共享，加强数据资源整合和安全保护。在广东，2021年，从省级到地方都加速数据要素、数字经济领域立法，为培育数据要素市场夯实基础。《广东省数字经济促进条例》提出，探索数据交易模式，培育数据要素市场，规范数据交易行为，促进数据高效流通。有条件的地区可以依法设立数据交易场所，鼓励和引导数据供需方在数据交易场所进行交易。广州提出探索数据确权交易机制以及数据交易中心建设相关工作，深圳将组织制定数据处理活动合规标准、数据产品和服务标准、数据质量标准、数据安全标准、数据价值评估标准、数据治理评估标准等地方标准。2022年，随着《广州市数字经济促进条例》《关于深圳建设中国特色社会主义先行示范区放宽市场准入若干特别措施的意见》出台实施，粤港澳大湾区数据要素市场将进入实质性运行期，意味着数据作为一种生产要素，从主体认定到价值评价与定价，再到安全监管、交易规则制定，都将一一落地。本报告尝试构建开放式数据资产价值评价指标分析框架，建立评价思路、评价维度与评价指标——以数据市场的主要参与者，即"买卖双方"协商选择的标的数据资产为主要依据设计指标，确定各指标的权重，实现数据资产的产品化定价及应用。

一 数据资产分类与应用价值

未经清洗加工的原始数据，存在冗余、无序等方面的缺陷，导致其应用价值有限，而经过脱敏、分类、清洗、建模分析等数据加工处理后形成的可采、可见、标准、互通、可信的高质量数据，具备较高的应用价值。依照发展阶段，数据资产可以分为原始数据、粗加工后数据、精加工后数据、初探应用场景的数据、实现商业化的数据等。

数据的价值在于与应用场景的结合，不同应用场景下，数据所贡献的经济价值有所不同。数据资产按照应用领域不同，可划分为交通数据、医疗数据、金融数据、科研数据、社交数据、产业数据等（见表1）。

表1 数据资产分类示例

数据资产大类	数据资产子类	数据资产子类示例
交通数据	驾驶数据	踩刹车次数、驾驶稳定系数、里程数等
	位置数据	经度、纬度、车距等
	高速数据	高速车辆通行次数、高速运力指数、高速通行支付方式等
	车辆数据	车牌号、出厂日期、发动机型号等
	出行数据	出行时长、出行时间点、出行里程、出行起始点、行程停留情况等
医疗数据	疾病数据	诊断数据、病史、影像等
	健康数据	基因数据、体检数据、智能穿戴数据等
	物资数据	物资费用、物流费用、医药研发费用等
金融数据	基本面数据	监管文件数据、商业报告数据等
	市场数据	FIX数据、BWIC数据等
	另类数据	网络搜索、交易、天气等
教育数据	教学资源数据	教师数、教师教育水平、教学设备费用等
	教育教学管理数据	网课网站个数、网课上线人数、寄宿学生个数等
	教育教学行为数据	学生出勤率、学生作业完成率、学生课数等
	教育教学评价数据	考试次数、学生成绩、教师考核成绩等
电商数据	总体运营数据	流量、订单、总体销售业绩等
	流量数据	流量规模、流量成本、会员数据等
	销售数据	购物车个数、下单个数、支付金额等
	商品类数据	商品总数、品牌存量、上架个数等
	市场营销活动数据	新增访问个数、新增注册个数、广告投资回报率等
	风控数据	评论卖家数、好评率、投诉率等
	市场竞争数据	市场占有率、交易额、用户份额等
房地产数据	土地数据	成交楼面价、土地出让金、土地供应面积等
	房企数据	拿地金额、销售面积、销售金额等
	住宅数据	成交面积、成交金额、成交套数等

资料来源：普华永道课题组。

数据资产的应用场景广泛，不仅可帮助企业进行精准营销、风险管控、商业决策等，也可应用于民生建设，促进社会发展和提高人民生活水平。例如，交通数据资产大类下的"出行数据"，可应用于移动出行的乘客风险监控。滴滴等出行服务商的数据分析师和算法开发人员，根据出行订单相关的"出行时长""出行时间点""出行里程""出行起始点""行程停留情况"等记录，判断乘客发生风险的可能性，以便随时监控风险和及时联系乘客确认乘车安全。再如，医疗数据资产大类下的"疾病数据"，可应用于提高疾病治疗水平。医疗机构的科研人员，根据病患的"诊断数据""病史""影像"等记录，研究了解新冠肺炎的流行病学规律，优化治疗方案。同时，可基于医疗数据建立新冠肺炎流行病学模拟数理模型，预判疫情发展的速度和方向，帮助各级政府科学决策，让抗疫过程少走弯路（见表2）。

表2 数据资产应用示例

数据资产		使用者	应用场景	应用价值
交通数据	驾驶数据	踩刹车次数、驾驶稳定系数、里程数等	保险公司的数据分析师、算法开发人员等	保费计算	分析司机驾驶数据，判断事故风险概率
	出行数据	出行时长、出行时间点、出行里程、出行起始点、行程停留情况等	出行服务商的数据分析师、算法开发人员等	风险监控	监测乘客出行数据，判断风险发生的可能性
医疗数据	疾病数据	诊断数据、病史、影像等	医疗机构的科研人员等	疾病研究	根据疾病数据进行实验，改进治疗水平
金融数据	分析数据	基本面的分析数据、市场行情的分析数据、另类数据的统计分析报告等	量化分析师	投资决策	根据各类分析数据得到研究报告，改善投资策略
教育数据	教育教学评价数据	考试次数、学生成绩、教师考核成绩等	学校教学团队	教学发展	通过教学评价数据，调整教学计划
电商数据	市场竞争数据	市场占有率、交易额、用户份额等	市场部门数据分析师、算法开发人员等	精准营销	通过市场数据分析可发现新的市场机会
房地产数据	住宅数据	成交面积、成交金额、成交套数等	房地产公司的数据分析师、算法开发人员等	客户挖掘	通过住宅数据分析识别和转化潜在客户群体

资料来源：普华永道课题组。

二 数据资产价值评价方法介绍

前文提到,数据资产具有应用价值,而不同应用场景下数据所贡献的价值不同,那么对数据资产价值如何进行评价呢?比照无形资产价值评价方法,传统的数据资产价值评价方法主要为成本法、收益法和市场法三种基本方法。

成本法的原理是从产生数据资产所需花费的成本进行评价,在此基础上扣除各种贬值因素,并考虑数据资产的预期使用溢价,加入数据质量、数据基数、数据流通以及数据价值实现风险等数据资产价值影响因素进行修正,从而估算出标的数据资产的价值。计算公式如下:

$$P = TC \times (1 - L) \times (1 + R) \times U$$

其中,P 代表标的数据资产价值,TC 代表数据资产总成本,L 代表数据资产贬值率,R 代表数据资产成本投资回报率,U 代表数据资产价值调整系数。

收益法的原理是对数据资产投入使用后的预期收益能力进行评价,考虑资金的时间价值,将未来各期收益进行加总,从而估算出标的数据资产的价值。计算公式如下:

$$P = \sum_{t=1}^{n} F_t \frac{1}{(1+i)^t}$$

其中,P 代表标的数据资产价值,F_t 代表数据资产未来第 t 个收益期的收益额,n 代表剩余经济寿命期,t 代表未来第 t 年,i 代表折现率。

市场法的原理是基于相同或相似数据资产的可比市场交易案例进行评价,对数据资产的价值密度、交易日期、容量等数据资产的性质等相关因素进行修正,从而估算出标的数据资产的价值。计算公式如下:

$$P = P_0 \times N$$

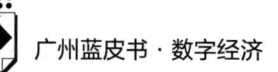

其中，P代表标的数据资产价值，P_0代表可比案例的数据资产交易价格，N代表数据资产性质修正系数。

此外，业内学者在成本法、收益法和市场法三种基本方法的基础上，研究出不同的数据资产评价公式，从不同的角度提出数据资产评价公式。李永红等学者基于市场法原理，提出衍生的市场法以评价数据资产价值。计算公式如下：

$$P = \frac{P_1 \times K_1 + P_2 \times K_2 + \cdots + P_n \times K_n}{n}$$

其中，P代表标的数据资产价值，n代表可比数据资产数目，P_n代表第n个可比数据资产的市场价值，K_n代表第n个可比数据资产根据各项指标确定的综合调整系数。

梁艳基于收益法原理，提出使用多期超额收益法评价数据资产价值。计算公式如下：

$$P = \sum_{t=1}^{n} (E - E_w - E_f - E_i) \times (1 + i)^{-t} \times k$$

其中，P代表标的数据资产价值，E代表企业的自由现金流，E_w、E_f、E_i分别代表流动资产贡献值、固定资产贡献值、除数据资产外的其他无形资产贡献值，k代表数据资产价值调整系数，i代表折现率，n代表收益期限。

李希君认为数据的价值在于其减少不确定性的决策效用，提出以"信息熵"进行数据资产价值评价。

$$Pr(\cdot) = l[H(\cdot)]$$

其中，$l(\cdot)$是一个非递减的联系函数，它应该满足如下条件：

$$\forall \times 1 \geq x2, l(x1) \geq l(x2),$$
$$\forall \times 1, x2 \geq 0, l(x1 + x2) \leq l(x1) + l(x2)$$

张驰提出基于深度学习方法进行数据资产价值评价：

$$P = (1 + G) \times (1 + D) \times (1 + A) \times (1 + S) \times (1 + R)$$

其中，P 代表标的数据资产价值，G 代表颗粒度，D 代表多维度，A 代表活性度，S 代表规模度，R 代表关联度，G、D、A、S、$R \in [0, 10]$。

三 开放式数据资产价值评价指标分析框架

在数据资产交易逐渐成为社会各界关注重点的当下，设计和构建科学的数据资产价值评价体系对厘清数据资产属性、制定统一的定价机制、促进数据市场健康发展具有至关重要的意义。

本报告提出"开放式数据资产价值评价指标分析框架"，初步建立评价思路、评价维度与指标，由数据市场的主要参与者"买卖双方"协商选择标的数据资产的评价指标，并确定各指标的权重，尝试对数据资产价值影响因素标准化并进行计算，为数据资产的价值评价研究提供探索经验。

（一）评价思路概述

通常情况下，卖方关注数据资产的交易价格能否覆盖数据投入的成本并实现溢价，买方关注购买数据资产带来多少应用收益，而数据质量是数据应用的基础，同时在数据应用过程中存在数据泄露、违规使用等风险，影响数据应用价值的实现，因此，影响数据价值的最基本因素包括数据成本、数据应用、数据质量和数据风险。

基于上述4项影响数据价值的基本因素，本报告提出"数据资产价值指数"计算公式：

$$P = C \times Q \times U \times (1 - R) \times (1 - E) \times F$$

其中，P 代表标的数据资产价值指数，C 代表数据成本系数，Q 代表数据质量系数，U 代表数据应用系数，R 代表数据风险系数，E 代表其他负向影响系数，F 代表其他正向影响系数。其他影响指数 E、F 需根据数据市场发展进行调整。对于成本、质量、应用、风险这4项数据价值影响因素，可

不同的数据受监管的限制不同，数据泄露、违规使用等风险，影响数据价值的实现
·合规性
·安全性

数据价值在于与应用场景的结合。不同场景下，数据所贡献的价值是不同的
·场景性
·稀缺性
·多维性

数据的质量是影响数据应用的核心因素，数据的准确度是评估数据价值的基础
·准确性
·时效性
·完整性

数据最终产生的价值受成本的影响，数据可应用的场景也受到成本的约束
·存储
·加工
·运维

风险维度　应用维度　质量维度　成本维度　数据资产价值评价

图 1　数据资产价值评价机制

资料来源：普华永道项目组。

设置具体指标和权重进行量化评价，经标准化处理后，汇总得到百分制的评价分数。以数据质量系数 Q 为例，其计算公式为：

$$Q = \sum_{j=1}^{m} Q'_j \times W_j$$

$$Q' = \sum_{i=1}^{m} p_i \times w_i$$

其中，Q'代表数据质量相关的一级指标评价值，W_j代表一级指标的权重，p_i代表数据质量相关的二级指标评价值，w_i代表二级指标的权重。后文将在"评价指标介绍"部分，对成本、质量、应用、风险这 4 项数据价值影响因素的相关指标展开叙述。

遵循市场评价贡献、按贡献决定报酬的机制，对于不同应用场景下数据资产价值评价指标的选择与权重设定，由数据市场的主要参与者"买卖双方"协商确定。随着数据交易市场的发展，大量的数据交易记录将沉淀出各类数据资产在不同应用场景下的指标选择、权重设定等记录。通过这些记录，评价者可以获得各类数据资产的应用场景集合，并筛选出不同应用场景下针对不同数据资产最为适用的评价指标及对应权重，最终形成数据资产价

值评价的规则库。未来，在积累一定数据资产交易记录后，将历史交易信息与规则库结合，通过 AI 建模形成数据资产价值评价与定价模型，最终实现数据资产的自动化定价。

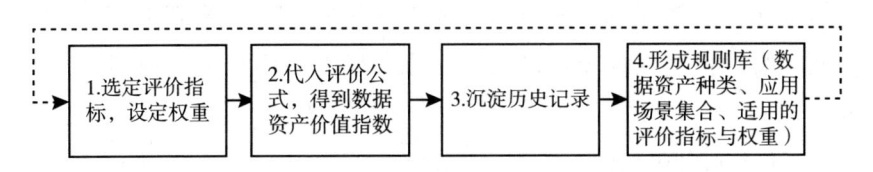

1.选定评价指标，设定权重 → 2.代入评价公式，得到数据资产价值指数 → 3.沉淀历史记录 → 4.形成规则库（数据资产种类、应用场景集合、适用的评价指标与权重）

图 2　数据资产价值评估流程示意

（二）评价指标介绍

1. 成本维度评价指标

数据资产的取得成本需要根据创建数据资产生命的流程特点，分阶段进行统计。数据资产的取得成本可划分为数据规划、数据获取、数据处理三个阶段的成本。

数据规划阶段的成本，主要包括项目经费、市场调研费、设计评审费、咨询费和数据规划相关的人工工资等。数据获取阶段的成本，与数据的获取方式有关，包括通过内部生产运营过程获取的数据、通过间接调研方式获取的数据，以及通过外购方式获取的数据。通过内部生产运营过程获取的数据，其成本主要包括数据存储相关的设备折旧费、场地租金、水费、电费、空调费、网络费和下包商运维费等；通过间接调研方式获取的数据，其成本主要包括人工工资、设备折旧、场地租金、打印费、数据采集相关的网络费和下包商采集调研费等；通过外购方式获取的数据，其成本主要包括数据采买相关的人工工资、数据购买价款、税费、注册费和手续费等。数据处理阶段的成本，与数据处理流程有关，包括数据核验、数据预处理和数据分析挖掘相关的成本。数据核验成本，主要包括核验相关的人工工资、设备折旧和下包商核验费等；数据预处理成本，主要包括数据预处理相关的人工工资、设备折旧和下包商数据处理费等；数据分析挖掘成本，主要包括数据打标相关的人工工资、设备折旧和下包商数据处理费,以及数据挖掘相关的人工工资、设备折旧、下包商数据研发费和可容试错费等。

以上各成本项目的发生额,可通过数据拥有者的财务记录、数据购买合同等相关文档获取。在获取各成本项目发生额的基础上,对各项成本进行加总,得到数据资产的成本总额。成本总额越大,数据资产的价值越大。

2. 质量维度评价指标

以全国信息技术标准化技术委员会提出的数据质量评价指标(GB/T36344-2018 ICS 35.24.01)为依据,本文从规范性、完整性、时效性、准确性、一致性、可访问性六个方面,对数据质量进行评价。

表3 数据质量评价指标释义与示例

一级指标	二级指标	释义	示例 指标约束规则	示例 指标评价结果
规范性	长度规范率	数据长度符合规定格式要求的数据量占该字段总数据量的比例	字段"营业执照号"的数据值长度规定格式为15位数字	数据表中"营业执照号"的数据值有80%符合长度规范要求,则长度规范率为80%
	……	……	……	……
完整性	空值率	字段取值为空的数据量占总数据量的比例	客户信息表中的客户号不能为空	数据表中"客户号"有10%取值为空,则空值率为10%
	……	……	……	……
时效性	更新频率	实际信息发生变化后,间隔多久可正确同步至数据表	门店新增会员人数更新至客户信息表的时间间隔	门店新增会员人数T+1日更新至客户信息表,则更新频率为T+1
	……	……	……	……
准确性	精确度	满足精度要求的数据量占该字段总数据量的比例	利率数据需精确到小数点后4位	数据表"利率"有85%符合精确度要求,则精确度为85%
	……	……	……	……

续表

一级指标	二级指标	释义	示例 指标约束规则	示例 指标评价结果
一致性	逻辑一致率	字段间的数据值满足逻辑约束关系的数据量占相关字段总数据量的比例	"投保开始时间"应符合小于等于"投保结束时间"的逻辑约束关系	相关字段的数据值有95%符合逻辑约束要求,则逻辑一致率为95%
	……	……	……	……
可访问性	访问成功率	数据产品在约定时间长度内的可获取性	访问者在约定时间长度内通过数据接口对目标数据表发起访问请求且成功获取数据	访问者在1小时内通过数据接口对目标数据表发起10次访问请求,有9次请求成功获取所需数据,则访问成功率为90%
	……	……	……	……

资料来源：普华永道课题组。

3. 应用维度评价指标

数据资产在应用场景中的价值,可从数据资源的稀缺程度、数据覆盖范围的多样性以及在该场景中的应用深度等方面进行评价。商业竞争的本质,部分来自对于稀缺资源的竞争。在制造差异化趋平的情况下,稀缺数据资源背后潜在的商业信息更加凸显价值。数据资源的稀缺程度,是数据资产拥有者对数据独占程度的体现,可通过数据资产拥有者所拥有的数据量占该类型数据总量的比例来量化评价。数据覆盖范围的多样性,可通过数据维度（字段）丰富度进行评价,数据维度（字段）越多,数据表的信息覆盖范围越广,数据应用价值实现程度越高。在数据维度（字段）丰富度的基础上,可进一步通过数据维度（字段）适用率进行评价。例如,某张客户信息表中有8个关于描述个人信息的字段,包括住址、薪资、性别、年龄、身份证号、手机号、职业、驾驶习惯,其中适用于精准营销场景的是住址、薪资、性别、年龄、职业这5个字段,那么该数据表在精准营销场景下的维度适用率为5/8,数据维度（字段）适用率越高,数据表的价值密度越大，数据应用价值实现程度也越高。数据资产在某个场景中的应用深度，反映的是数据资产在应用时的可挖掘价值，可通过数据访问记录、接口调用频次等指标进行评价。数据访问记录或接口调用频次低，说明数据使用者在数次使用后，因其应用价值有限或可挖掘价值较小，无需再使用，业务场景的应用程度低，数据价值实现程度低。数据访问记录或接口调用频次高，说明需要高频次使用或深度挖掘，业务场景的应用程度深，数据价值实现程度高。

4. 风险维度评价指标

数据资产在转让过程中，通常面临数据泄露、违规使用等风险，可能造成数据资产的大幅减值甚至价值完全损失。由于数据泄露、违规使用等风险发生的概率与数据控制者的数据安全能力直接相关，本文引入"数据安全能力成熟度模型"（DSMM）作为数据控制者的数据安全能力评价标准，并将评价结果与数据风险发生概率进行关联，如表4所示。

表4　数据安全能力与风险发生概率对照

单位：%

数据安全能力成熟度	数据风险发生概率	数据安全能力成熟度	数据风险发生概率
级别1:非正式执行	100	级别4:量化控制	0.1
级别2:计划跟踪	10	级别5:持续优化	0.01
级别3:充分定义	1		

资料来源：普华永道课题组。

由此可得，当标的数据资产在经过 n 次转让后，数据风险发生概率 r 的计算公式为：

$$r = 1 - (1 - r_0)\Pi_1^n(1 - r_i)$$

其中，r_0 为初始数据控制者的数据安全能力成熟度所对应的数据风险发生概率，r_i 为数据第 i 次转让至新的数据控制者时，该数据控制者的数据安全能力成熟度所对应的数据风险发生概率。

数据资产作为一种新型生产要素，当前国内外对其风险度量方面的研究较为欠缺，尤其是定量计算。表4所列示的"数据风险发生概率"应在未来相关研究、实践的成果上进行调整和修正，实现对风险维度的准确量化。

（三）评价结果处理

由于数据资产各项评价指标的正负向性质不同，对不同性质指标直接加总不能正确反映不同作用力的综合结果，因此需要改变逆指标的数据性质，确保所有指标对数据资产价值评价结果的作用力趋同化。同时，数据资产各项指标的评价结果，存在百分数、金额、时长等单位不统一的问题，因此需要将不同量纲的特征转化为同一数值量级，确保数据的可比性。在明确数据资产评价指标的基础上，需对各指标的评价结果进行数据标准化处理，统一转化为0~1之间的评价值。

本报告借鉴优劣解距离法和趋同化处理，对各项指标的评价结果进行数据标准化。优劣解距离法的基本逻辑为，数据资产的各项指标评价结果，与该项指标的最优值（最优值由第三方评价机构基于行业调研和实践经验提供）越接近，则评分越高。同时，通过趋同化处理各评价指标的性质不同的问题。根据指标性质分为正向指标和负向指标，正向指标数值越大，评分越高，负向指标数值越小，评分越高，这将决定最优值为较小值还是较大值。计算思路为，分别计算各项指标评价结果与该项指标的最优值间的差值M、与最劣值间的差值N。计算公式为：假设某项指标的评价结果为x，最优值为y，最劣值为z，则与最优值差值为$M=|x-y|$，与最劣值差值为$N=|x-z|$，指标项评价值$p=N/(M+N)$。

以"维度数量"这项指标为例，假设该项指标的最值分别为5个和100个，标的数据资产的实际维度数量为80个。经判断，指标性质为正向，因此最优值为100个，最劣值为5个，即$M=|80-100|=20$，$N=|80-5|=75$，"维度数量"这项指标的评价值$p=N/(M+N)=75/(20+75)=0.79$。

表 5　指标评价结果数据标准化处理

评价维度	一级指标	二级指标	指标评价结果 x	指标最值 y, z	指标性质	数据标准化处理 $p=[N/(M+N)]$ $M=|x-y|; N=|x-z|$	指标评价值 p
数据应用	多维性	维度数量	80 个	100 个, 5 个	正向	$p=[|80-5|/(|80-100|+|80-5|)]$	0.79
		维度适用率	70%	100%, 30%	正向	$p=[|70\%-30\%|/(|70\%-100\%|+|70\%-30\%|)]$	0.57
数据质量	时效性	更新频率	$T+1$ 日	$T+0$ 日, $T+30$ 日	负向	$p=[|1-30|/(|1-0|+|1-30|)]$	0.97
		更新延迟率	5%	0%, 30%	负向	$p=[|5\%-30\%|/(|5\%-0\%|+|5\%-30\%|)]$	0.83
		时间跨度	4 年	5 年, 1 年	正向	$p=[|4-1|/(|4-5|+|4-1|)]$	0.75

注：指标评价结果 x 与指标最值 y、z 均为假定数值。

在实际操作中，随着行业的变迁，可能出现标的数据资产的某一指标数值超过第三方评价机构认定的最值范围。当超过范围的数据样本累积到一定程度时，考虑进一步更新最值范围。同时，当区间内数值分布不均匀时，优劣解距离法不适用，可考虑采用同类排名、正态分布等方法，处理单位不统一的问题，将不同量纲的特征转化为同一数值量级。

经过上述标准化处理后，各项指标的评价值分别乘以各自权重，得到上级指标的评价值，经层层分级加权汇总，得到数据资产的成本系数、质量系数、应用系数和风险系数，代入数据资产价值指数评价公式，即可得到标的数据资产的价值指数。由于各指标评价结果经数据标准化处理后，均转化为 0~1 之间的评价值，且各级指标的权重之和均为 100%，因此最终得到的数据资产成本系数、质量系数、应用系数和风险系数取值也在 0~1 范围。因此，数据资产价值指数 P 的取值范围为 0~1。

（四）评价运用实例

数据的价值在于与应用场景的结合，不同应用场景下，数据所贡献的经济价值有所不同，以下我们以金融信贷里的风控场景为例，来估算标的数据资产的价值。

金融信贷生命周期管理大致可分为贷前、贷中、贷后三个阶段。贷前风控，主要进行准入审核、额度授信、支用审批等，这就需要收集用户在信用贷款之前的个人财务数据和其他基本数据。例如：年龄、家庭成员等。贷中风控，主要进行额度管理、流失预测、营销响应等，这就需要收集用户在贷款后的还款情况和各金融产品的使用信息。通过贷款人在贷款之后的各种还款情况，可以预测该贷款人或同类型贷款人在未来时间的还款能力和违约风险。贷后风控，主要进行催收、还款率预测、账龄滚动、失联预测，收集那些已经违约用户的各种金融数据。通过逾期客户的金融数据预测未来该用户无法偿还的概率，推测该笔贷款成为坏账的可能性。

本报告选取贷中风控场景，该应用场景下的标的数据资产为"客户贷款后的还款情况和各项金融产品的使用状况"相关的 8 张数据表，包括描述贷款关联静态信息的信贷合同表及字段数据、对公客户表及字段数据，描述贷款动态变化信息的对公信贷业务借据表及字段数据、贷款展期表及字段数据，描述贷款主体分账户资金流水信息的对公信贷分户账表及字段数据、对公信贷分户账明细记录表及字段数据，描述贷款主体其他账户总体资金流水信息的对公活期存款分户账表及字段数据、对公活期存款分户账明细记录表及字段数据（见图3）。鉴于篇幅限制，我们选取"贷款展期表"中的部分数据进行价值评价（见表6）。

贷款关联静态信息	贷款动态变化信息	贷款主体分账户资金流水信息	贷款主体其他账户总体资金流水信息
·信贷合同表 ·对公客户表	·对公信贷业务借据表 ·贷款展期表	·对公信贷分户账表 ·对公信贷分户账表明细记录表	·对公活期存款分户账表 ·对公活期存款分户账明细记录表

图3　贷中风控场景数据来源

表6　标的数据资产基本信息

数据表名称	数据元素(字段)	数据表获取方式	数据表转让次数	初始数据控制者的数据安全能力成熟度
贷款展期表	银行机构代码、展期金额、原利率、信贷借据号、展期利率、原借据号等	通过内部生产运营过程获取	0	级别3：充分定义

以下详细展开对标的数据资产的价值评价过程。

第一步：选取标的数据资产适用的评价指标，计算得到各项指标的评价结果。

首先，选取标的数据资产的成本维度适用的评价指标，计算得到成本总额。计算内容如表7所示。

表7　成本维度评价结果

单位：元

总指标	一级指标	二级指标	取值	成本总额
数据成本	数据规划成本	项目经费	7000	46220
		市场调研费	600	
		设计评审费	1000	
	数据获取成本	存储设备折旧	500	
		场地租金	820	
	数据处理成本	数据核验人工工资	2600	
		数据打标人工工资	3700	
		下包商数据处理费	30000	

其次，选取标的数据资产的质量维度适用的评价指标，计算得到指标评价结果。计算内容如表8所示。

例如，在计算表中字段"银行机构代码"的长度规范率时，根据指标约束规则"12位人行行号数字"，我们统计出该字段取值为12位数字的数据量是1266804，以及该字段取值不为12位数字的数据量是12796。长度规范率表示数据长度符合规定格式要求的数据量占该字段总数据量的比例,则字段"银行机构代码"的长度规范率=(数据长度符合规定格式要求的数据量/总数据量×100%)=［1266804/(1266804+12796)］×100%=99%。

表8　质量维度评价结果

数据表	数据元素(字段)	一级指标	二级指标	指标约束规则	指标评价结果
贷款展期表	银行机构代码	规范性	长度规范率	12位人行行号数字	99%
	原利率	准确性	精确度	精确到小数点后4位	92%
	展期金额、原利率	完整性	值域符合率	>0	87%
	银行机构代码、展期金额、信贷借据号、展期利率、原借据号		空值率	必填项空(为null、空串、空格)	10%
	银行机构代码、展期金额、信贷借据号、展期利率、原借据号、原利率	时效性	更新频率	—	T+1日

再次,选取标的数据资产的应用维度适用的评价指标,计算得到指标评价结果。计算内容如表9所示。

表9　应用维度评价结果

总指标	一级指标	二级指标	指标评价结果
数据应用	多维性	维度数量	6个
		维度适用率	70%
	应用深度	数据访问记录	100次

最后,评价标的数据资产的风险发生概率。标的数据资产未经过转让,初始数据控制者的安全能力成熟度为级别3"充分定义",根据上文的"数据安全能力与风险发生概率对照表"可知,初始数据控制者的数据安全能力成熟度所对应的数据风险发生概率 r_0 为1%,代入数据风险发生概率 r 的计算公式:

275

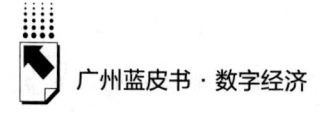

$$r = 1 - (1 - r_0)\prod_1^n(1 - r_i) = 1 - (1 - 1\%)\prod_1^n(1 - 0) = 1\%$$

第二步：对评价结果进行标准化处理，统一转化为 0~1 之间的评价值。具体计算内容如表 10 所示。

表 10　指标评价值计算结果

总指标	一级指标	二级指标	指标评价结果 x	指标最值 y,z	指标性质	数据标准化处理 $p=[N/(M+N)]$ $M=\|x-y\|;N=\|x-z\|$	指标评价值 p_i
数据成本	成本总额	—	46220 元	100000 元, 0 元	正向	$p=[\|46220-0\|/(\|46220-100000\|+\|46220-0\|)]$	0.46
数据质量	规范性	长度规范率	99%	100%,50%	正向	$p=[\|99\%-50\%\|/(\|99\%-100\%\|+\|99\%-50\%\|)]$	0.98
	准确性	精确度	92%	100%,50%	正向	$p=[\|92\%-50\%\|/(\|92\%-100\%\|+\|92\%-50\%\|)]$	0.84
		值域符合率	87%	100%,50%	正向	$p=[\|87\%-50\%\|/(\|87\%-100\%\|+\|87\%-50\%\|)]$	0.74
	完整性	空值率	10%	0%,50%	负向	$p=[\|10\%-50\%\|/(\|10\%-0\%\|+\|10\%-50\%\|)]$	0.8
	时效性	更新频率	T+1 日	T+0 日, T+30 日	负向	$p=[\|1-30\|/(\|1-0\|+\|1-30\|)]$	0.97
数据应用	多维性	维度数量	6 个	100 个, 5 个	正向	$p=[\|6-5\|/(\|6-100\|+\|6-5\|)]$	0.01
		维度适用率	70%	100%, 30%	正向	$p=[\|70\%-30\%\|/(\|70\%-100\%\|+\|70\%-30\%\|)]$	0.57
	应用深度	数据访问记录	100 次	300 次, 0 次	正向	$p=[\|100-0\|/(\|100-300\|+\|100-0\|)]$	0.33
数据风险	风险发生概率	—	1%	100%, 0.01%	正向	$p=[\|1\%-0.01\%\|/(\|1\%-100\%\|+\|1\%-0.01\%\|)]$	0.01

第三步：对各指标项的评价值进行加权汇总，得到标的数据资产价值指数。计算内容如表 11 所示。

表 11　数据资产价值指数计算结果

总指标	一级指标	一级指标权重 W_i	二级指标	二级指标权重 w_i	指标评价值 p_i
数据成本	成本总额	100%	—	—	0.46
数据质量	规范性	15%	长度规范率	100%	0.98
	准确性	40%	精确度	40%	0.84
			值域符合率	60%	0.74
	完整性	30%	空值率	100%	0.8
	时效性	15%	更新频率	100%	0.97
数据应用	多维性	30%	维度数量	50%	0.01
			维度适用率	50%	0.57
	应用深度	70%	数据访问记录	100%	0.33
数据风险	风险发生概率	100%	—	—	0.01

综上所述，标的数据资产的成本系数、质量系数、应用系数、风险系数分别为：

$C = 0.46 \times 100\% = 0.46$；

$Q = 0.98 \times 100\% \times 15\% + (0.84 \times 40\% + 0.74 \times 60\%) \times 40\% + 0.8 \times 100\% \times 30\% + 0.97 \times 100\% \times 15\% = 0.8445$；

$U = (0.01 \times 50\% + 0.57 \times 50\%) \times 30\% + 0.33 \times 100\% \times 70\% = 0.318$；

$R = 0.01 \times 100\% = 0.01$；

将各维度系数计算结果代入数据资产价值指数评价公式，得到标的数据资产的价值指数：

$P = C \times Q \times U \times (1-R) = 0.46 \times 0.8445 \times 0.318 \times (1-0.01) = 0.1223$

四　数据资产价值评价应用

对社会而言，数据资产价值评价研究为数据资产交易统一定价模式提供了指导性框架体系及参考，促进构建流通的数据要素市场，提升社会各界对数据资产的认知，引导蓄势待发的数据交易市场正向发展。

对企业而言，推进数据资产价值评价能够有效提升企业各业务线的运营效率和管理能力，定期的价值评价工作可以有效地协助管理层分析数据资产价值与企业价值的高度相关性，从而发掘高价值密度的数据，制定或修正业务发展目标及战略。此外，具有准确量化价值的数据资产可有效解决企业各部门在绩效理解、数字化运营等方面的沟通障碍，减少企业沟通成本，提高运营效率，推动企业整体朝着健康的方向发展。

无论是社会还是企业，可根据实际情况，结合成本法、收益法、市场法，将"数据资产价值指数P"应用到数据资产化计量中，得到数据资产估价。"数据资产价值指数"$P=C×Q×U×(1-R)×(1-E)×F$（其中，P代表数据资产价值指数，C代表数据成本系数，Q代表数据质量系数，U代表数据应用系数，R代表数据风险系数，E代表其他负向影响系数，F代表其他正向影响系数）。

成本法是基于产生数据资产所需花费的成本进行评价，未考虑数据应用、数据风险、数据质量等因素对数据价值的影响，因此调整数据资产价值指数P为P_c，$P_c=Q×U×(1-R)×(1-E)×F$，数据资产估价$V=$成本$×(1+$期望利润率$)×P_c$。

收益法是基于数据资产投入使用后的预期收益进行评价，未考虑数据成本等因素对数据价值的影响，因此调整数据资产价值指数P为P_u，$P_u=C×(1-E)×F$，数据资产估价$V=\sum_{t=1}^{n}F_t\frac{1}{(1+i)^t}×P_u$。

市场法是基于相同或相似数据资产的可比市场交易案例进行评价，可将标的数据资产的价值指数P_m与可比市场交易数据资产的价值指数P_s进行比对，数据资产估价$V=P_0×(P_m/P_s)$。

五 数据资产价值评价展望

（一）数据权属合理拆分奠定数据流通基础

在倡导充分发挥数据价值、利用数据要素助力企业智能化发展的现今，数据确权是横亘在数据自由流通运用道路上的一块巨石。数据应该是属于谁的？是属于创造数据的用户还是收集数据的商业机构？这一问题自从大数据开始应用于生产生活的各个领域中就一直未得到解决。目前，海量的用户相关数据作为国内互联网巨头拥有的核心资产，若强硬地进行数据所有权的限制与转移无疑会造成国内数据行业的巨大震动。在此情境之下，拆分数据权属，合理分配数据相关的不同权利是助力数据流通的必经之路。

根据复旦大学特聘教授、原重庆市市长黄奇帆在第三届外滩金融峰会上的发言，数据涉及五项基本权利：管辖权、交易权、所有权、使用权、分配权，各类主体基于自身在数据交易环节中的位置来行使相应权利。

目前，主流大数据多是由个人在社会生活中的各个数据平台上的行为记录所构成。从这个角度出发，平台与个人应共享这些数据的所有权，因为数据的产生离不开个人与平台的共同存在。数据的分配权则并不唯一，应该由数据生成、收集、处理、销售等一系列环节中所有的重要参与方共同协商分享，这也符合现代商业规则。数据的使用权则是考虑由对原始数据进行处理、生成数据产品的技术厂家或公司所有。

（二）隐私计算确保数据流转安全

随着数据资源重要性的日益凸显，其监管要求也逐渐严格，社会各界开始将目光投向一种以保护数据不外泄为前提，同时实现数据分析和计算的新兴数据应用技术"隐私计算"。隐私计算综合多方安全计算、联邦学习、可信计算等前沿科技，在无须改变数据存储位置的情况下支持数据查询、数据建模等多方数据协同利用的场景，进而实现对于数据价值的挖掘。隐私计算和区块链等技术结合形成的整体解决方案，能够对数据真实性、准确性进行记录。当数据安全遭受威胁，例如数据被非法篡改时，可通过相应安全机制查明，数据在哪个环节遭到泄露、是哪个主体泄露了数据。

在隐私计算框架下，各参与方的明文数据在无须出库的情况下即可进行数据价值的共享、挖掘，实现数据的"可用不可见"。隐私计算在保护数据安全的同时，实现多方数据跨域合作，破解了数据保护与融合应用的诸多难题，将成为数据流通交易的重要支撑技术。

（三）数据交易撮合平台助力数据流通

在过去数据要素市场发展中，数据交易平台建设环节存在几个主要难题：（1）数据安全保障难；（2）交易信任构建难；（3）服务模式持续难；（4）数据权属确认难。为解决直接影响数据交易安全、数据拥有者交易参与意愿、数据市场持续运营等方面的难题，需建立可支持多层次数据要素流通、保障数据交易行为合规安全、提升各方参与积极性及有助于形成数据流通交易生态的新型数据交易平台。对于数据交易所，平台需具备商品管理、市场调控、交易行为监管、安全环境监控的能力，保障数据交易全流程的安全可控。对于数据供给方，平台需具备数据产品包装、数据交易撮合、数据经营指引的能力，在保障供给方合法权益的同时，能协助供给方开发数据产品并寻找适合的交易方。对于数据需求方，平台需具备数据产品选择、产品购买推荐、产品售后服务的能力，在提供丰富数据产品的同时，能针对需求方的痛点进行精准撮合，提升交易效率。能满足数据交易各参与方需求，且提升其参与交易意愿的交易撮合平台，未来将成为构建数据流通交易生态的重要一环。

六 结束语

随着科学技术与数据应用的飞速发展，数据资产呈现细分化、差异化、专业化等特征。在复杂商业环境中，如何对数据资产公允计量，并形成具有广泛公信力的数据资产价值评价体系，已成为推进数据资产交易的核心课题之一。基于对数据资产价值评价领域的探索与研究，我们提出开放式数据资产价值评价指标分析框架。在本报告中初步建立数据资产价值评价思路、评价维度与指标，尝试对数据资产价值的影响因素标准化并进行计算，为数据资产的价值评价研究提供探索经验。

不同应用场景下数据所贡献的价值不同，因此我们在评价数据资产价值时，需结合其应用场景方有意义。数据交易流通领域内的研究经验揭示，数据在转让过程中存在安全风险，越转让风险越高。在本报告中，我们将数据风险纳入数据资产价值的评价维度，并借鉴数据安全能力成熟度模型，初探数据资产风险维度的衡量标准。

"数据资产价值研究"方法论目前仍处于探索阶段，需进一步的深入研究与论证。我们希望通过本报告诚邀学术界、各科研单位以及业内人士开展深度交流探讨，就数据资产的价值评价与定价、权属划分以及数据交易流通相关的隐私计算、交易撮合等各领域开展进一步的研究，共同助力我国数字经济产业发展。

参考文献

中国资产评估协会：《资产评估专家指引第9号——数据资产评估》，http://www.cas.org.cn/ggl/61936.htm，2020年1月9日。

财务部会计司：《企业会计准则》，http://kjs.mof.gov.cn/zt/kjzzs/kuaijizhunzeshishi/，2006。

王胜利、樊悦：《论数据生产要素对中国经济增长的贡献研究》，《上海经济研究》2020年第7期。

房定坚：《关于技术商品交易定价的思考》，《经济师》2003年第7期。

唐虎：《关于技术交易定价的新思考》，https://view.inews.qq.com/a/20211104A03DTW00，2021年11月4日。

贾叶子、崔亚琼、迟明：《基于熵权-TOPSIS法的农村电商物流服务质量评价研究》，《中国储运》2022年第1期。

戴昕：《数据隐私问题的维度扩展与议题转换：法律经济学视角》，《交大法学》2019年第1期。

张小伟、江东、袁野：《基于博弈论和拍卖的数据定价综述》，《大数据》2021年第7期。

蔡莉、黄振弘、梁宇、朱扬勇：《数据定价研究综述》，《计算机科学与探索》2021年第15期。

尹传儒、金涛、张鹏、王建民、陈嘉一：《数据资产价值评估与定价：研究综述和展望》，《大数据》2021年第7期。

王进江：《案例解析自主知识产权资产评估》，《中国会计报》2021年第7期。

张驰：《数据资产价值分析模型与交易体系研究》，北京交通大学博士学位论

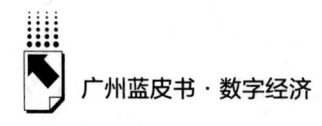

文，2018。

李永红、张淑雯：《数据资产价值评估模型构建》，《财会月刊》2018年第9期。

贾春凡：《无形资产价值评估方法分析》，《居舍》2021年第8期。

吴超：《从原材料到资产——数据资产化的挑战和思考》，《中国科学院院刊》2018年第8期。

李希君：《基于信息熵的数据交易定价研究》，上海交通大学硕士学位论文，2018。

唐莉、李省思：《关于数据资产会计核算的研究》，《中国注册会计师》2017年第2期。

赵春玲、王玲俐：《关于我国技术商品交易定价的思考》，《价格理论与实践》2006年第4期。

中国信息通信研究院：《数据价值化与数据要素市场发展报告（2021年）》，2021年5月。

王卫、张梦君、王晶：《国内外大数据交易平台调研分析》，《情报杂志》2019年第2期。

梁艳：《互联网企业数据资产价值评估》，河北经贸大学硕士学位论文，2020。

叶雅珍、刘国华、朱扬勇：《数据资产化框架初探》，《大数据》2020年第3期。

杜川、黄奇帆：《数据交易所必须由国家管理》，《第一财经日报》2021年10月25日。

周波：《知识交易及其定价研究》，复旦大学博士学位论文，2006。

阮咏华：《专利资产评估中收益分成率的估算方法》，《国有资产管理》2021年第7期。

孙鑫、房炫伯、殷国梁、胡艺凡：《专利价值预评估分析方法研究》，《中国科技信息》2021年第2期。

秦荣生：《企业数据资产的确认、计量与报告研究》，《会计与经济研究》2020年第6期。

B.18
广州建设数据要素市场研究

林瑶鹏 蔡进兵 庄德栋[*]

摘 要： 我国明确要求加快推进公开数据开放共享，提升社会数据价值，加强数据整合和权益保护，培育数据要素市场。作为国内最早探索数据交易的城市之一，广州近年来持续加快推进数字基础设施建设，创新打造"数字政府"，出台多项推动培育数据要素市场的政策，具有良好的数据要素市场发展基础。下一阶段，广州应以促进公共数据开放流通推动数据要素市场培育和发展，重点要积极构建公共数据标准化体系、健全数据开放管理机制、推进各部门数据资源开放共享、探索新兴的政企合作模式、提升数据安全核心技术能力、完善职能部门数据安全保障体系。

关键词： 公共数据 数据开放 广州

数据已成为数字时代的战略性资源和关键性生产要素。我国数据要素市场发展快速，数据交易主体、数据交易方式、数据交易平台、数据交易监管等市场要素到位，推动市场格局逐步完备，数据采集、存储、加工、交易等数据流通环节对应的产业链规模日益壮大。广州具有良好的数据要素市场发展基础，下一阶段，应以打造数字经济融合应用标杆城市为目标，大力推动

---

[*] 林瑶鹏，广州市社会科学院财政金融研究所助理研究员，博士，研究方向为资本市场与货币金融；蔡进兵，广州市社会科学院财政金融研究所副所长（负责人）、研究员，博士，研究方向为产业经济；庄德栋，广州市社会科学院财政金融研究所助理研究员，博士，研究方向为绿色金融、科技金融。

公共数据开放共享，确保政务数据流通安全，助力数据要素市场高质量发展。

一 广州具有发展数据要素市场的良好基础

（一）广州数字基础设施发达，全面推进数字化转型成效显著

1. 数字基础设施水平位居全国前列

广州数字城市建设水平较高[①]。至2020年底广州累计建成5G基站4.8万座，居全省第一，全国领先。2018年11月，工业互联网标识解析国家顶级节点（广州）正式开通，广州成为全国五个节点之一；至2021年底，已有25个二级节点接入，在全国顶级节点中位居首位，其中广州本地在医药、新材料、电路板、机械制造、船舶制造、定制家居、注塑装备等行业已建成二级节点共10个，数量居广东省内第一。2020年7月，广州发布《加快推进数字新基建发展三年行动计划（2020—2022年）》，这是全国首个数字新基建政策，明确提出在信息基础设施、融合基础设施、创新基础设施等方面加强建设，积极布局5G、数据中心、人工智能、物联网、工业互联网等新型基础设施。

2. 数字产业化快速发展

根据《大数据蓝皮书：中国大数据发展报告No.4》综合测度，2016~2019年国内31个重点城市（不包含直辖市）的总指数得分与排名，广州连续三年排名第2位。琶洲人工智能与数字经济试验区建设取得积极进展，阿里巴巴、腾讯、国美、花生日记、逸仙电商、小米、TCL、科大讯飞、海康威视等互联网企业、电商企业、电子制造企业等入驻。此外，广州还获批创建首个国家区块链发展先行示范区、入选首批国家综合型信息消费示范城

[①] 在赛迪顾问数字转型研究中心发布的《2020中国数字城市百强研究白皮书》中，通过从数字经济、数字治理、数字政务、数字民生、数字创新、数字基础等6个方面进行评估，广州在数字城市百强榜单中排名第4位，仅落后于深圳、上海、北京。

市。广州本土大数据企业快速发展，拥有云从科技、巨杉软件、金域医学、广电运通、佳都集团、蓝盾股份、科大讯飞、唯品会、鼎甲计算机、艾媒数聚、赛宝联睿、思迈特、极天信息、亿航智能等重点大数据企业，企业类型实现大数据基础支撑、分析与服务、融合与应用等全覆盖，门类齐全，行业整体稳健发展。2020年，明珞汽车的"基于大数据的自动化生产线运维服务平台示范应用"、佳都新太的"面向智慧城市的视频云+大数据应用平台研发及产业化"、华银健康的"临床病理大数据产业化应用"、万丈金数的"场景金融智能服务中台应用项目"以及广州机械科学研究院、省电力设计研究院、广东移动、联通（广东）产业互联网和广州供电局等9家企业共计9个项目入选工业和信息化部2020年大数据产业发展试点示范项目，覆盖了工业大数据融合应用领域和民生大数据应用创新领域，试点示范数量排名广东省第一。

（二）广州率先打造数字政府，公共数据整合开放领跑全国

1. 推动公共数据开放共享国内领先

广州在全国率先打造"数字政府"，推进政务信息系统整合，破除"信息孤岛"。建设"广州市政府数据统一开放平台"，2016年10月开始运行，设置了开放数据、数据接口、数据地图、数据应用、开发服务等板块，截至2021年6月底已归集经济发展、道路交通、教育科技、民生服务等多个重点领域共1507个数据主题，数据达到1.41亿条。出台一系列政务信息类政策法规及标准规范促进信息整合。实施《广州市政府信息共享管理规定实施细则》，明确公民、企事业单位和社会组织等16类基本信息的采集、核准和提供，保障信息共享应用可持续发展；印发《广州市政务信息共享管理规定》和《政务信息共享平台接入规范》，推进政府信息共享工作进一步规范化、制度化和常态化。完善公共数据的管理机制，建成横向连接市级各部门，纵向贯通省、区的全广州统一的政务信息共享交换枢纽和信息资源管理中心；畅通政府信息共享获取渠道，通过政府信息共享平台，供需双方可按照授权在线提交信息共享申请，即可实现自动分发，而对未获得授权的信

息，经协商平台可协助完成信息的匹配。积极探索开展数据开放创新应用，通过持续举办各类创新创业大赛，设置大数据赛道，引导政务数据更好为创新创业和实体经济发展服务。

2. 大力促进公共服务数字化转型

在医疗领域，建设广州区域全民健康信息平台，打造一站式互联网医疗健康门户——"广州健康通"，推进电子健康码上线应用，探索实现跨机构、跨区域、跨系统"一码通行"。统筹推进交通服务数字化建设，构建"一中心、三大平台、四项保障"的广州智慧交通体系，推进国家首批、城市交通领域唯一的物联网应用示范城市建设。加快建设跨境物流智能化系统，广州国际贸易实现空运"单一窗口"舱单数据的传输、回执接收和企业传输数据共享。全面推进安全服务数字化建设，运用物联网、视频监控、电子围栏等技术手段，不断提升精准管控、精细治理的能力水平。持续推进数字化治理能力提升，推进"互联网+政务服务"改革，以"数据多跑路、群众少跑腿"创新服务模式、优化办事流程，打造"穗"字系列数字政务服务品牌，截至2020年底，"穗好办"App上线超1200个服务事项，实现广州市区依申请行政权力事项100%可网上办理，98%实现零跑动；建设"一网统管、全城统管"的"穗智管"城市运行管理中枢，完成智慧党建等20个主题应用场景的建设；打造城市生活平台"穗康"小程序。持续推进政务云、网、数基础设施建设，截至2020年底政务云服务平台为430家单位近2000个业务系统提供计算服务、存储、国产操作系统和数据库等云服务资源供给；政务信息共享平台接入单位151家，汇集数据超166亿条，日均交换数据超4300万条，有效促进减时间、减材料、减环节、减跑动。推动电子证照、区块链技术在政务服务领域广泛应用，截至2020年底，市电子证照系统已上线656种证照，签发1933万张电子证照，推动电子证照在房屋交易登记、户籍等高频政务服务事项中的应用；建成全广州统一的政务区块链基础平台，提供区块链+电子印章、电子证照、电子档案、信用共享等基础应用。

（三）广州出台一系列政策，不断强化数字要素流通试验田建设

1. 广州是国内最早开展数据交易探索的城市之一

2016年，广州数据交易服务有限公司成立，这是华南地区首个服务数据交易、整合数据资源的平台公司。2017年1月，广州印发《关于促进大数据发展的实施意见》，提出要围绕国家重要中心城市的定位，建立"用数据说话、用数据决策、用数据管理、用数据创新"的管理机制，释放政府数据红利；明确要加快政府大数据基础设施建设和社会大数据基础设施建设，加快大数据科技创新平台建设，夯实大数据基础设施；加快政府数据汇聚共享，释放政府数据红利，鼓励社会数据共享共用，促进商业数据交易流通，推动数据资源共享开放流通；重点推动产业转型升级大数据应用，推动政府管理服务大数据应用，促进大数据应用示范，促进产业转型升级；完善大数据产业链，打造具有竞争力的产业体系，并且加强大数据安全防护，提高安全保障能力。

2. 广州持续发力推动数据要素市场建设

2020年4月，广州发布《加快打造数字经济创新引领型城市的若干措施》，提出打造数字经济创新城市，优化数据治理体制机制，在数据确权、数据交易、数据流动监管等领域先行先试，抢占新业态发展新高地。2020年12月，《中共广州市委关于制定广州市国民经济和社会发展第十四个五年规划和二〇三五年远景目标的建议》提出，建设广州数字经济创新引领型城市，要培育数据要素市场，积极参与数字领域规则标准制定，研究构建数据流通各个环节包括确权、交易、治理机制，完善数据要素市场资源配置，推进公共数据开放共享，提升社会数据资源价值，提高数据安全防护能力。2021年7月发布的《广州市建设国家数字经济创新发展试验区实施方案》，又进一步明确将广州打造成为粤港澳数字要素流通试验田、全国数字核心技术策源地、全球数字产业变革新标杆，要推动包括政务数据、社会数据等在内的数据资源开发利用；建立数据要素高效流通体系，引导培育大数据交易市场，率先探索穗港澳数据要素流通规则。

3. 广东省出台重要文件为广州数据要素市场建设提供有力支持

2021年7月，广东省印发全国首份《数据要素市场化配置改革行动方案》（以下简称《行动方案》）。《行动方案》极具首创性、探索性和引领性，充分发挥体制机制的比较优势，围绕市场数据流通的供需主体，盘活数据流通各个环节，从基础设施到供需平台，保障数据要素生产、分配、消费各环节循环畅通，同时在释放公共数据资源价值、激发社会数据资源活力、强化数据安全保护等方面提出了一系列改革措施。《行动方案》的出台实施，为广州数据要素建设提供了动力、增加了压力，同时也为广州数据要素市场建设指明了方向、明确了路径、清晰了举措，推进广州数据要素市场快速发展。

二 广州发展数据要素市场面临的问题挑战

（一）面临的普遍性问题与挑战

作为新生事物，数据要素市场培育和发展面临着一些普遍性问题与挑战。

1. 数据统筹力度弱

虽然很大部分地区建立了不同层级的数据管理局、大数据中心等公共数据管理、统筹部门，积极推动数据统一管理，但由于没有完善数据流通共享中责任分担机制等问题，即使同一层级的数据流通共享也有限。不同层级之间数据仍然处于分割状态，基本不存在上下流通、共享。国家各部委大力推动建立本行业数据统一管理，建立行业数据中心，但不同部委之间、行业之间数据条块分割严重。企业数字化水平仍有待大力提升，数字化意识仍不够强，普遍欠缺从企业最高层面推进数字化建设的意识。企业数据采集规模、质量仍有不足。

2. 数据立法进程滞后，数据确权难

虽然我国已相继出台《网络安全法》《数据安全法》《个人信息保护

法》，《民法典》也对数据权益做出了一定明确，各地方也对数据立法进行积极探索，但有关数据权属问题仍存在很大争议，针对数据交易市场准入、市场监管以及纠纷解决等机制尚未立法规定。数据权属涉及不同主体，包括生产消费或者使用者个体、平台、算法提供者、数据加工方、数据监管方等，他们的权利与责任如何界定，数据安全责任如何明确，不同视角下的标准仍不一致，没有统一规定。

3. 数据价值评估难

数据标准化体系尚未建立，数据标签、数据度量缺乏统一标准。数据价值与数据规模、数据时效、数据质量等高度相关，同时不同的数据场景也会导致不同的估值，难以实现相对统一的估值。由于数据价值只有使用后才能体现，事前买卖双方对数据价值的信息不对称更提升了数据估值难度。

4. 数据安全保障难

目前，违法违规或者过度收集个人、企业、组织以及社会等信息的情况仍普遍存在，各类信息分布于众多平台、主体，导致信息泄露情况经常发生，严重影响个人利益以及企业、机构、社会甚至国家安全。我国数据安全方面法律体系尚不完备，数据跨境流通领域法律基本缺失，数字安全标准仍需提升，在全球数据安全规则制定领域的话语权有待进一步提高。数字安全技术整体实力较弱，网络攻击、网络泄密等互联网安全事件仍常常发生。

（二）广州自身存在的问题

推动数据交易及数据要素市场发展，各种普遍性问题广州都必须面对，同时也要面对一些具有地方特点的具体问题。

1. 数据交易起步早但发展陷入停滞

广州早在 2016 年就成立了广州数据交易服务有限公司。2017 年下半年，随着《网络安全法》等法律法规颁布，国内数据交易市场的数据收集、整合和开放变得相当困难。2018 年初，广州数据交易服务有限公司现金流枯竭，业务停止。由于国内数据确权与数据定价等法律法规尚不健全以及具体制度、操作细则、数据标准仍未出台，再加上公司运营、管理等问题，数据成交量远低于预期设想，广州数据交易基本上处于停滞状态。

2.政务数据开放共享缺少顶层制度设计

广州"数字政府"建设走在全国前列，但是当前政务数据开放与共享仍存在不少困难，如缺乏完善的数据采集与开放使用机制，数字安全领域的立法进程相对缓慢，数据有效融合问题仍待解决。如何盘活政府掌握的海量高价值公共数据，是未来大数据发展的关键。广州数字政府建设急需顶层制度设计，另外数据相关立法工作也是推动数据流通的基础工作，广州在完善数据相关法规、制度等方面要加快步伐。

（三）构建公共数据标准化体系

进一步推动公共数字化建设，推进人工智能、区块链、大数据等新一代信息技术基础设施建设，加强隐私计算、联邦安全计算等数据安全技术在政府数字领域的运用，打造联通5G、数据中心等新型基础设施，优化治理数据流通体制机制，推动公共服务平台数据互通和功能协同，统筹规划政务数据标准化进程，确保数据安全合规的开放流通，最终实现广州政务基础平台统一运行。加速政府数据流通管理研究，结合广州政府实际存量数据与规划增量数据，对政府数据的分类、目录、格式、平台、API开放接口、建模、分析进行标准化建设，同时基于核心元数据编制原则，制定数据采集、数据汇聚、数据交换、数据共享、数据开放、数据存储、数据计算、数据安全、数据质量等关键共性技术标准和管理规范。

（四）数字生态系统有待完善

虽然数字经济将成为广州经济发展的新动能，但广州仍未打造出完善的数字生态系统。数字基础设施建设分布不均，云、网、段等数字化基础设施布局受制于城市更新和旧城改造的推进，5G等基础设施目前主要部署于中心城区，覆盖范围有限，且融合应用仍处于示范应用阶段；数字产业链打造缺乏全球性企业，工业化时代广州支柱产业集合基础研发到生产制造的多个龙头企业，对整个产业链供应链都能发挥辐射带动功能，目前广州数字经济类企业主要集中在数字应用端和消费端,基础研发和平台开发能力较弱,难以发展成为新经济时代的"独角兽"。

三 以促进公共数据开放流通推动广州数据要素市场发展的对策建议

面向未来,广州数据要素市场建设实现跨越式发展,要顺应世界新一轮科技与数字经济产业变革趋势,全面贯彻落实新发展理念,紧紧围绕广州"老城市、新活力"战略要求和建设国家数字经济创新发展试验区的发展定位,发挥广州在推动数据要素市场化配置机制建设方面的引领作用,积极打造综合性数据要素市场平台,汇聚数据跨境、商业贸易、金融服务、营商监管等功能性平台,打通数据要素交易的市场化流通壁垒,探索建设包括企业数据、政府数据、个人数据在内的数据共享与交易制度,加快构建以数据确权为前提、数据估值为关键、数据交易为基础和数据隐私为底线的管理体制机制,充分保障数据使用安全,释放海量数据资源价值,增强广州汇聚数据要素资源的能力,逐步打造数据价值合理化、数据应用高质量化、数据共享有序化、数据流动安全化的数据要素市场,为全省推动数据要素市场化配置"走在全国前列"做出广州贡献。

当前,要以促进政府数据资源开放流通为切入点,推动政务数据标准化建设,提升广州政府的数据要素治理能力和公共服务水平,提高政务数据开放后的风险监管强度,促进数据共享与产业发展深度融合,创新提升数据要素的产业配置与产业利用效率,加快发展数据要素市场,赋能经济高质量发展,努力将广州打造成为粤港澳数字要素流通试验田、全国数字核心技术策源地、全球数字产业变革新标杆。

(一)健全数据开放管理机制

公共数据开放共享涉及部门多、领域范围大,必须协调不同部门、领域,难度大。应进一步明确公共数据提供、使用、管理、监管等各方的职责权限，完善从顶层规划到地方建设的相关制度，解决开放共享的制度依据问题。依托广州市政府数据统一开放平台推动公共数据开放共享，建立、完善、优化数据资源共享目录。结合广州政务云的深化建设，研究构建跨部门、跨领域的公共数据资源开放共享机制。建立动态化清单管理制度，明确数据开放共享范围，在政府数据统一开放平台基础上，辅以智慧广州时空信息云平台、公安大数据平台等，共同强化数据开放共享建设，打造公民、组织、资源、服务、信用、证照等基础数据库，再配合建设公共数据开放"负面清单"，最终形成以安全为基础的共享数据库。

（二）推进各部门数据资源开放共享

在保障数据安全的前提下，重点推进医疗、教育、社会保险、水电气、交通、商贸金融等广受社会关注的数据资源向社会开放。各职能部门应在部门数据资源年度开放计划基础上，进一步扩大开放内容，优化开放形式，提升更新频率等，提高开放数据资源的利用价值。开展公共数据资源开放风险评估，加强平台安全防护，保障数据安全，对大规模、持续利用数据服务的开发机构和个人实行网络实名注册登记管理。探索广州统一用户认证体系建设，采用区块链和大数据等底层技术，通过生物识别和数字认证方式实现多源实名认证，实现线上线下一体化服务。

（三）探索新兴的政企合作模式

推动公共数据和社会数据融通，探索多元化、多层次的政企数据融合和协同创新模式。强化归集公共领域和社会行业领域数据能力，提高数据清洗能力和效率，确保数据资源可用、可信，推动公共数据和社会数据资源共享共用。由负有数据开放共享义务的主管部门结合工作实际制定数据开放共享清单，并对清单进行定期调整和更新，在确保安全的前提下不断增加数据开放对象和扩大共享权限范围。数据主管部门在对部门数据清洗筛选之后，可将数据管理权授予市属国资企业，通过国资企业进一步分类分层，进行市场化运营，从而促进公共数据的应用共享。根据数据资源的可获取性、可处理性、可交易性"三可"原则，在保证数据安全的前提下，大力推进气象等自然信息类、交通设施等城市建设类、税收等城市管理统计监察类、水电医疗等服务与民生消费类公共数据分类处理，促进数据流通。积极推动数据采集技术引进，加强采集技术基础设施建设，制定规范政务数据采集标准，全面提升政务数据采集的数量和质量。

（四）提升数据安全核心技术能力

公共数据安全应聚焦"以数据为核心"保障理念，以大数据、人工智能等新一代信息技术为驱动，加强数据安全关键技术研究和试点应用，结合大数据综合试验区、电子政务综合试点、公共信息资源开放试点等工作，将政务数据安全纳入其中，通过广泛的实践探索积累经验。根据安全需求和监管要求，持续调整优化安全策略和技术措施，加强风险感知和监测预警能力，防范数据挖掘、数据流通、数据交易等各环节安全风险，筑牢公共数据开放共享的安全屏障，全面提升公共数据安全防护能力，形成风险监督管理闭环。同步围绕公共数据采集、加工、流通、使用全流程，制定符合监管要求和标准规范的检查方案。借助例行检查、年度检查以及专项行动等方式，评估安全风险，及时发现安全隐患，建立跟踪管理流程，将各部门公共数据工作成效纳入政府绩效考核体系。加强数据主管部门、责任主体、支撑单位协作互通，建立公共数据安全运营协同机制。

（五）完善职能部门数据安全保障体系

落实安全主体责任，全面加强安全保护。建立健全职能部门数据安全管理制度，落实数据安全责任主体，确保部门网络安全和数据安全。加强风险防范意识，增强部门所有人员的安全意识，定期开展网络安全和数据安全的知识宣传和能力培训，优化网络安全技术，提高网络安全和数据安全标准级别，加大资源投入力度，强化网络安全管理员的监测职责，及时发现并解决危及网络安全的风险和威胁，确保数据在合法使用中得到有效保护，数据流通安全有保障。

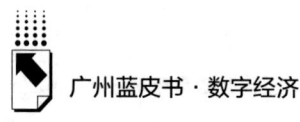

提高部门数据设施和系统安全防护能力。根据网络安全分级防护要求，对部门数据设施和系统强化资产管理，加强部门内外端的访问控制管理，根据业务需要和安全需求划分网络安全域，做好安全域内的数据安全防护，提高防范木马病毒、网络攻击、网络侵入等危害网络安全行为的技术能力。持续完善数据安全应急预案，开展部门内部数据安全评测和风险评估，持续完善优化数据安全应急响应机制，委托第三方安全监测机构定期开展应急演练，模拟数据安全风险防范，评估风险程度。

参考文献

广州市工业和信息化局、广州市发展和改革委员会：《广州市加快推进数字新基建发展三年行动计划（2020~2022年）》，2020年7月30日。

王玉：《广州智慧城市建设中开放数据平台数据质量的多维研究》，《探求》2020年第6期。

余奕昊、李卫东：《我国地方政府数据开放平台现状、问题及优化策略——基于10个地方政府数据开放平台的研究》，《电子政务》2018年第10期。

李晓彤、翟军、郑贵福：《我国地方政府开放数据的数据质量评价研究——以北京、广州和哈尔滨为例》，《情报杂志》2018年第6期。

附 录
Appendix

B.19
广州市数字经济促进条例

（2021年12月31日广州市第十五届人民代表大会常务委员会第六十二次会议通过 2022年3月29日广东省第十三届人民代表大会常务委员会第四十一次会议批准）

第一章 总则

第一条 为了促进数字经济发展，推动数字技术同实体经济深度融合，加快城市数字化转型，实现经济社会高质量发展，建设具有全球影响力的数字经济引领型城市，根据有关法律、法规，结合本市实际情况，制定本条例。

第二条 本条例适用于本市行政区域内促进数字经济发展的相关活动。

第三条 数字经济发展应当遵循创新驱动、数据赋能、系统协调、开放融合、绿色低碳、普惠共享、聚焦产业、应用先导、包容审慎、安全发展的原则。

第四条 数字经济发展应当以数字产业化和产业数字化为核心，推进数字基础设施建设，实现数据资源价值化，提升城市治理数字化水平，营造良好发展环境，构建数字经济全要素发展体系。

数字产业化主要促进数字产品制造业、数字产品服务业、数字技术应用业、数字要素驱动业等的发展；产业数字化主要促进工业数字化、建筑业数字化、服务业数字化、农业数字化等的发展。

第五条 市、区人民政府应当加强数字经济促进工作，建立领导统筹协调机制，建立数字经济专家咨询委员会，制定和实施促进数字经济发展的政策和工作措施，协调解决发展中的重大问题。

市人民政府应当按照市人民代表大会常务委员会监督工作要求报告本市数字经济发展情况。

第六条 市工业和信息化主管部门负责推进、协调、督促全市数字经济发展工作，并组织实施本条例。

市发展改革、科技、政务服务数据管理、市场监管、统计等部门应当按照职责分工做好数字经济发展相关工作。

区人民政府有关部门应当按照职责分工做好本行政区域内数字经济发展相关工作。

第七条 工业和信息化主管部门应当会同发展改革、规划和自然资源、科技、政务服务数据管理等部门，根据国民经济和社会发展规划、国土空间总体规划制定本行政区域的数字经济发展规划，报同级人民政府批准后实施。

数字经济发展规划应当贯彻落实粤港澳大湾区相关规划在本领域的安排部署，并与国土空间总体规划、其他专项规划，以及碳达峰、碳中和行动计划相衔接。

第八条 市、区人民政府应当推动广州人工智能与数字经济试验区建设，优化各片区的功能布局，支持数字经济相关政策和制度创新在试验区先行先试，建设数字经济高质量发展示范区，辐射带动全市数字经济创新发展，营造数字经济良好生态。

第九条　本市积极融入全球数字经济体系，加强与"一带一路"沿线国家和地区及其他国际合作平台在数字经济领域的交流合作，推动粤港澳大湾区数字经济协同发展，构建数字经济开放体系。

第十条　本市鼓励和支持企业、高等院校、科研机构、学术团体、行业协会、产业联盟、基金会、新型智库等组织和个人参与数字经济发展活动。

第二章　数字产业化

第十一条　市、区人民政府及科技、工业和信息化等部门和产业园区管理机构应当协同高等院校、科研机构和企业，完善数字技术创新体系，在以下领域推动关键数字技术攻关与突破：

（一）集成电路、核心零部件与元器件、新一代半导体、关键装备材料、基础软件、基础算法、核心算法、工业软件等基础领域；

（二）互联网、新一代移动通信、人工智能、大数据、云计算、物联网、区块链、数字孪生、高性能计算、边缘计算、虚拟现实、增强现实、量子信息、卫星导航、类脑智能等前沿技术领域；

（三）其他关键核心技术领域。

对于涉及国家利益和社会公共利益的数字经济领域重大攻关项目，市人民政府可以通过下达指令性任务等方式，组织关键核心技术攻关。

支持高等院校、科研机构、企业实施数字技术与生物技术、材料技术、工程技术等其他技术领域的跨界融合，鼓励建立数字技术开源社区等创新联合体，推动协同创新。

第十二条　市、区人民政府及科技、工业和信息化、发展改革等部门和产业园区管理机构应当推动建设人工智能与数字经济领域实验室、技术创新中心、新型研发机构、工程研究中心、科技企业孵化器等科技创新平台。

市科技、工业和信息化、教育、市场监管等部门应当支持科技研发与知识生产数字化转型，建设可共享的科技大数据集和知识图谱服务平台，推动设计、实验、分析、检验、专利申请、成果转化等科技研发全过程数字化，探索数字化条件下的科技创新和知识生产新模式。

第十三条 市、区人民政府应当支持开展数字经济发展相关理论研究，鼓励科研机构、行业协会、产业联盟、企业等参与制定数字经济国际规则、国际标准、国家标准、行业标准和地方标准，自主制定数字经济企业标准、团体标准。

市、区人民政府及市场监管部门应当支持发展数字技术相关检验检测认证机构和标准试验验证平台，完善数字技术和设备的检测验证、标准制定、技术培训及咨询服务等功能。

第十四条 市、区人民政府及科技、工业和信息化、发展改革等部门和产业园区管理机构应当统筹推动人工智能产业创新发展，推进人工智能在经济、社会和城市治理等领域的应用，构建数据、算法、算力协同发展的人工智能产业链。

市科技、工业和信息化、市场监管等部门应当推动建设人工智能算法创新机构和算法平台体系，鼓励和支持高等院校、科研机构、企业和其他组织开展算法基础研究和算法技术创新，建立算法应用转化体系，构建面向各类应用的共享算法库，建设国际化算法开源平台和开源社区，参与制定算法标准和测评体系，探索首席算法师制度。

第十五条 市、区人民政府及发展改革、工业和信息化、科技等部门和产业园区管理机构应当统筹推动半导体和集成电路产业创新发展，培育壮大芯片设计、制造、封测、装备、应用等产业链，推进新一代半导体及智能传感器等电子元器件产业发展，支持建设半导体和集成电路的优质项目和产业集聚区。

第十六条 市、区人民政府及工业和信息化、科技等部门应当统筹推动智能装备与机器人产业创新发展，支持高端数控机床、增材制造装备、机器人、精密仪器、智能车载设备、可穿戴智能设备、智能医疗设备、金融电子设备、智能照明等产业发展，推动制造装备、生产线、车间、工厂等的智能化改造，培育壮大海洋工程、航空航天、智能无人飞行器、超级工厂系统等新型智能装备产业。

第十七条　市、区人民政府及工业和信息化、科技等部门应当统筹推动超高清视频及新型显示产业创新发展，培育壮大前端采集、内容制作、编码解码、传输存储、终端呈现、行业应用全产业链，发挥国家新型显示技术创新中心作用，建设产业发展集聚区。

第十八条　市、区人民政府及工业和信息化、科技等部门应当统筹推动软件与信息服务业创新发展，培育壮大基础软件、工业软件、新兴平台软件、行业应用软件、互联网服务、地理遥感信息及测绘地理信息服务、数据安全服务等产业链，推进软件与信息服务产品迭代和开源，支持建设高水平软件特色园区，构建自主创新的基础软硬件产业生态。

第十九条　市、区人民政府及工业和信息化等部门应当统筹推动新一代通信产业创新发展，加强通信芯片、基站、天线、终端、关键器件、制造工艺、关键材料等研发及产业化，支持企业拓展新一代通信技术在经济社会领域的创新应用，培育量子信息产业。

第二十条　市、区人民政府及文化广电旅游、新闻出版、工业和信息化、科技、商务等部门应当统筹推动数字创意产业创新发展，培育壮大数字音乐、动漫游戏、数字视听、数字影视、数字出版、互动新媒体、网络文学、创意设计服务等产业链，推动数字创意产业与制造业、教育、文化、商业、旅游及健康等领域跨界融合，推动数字创意设备制造业发展，支持建设各类特色数字创意产业园，鼓励探索创意车间、创意集市、创意云平台等数字创意新模式和新业态。

第二十一条　市、区人民政府及发展改革、工业和信息化、商务、市场监管等部门应当统筹推动平台经济与共享经济创新发展，支持企业建设生产服务、生活服务、科技创新、公共服务等互联网平台，推动平台企业建立数据开放机制，鼓励探索共享设备、共享车间、共享工厂、共享科技资源、共享物流、共享出行等共享经济新型组织模式。

市场监管、公安机关等部门应当按照各自职责督促平台经营者按照公开、公平、公正的原则，建立健全管理制度、交易规则及监管规则，完善服务协议，依法依约履行商品和服务质量保障、平台从业人员和消费者权益保护、数据安全和个人信息保护等责任。

相关行业组织应当根据法律法规及政策制定平台运营的基本规则，指导行业内互联网平台经营者建立健全平台管理规则和制度，促进平台生态开放与互联互通。

第三章　工业数字化

第二十二条　市、区人民政府及工业和信息化等部门应当推动汽车、电子信息、生物医药、轨道交通、船舶与海工装备、新能源与节能环保、新材料与精细化工、服装、家居、美妆、食品饮料等传统优势制造业和其他工业领域的数字化转型，鼓励工业生产方式和组织模式创新，提高全要素生产率，实现工业数字化、网络化、智能化。

第二十三条　市、区人民政府及工业和信息化主管部门应当推动建设工业互联网基础设施，改造升级工业互联网内外网络，推进建设标识解析国家顶级节点（广州）和国家工业互联网大数据广东分中心；支持建设跨行业跨领域及特色专业型工业互联网平台，健全工业互联网安全保障体系。

第二十四条　市、区人民政府及科技、工业和信息化等部门应当鼓励智能制造技术创新，支持设计仿真、离线编程、混合建模、智能感知、高性能控制、人机协作、精益管控等关键核心共性技术攻关，推进增材制造、超精密加工、绿色制造等先进工艺技术开发，加快制造载体、产业供应链、制造全过程等层级的系统集成技术突破，推动关键核心数字技术在设计、生产、物流、销售、管理、服务等制造全生命周期的应用。

第二十五条　市、区人民政府及工业和信息化主管部门应当推动工业互联网普及应用，推进工业企业实施数字化、网络化、智能化、绿色化技术改造，支持工业设备和业务系统应用云计算和平台资源。

市、区人民政府及工业和信息化主管部门应当培育智能化生产、网络化协同、个性化定制、服务化延伸、数字化管理等智能制造新模式新业态，推广建设柔性生产线、智能车间、智能工厂、智慧供应链，培育智能制造示范工厂。

第二十六条　市、区人民政府及工业和信息化、国有资产监督管理等部门应当推动大型企业发挥示范引领作用，培育企业数字化转型服务商，推进关键业务环节全面数字化，带动产业集群上下游中小企业数字化转型。

工业和信息化、科技、商务等部门应当协同平台经营者、产业联盟、行业协会、产业园区管理机构等，合作建立中小企业数字化转型服务体系，提供数字化转型相关咨询、培训、方案设计、测评、检验、融资对接等服务，降低中小企业数字化转型成本。

第二十七条　工业和信息化、发展改革、科技等部门应当推动工业设计数字化发展，促进工业设计资源共享、工业设计空间开放共用，形成完善的工业设计服务体系；支持发展计算机辅助设计、智能设计，推广应用工业设计软件。

第二十八条　市、区人民政府及有关部门应当统筹推进智慧园区数字基础设施建设和数据共享，提升园区公共服务、产业集聚、人才服务、创新协同等智慧化服务水平；支持建设全程感知的一体化智慧园区管理平台；鼓励智慧园区系统开发服务商、行业协会等组织建立智慧园区建设和管理标准。

市、区人民政府及工业和信息化等部门应当推进产业集群数字化改造，促进产业集群利用工业互联网实现全要素、全产业链、全价值链的连接，推动工业数字化转型服务商、关联企业、产业基金等组建产业联合体，开发推广产业集群数字化转型解决方案，促进产业集群一体化协同发展。

第四章　建筑业数字化

第二十九条　市、区人民政府及住房城乡建设、科技、工业和信息化、交通运输、水务、林业园林等部门应当鼓励数字建筑科技创新，支持建筑智能设备、建筑机器人、建筑物联网、集成建造平台等创新与应用，推动建筑部品部件工艺制造、新型传感感知、工程质量检测监测等核心技术的研发应用。

第三十条　住房城乡建设、工业和信息化、交通运输、水务、市场监管、林业园林等部门应当促进智能建造与建筑工业化协同发展，推进建筑信息模型等数字技术在建筑勘察、设计、施工、运维、管理等建筑全过程的集成应用；发展装配式建筑等新型建筑工业化，推动建立以标准部品部件为基础的工业化、智能化、绿色化生产体系。

第三十一条　住房城乡建设、交通运输、水务、林业园林等部门应当推动建筑企业数字化转型，培育数字建筑服务商，支持有条件的企业建设建筑产业互联网平台，探索建筑部品部件、材料供应等领域的数据共享机制。

第三十二条　住房城乡建设、交通运输、水务、林业园林等部门应当鼓励建设工程参建单位推行数字化工地管理模式。鼓励施工单位建设应用数字化工地管理平台，充分运用数字技术实现施工全过程智能化。

第三十三条　住房城乡建设、规划和自然资源等部门应当推动实施建筑工程审批监管体系的数字化改造，建立基于建筑信息模型技术的报建审批、施工图设计审查、竣工验收备案、工程档案管理等工作机制。

与法定工程技术图纸信息一致的建筑信息模型可以一并用于工程建设项目审批，与法定工程技术图纸一并进行监管。通过审批的建筑信息模型应当在城市信息模型平台汇聚，实现数据融通联动。

第五章　服务业数字化

第三十四条　商务部门应当会同发展改革、工业和信息化、交通运输、地方金融监管等部门统筹推动专业市场数字化转型，鼓励专业市场运营服务商、商户应用数字技术提高运营管理能力，培育专业市场数字化转型服务提供商，支持建立专业市场数字化转型协同创新组织，推进专业市场与产业互联网、智慧供应链、数字营销、数字金融等渠道资源深度融合，促进需求端与供给端及产业上下游互联互通，运用数字技术强化专业市场和商品的品牌效应。

第三十五条　商务部门应当会同市场监管、工业和信息化等部门推动零售、超市、商圈等传统商业数字化转型，培育壮大电子商务新业态，支持数字广告等数字营销业态发展，推动传统本土品牌、老字号数字化推广，推进数字服务出口基地建设，促进酒店、农贸市场、家政、维修、休闲服务等生活性服务业数字化转型。

第三十六条　商务部门应当会同交通运输、地方金融监管、港务、空港委等部门统筹推动跨境电商发展，鼓励跨境电商运营商应用数字技术创新服务模式，培育跨界电商综合集成服务商，支持跨境电商关联企业参与国家数字"一带一路"计划，促进跨境电商系统与海关、金融、税务、口岸及综合保税区等数字化系统相衔接，推进跨境电商综合试验区建设。

第三十七条　商务部门应当会同工业和信息化、交通运输、地方金融监管、文化广电旅游等部门统筹推动会展业数字化转型，支持会展运营方和参展商创新线上会展服务模式，培育数字会展服务提供商，推动线上线下会展服务融合，促进会展业与跨境电商、专业市场、数字营销、智慧供应链及智慧文旅等平台协同发展。

第三十八条　市、区人民政府及地方金融监管部门应当推动金融业数字化转型升级，推进数字金融科技创新平台建设，建设金融科技产业聚集区；发展数字普惠金融、供应链金融、绿色金融等金融新业态，推进企业信用信息与融资平台的对接，完善数字金融精准服务中小微企业体系；按照国家规定推进数字人民币应用；探索开展数据资产的质押融资、保险、担保、证券化等金融创新服务。

市、区人民政府及地方金融监管部门应当完善数字经济金融服务体系和风险保障机制，拓宽数字经济市场主体融资渠道，支持数字经济领域有条件的企业上市，扩大金融服务跨境合作。

第三十九条　市、区人民政府及发展改革、交通运输、商务、邮政管理、港务、空港委等单位应当促进城乡物流体系数字化改造，推进货物、车船、飞机、场站等物流要素数字化；支持物流企业数字化转型，建设物流综合数字化平台，提升供应链管理服务的智能化水平；支持物流园区、仓储设施等普及应用数字化技术和智能终端设备；完善城乡社区物流配送中心和智能末端配送设施。

市、区人民政府及商务、港务、空港委等单位应当促进国际物流的数字化，支持智慧口岸建设，完善广州国际贸易单一窗口平台系统功能，推动智慧卡口、无纸化报关等智能通关系统建设；支持相关企业参与国际铁路运输、海上运输等物流数字化平台建设与对接。

第四十条 教育部门应当建设智慧教育公共服务平台，推动智慧校园、智慧课堂建设，促进教育数据和数字教学资源的共建、共享、开放、流通，强化农村、偏远地区及对口支援地区教育数字化建设。

教育部门应当推动人工智能教育普及，规范和发展在线教育，推动线上线下相结合的混合式教学。保护学生视力和身心健康，使用电子产品开展教学时长不得超过国家有关规定。

鼓励社会力量投资、参与教育数字化建设与服务。鼓励学校提供场地、企业投入建设和运营，培育智慧教育新业态新模式。

第四十一条 市、区人民政府及卫生健康、医疗保障、市场监管等部门应当支持医疗卫生机构数字化改造，促进智慧医疗便民服务；推进二级以上医疗机构、基层医疗卫生机构及签约家庭医生的智慧医疗一体化建设；优化全民健康信息平台体系建设，提升医疗健康信息互联互通互认水平，完善健康医疗信息标准规范体系；推进数字技术在医学检验检测、临床诊断辅助决策、远程医疗、个人健康管理、公共卫生事件防控、医院智能化管理、卫生监督执法、疾病预防和干预等领域的应用；发展互联网医院、互联网医学检验和互联网药店等新模式。

第四十二条 文化广电旅游部门应当会同有关部门建立城市历史文化项目数据库，推动博物馆、图书馆、美术馆、文化馆等文化场馆的数字化改造，鼓励对文化资源进行数字化转化和开发。

文化广电旅游部门应当支持智慧旅游景区建设，鼓励开发数字化旅游产品，提供智慧化旅游服务，培育云旅游等网络体验与消费新模式，促进旅游业线上线下融合发展。

体育部门应当推动数字化全民健身体系建设，推进体育场馆和设施管理数字化改造，完善训练赛事和市民健身运动的数字化服务体系。

第四十三条 市、区人民政府及民政、卫生健康、工业和信息化等部门应当支持智慧健康养老和助残产业发展，促进养老、助残服务机构数字化改造，建设养老、助残公共服务数字化平台，探索建立政府、服务机构、居家社区养老一体化的新模式，满足家庭和个人多层次、多样化的健康养老服务需求。

交通运输、卫生健康、民政、体育、文化广电旅游等部门应当坚持智能创新与传统服务相结合，引导社会力量关注老年人、残疾人的信息需求，扩大适老化数字技术和智能产品的供给，满足老年人、残疾人在出行、就医、消费、文体等高频服务事项中运用数字技术的基本需要，同时保留老年人、残疾人熟悉的传统服务方式。

交通运输、卫生健康、民政等部门应当强化应急突发事件响应状态下老年人、残疾人的信息服务保障，提供线上线下相结合的应急救援措施。

第四十四条 商务、市场监管、工业和信息化等部门应当推进数字技术在餐饮业的创新应用，促进数字餐饮发展；支持开展食材溯源供应链数据共享服务，支持建设餐饮业互联网平台，推动智能化信息管理系统、数控化烹饪设施建设。

市场监管部门应当建立餐饮单位食品安全数字化监管系统，联合教育等部门对学校食堂等重点场所推行在线监测。

人力资源社会保障、文化广电旅游等部门应当鼓励以数字化方式培训粤菜师傅和传播地域餐饮文化，提升广州餐饮业的影响力。

第四十五条 市、区人民政府及有关部门应当支持法律服务、会计、审计、人力资源、咨询、评估、科技服务、检验检测认证等服务业数字化转型，鼓励专业服务业企业与数字技术创新平台、大数据中心等机构的对接，培育新型服务模式，推动专业服务业与智能制造、智能建造、数字农业等领域融合发展。

第六章 农业数字化

第四十六条 市、区人民政府及农业农村、科技等部门应当鼓励数字农业技术创新，支持农业信息智能分析决策、遥感监测、地理信息、农机自动化作业、农产品质量安全快速分析检测和冷链物流等技术攻关和成果转化；建设智慧农业云平台和农业大数据平台；加强农业机器人、无人机等技术和装备的创新与应用，数字农业装备纳入本市农业机械购置补贴范围。

第四十七条　市、区人民政府及农业农村部门应当依托国家种业大数据平台，建设种业智能服务平台，推动种质资源、科研平台、育种和生产基地、种业企业及用种大户等现代育种要素互联互通和数据共享，加快数字技术在花卉、蔬菜、热带水果、水产等地方特色的种质资源研发、保护、交易中的应用，加强种业数字化可追溯管理。

第四十八条　市、区人民政府及农业农村部门应当支持数字农业技术在种植业中的应用；支持智慧农场、数字田园、智慧农业公园建设，发展智能车间农业，推动智能技术和装备在农业种植上的集成应用，推进种植业生产经营智能化管理。

第四十九条　市、区人民政府及农业农村部门应当促进禽畜、水产等本地特色优势养殖业的数字化转型，加快育种管理、环境控制、精准投喂、疫病防控、远程诊断、废弃物处理、质量追溯等数字化技术和设备的研发应用，构建数字化养殖生产、销售、管理和服务系统。

第五十条　农业农村、商务、市场监管等部门应当支持农产品加工与流通领域配套设施的数字化改造，推广农业物联网应用；推进农产品大数据平台和农产品数字化交易平台建设，加快农产品市场的数字化改造；发展定制农业、云农场、智慧休闲农业等农业新业态新模式，支持发展农村电商，促进农产品线上线下渠道融合发展。

第五十一条　市、区人民政府及农业农村等部门应当培育和促进数字农业企业及第三方服务商发展，探索数字农业技术集成应用和产业化模式，推广数字农业技术标准规范应用，推进现代农业产业园建设。

第五十二条　市、区人民政府及网信、农业农村、工业和信息化等部门应当坚持数字基础设施的城乡一体化规划建设，加强农村宽带通信网、移动互联网、数字电视网和下一代互联网等信息通信网络设施建设；完善信息终端和服务供给，构建面向农业农村的综合信息服务体系；推进公共安全、公共管理、公共服务等乡村治理数字化；加强农民数字素养培训，提高农民数字化种养和经营的技能，增强农民网络安全防护意识。

第七章　数字基础设施

第五十三条　新建、改建、扩建建筑工程建设项目，建设、设计等相关单位应当按照有关标准和规范，实现信息通信网络及广播电视网络基础设施建设与主体工程同步规划、同步设计、同步建设、同步验收。

市工业和信息化、通信管理等部门应当统筹推进通信网络基础设施建设。基础电信及广播电视业务经营者应当做好基站、网络、室内分布系统、多功能智能杆塔、汇聚机房规划建设。供电企业应当做好信息通信及广播电视网络配套电力设施容量预留和建设工作，保障通信基站及广播电视设施供电工作。建设单位应当预留和开放信息通信及广播电视网络基础设施所需的站址位置、空间、电力、传输等资源。

建设单位、业主单位、物业服务企业等应当为电信及广播电视业务经营者使用建筑规划用地红线内的配套信息通信及广播电视网络基础设施提供平等接入和使用条件。任何组织和个人不得收取进场费、接入费、协调费、分摊费等费用，不得设置不合理的条件。

第五十四条　市、区人民政府及有关部门应当推进物联网体系建设，统筹规划和管理城市各类感知终端，推动基础设施、城市治理、交通物流、生产制造、营销服务、生活服务等领域建设应用智能感知系统，推动水、电、气、热等表具智能数字化改造，推动各类感知系统互联互通和数据共享。

市工业和信息化主管部门应当制定统一的车联网建设相关技术规范和标准，统筹建设全市车联网云控基础平台。交通运输、住房城乡建设、工业和信息化等部门应当结合智能网联汽车通行需要，推动车联网路侧设备建设，推进道路基础设施、交通标志标识的数字化改造。

市、区人民政府及工业和信息化、交通运输等部门应当鼓励和支持企业

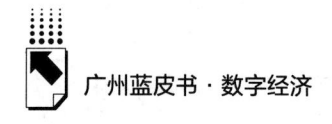

开展智能网联汽车的道路测试，分区域探索智能网联汽车应用示范和商业化运营试点。

第五十五条 科技、工业和信息化、政务服务数据管理、发展改革等部门应当建立跨行业技术基础设施多规合一体制机制，统筹推进互联网、人工智能、大数据、云计算、物联网、区块链等新技术基础设施建设，支持建设底层技术平台等基础平台，建立通用技术能力支撑体系；推动新一代移动通信网、量子信息、北斗卫星导航、卫星互联网等未来网络基础设施的研究和建设。

第五十六条 市工业和信息化主管部门应当会同市规划和自然资源、住房城乡建设等部门制定储存和算力基础设施建设规划，构建协同高效、绿色节能的算力中心体系。

市、区人民政府及工业和信息化、科技、发展改革等部门应当推进建设数据中心、超级计算中心、智能计算中心、边缘计算节点等储存和算力基础设施；布局超导计算、量子计算、类脑计算、生物计算、光计算等新型计算体系；鼓励多元主体共同参与储存和算力基础设施建设，面向数字经济的应用场景开放算力资源；探索建立算力交易平台和市场，促进算力资源的高效利用和优化配置。

市工业和信息化主管部门应当推动制定以应用效能为导向的算力中心评价体系和评测标准，加强评估与监测。

第五十七条 市、区人民政府及交通运输、公安机关等部门应当统筹推进智能交通体系建设，促进智能交通基础设施与运输服务、能源及通信网络融合发展，构建交通信息基础设施和综合交通信息枢纽，推动城市道路交通体系的全要素数字化。

市人民政府及有关部门应当推动公路、铁路、城市轨道交通、水路运输、航空等各交通领域数字化转型，加强交通全要素信息的收集、处理、发布、交换、分析、利用等，推动交通管理、交通运输、公众出行等交通建设管理全流程数字化，提升交通系统运行效率和管理水平。

市人民政府及有关部门应当推动建设智能空港、智能港口、数字航道、智能轨道、智能车站等智能交通基础设施，支持发展智能网联汽车、自动驾驶船舶、载货无人飞行器等智能运载工具，鼓励和规范发展定制公交、共享汽车、智能停车、智能公交等出行服务；推动建设智能交通信号灯、智能停车、智能道路系统。

第五十八条　发展改革、工业和信息化、城市管理综合执法、交通运输等部门应当统筹推进智慧能源体系建设，以数字化推动能源高效利用，助推实现碳达峰、碳中和目标，支持能源企业及用户开展下列智慧能源建设活动：

（一）电厂、加油站、加气站、加氢站等智慧化建设和改造，太阳能分布式光伏发电、风光互补路灯等建设；

（二）电网、配电、燃气管网等企业智能系统配置，电网、燃气管网智慧化建设和改造；

（三）电力、热力、冷力、燃气等用户或者第三方机构配置负荷侧智慧终端设备；

（四）第三方机构在负荷侧中心开展区域智慧能源综合服务；

（五）电源、电网、负荷侧储能设施的建设与智慧联通；

（六）主要能源企业、重点用能单位和区域智慧能源管理信息系统建设。

第五十九条　市生态环境部门应当会同有关部门统筹建设全市生态环境监测网络，合理布设生态环境质量监测与污染源监控设施设备，建设生态环境数据资源中心和生态环境监测公共服务、综合决策数字化平台，推动生态环境质量与污染源自动监测监控、分析评估、预报预警、数据管理等方面的研究、开发和应用。

重点排污单位等生产经营单位应当按照相关规定安装、使用、运行及维护在线监测监控设备和治理设施，与生态环境部门联网，依法主动公开监测信息；鼓励其他排污单位安装使用在线监测监控设备及主动公开信息。自然保护地等区域的生态管理机构应当对本辖区生态环境状况进行监测，鼓励采用实时监测技术，并依法公开监测信息。

第六十条 市、区人民政府及住房城乡建设等部门应当统筹建设与完善地下市政基础设施综合管理信息系统。地下管线、地下通道、地下公共停车场、人民防空工程等地下市政基础设施管理部门、行业主管部门及权属单位应当通过地下市政基础设施综合管理信息系统建立信息共享交换机制，及时采集更新相关数据。

地下市政基础设施建设单位应当及时将地下市政基础设施信息录入地下市政基础设施综合管理信息系统，确保地下市政基础设施信息的准确性。

第六十一条 林业园林部门应当推动绿色基础设施的数字化改造，建设森林、绿地、湿地、绿道的数据采集、更新和共享体系，提升动态监测和管控能力；建设城市树木数字化管理系统，建立树木数字档案，并向社会公开树木信息，提高树木种植、管养、迁移、更换的科学化管理水平；建设数字花城、数字花博会、数字林业园林科普等运营平台；应用数字技术拓展公众参与城市绿化决策与监管的渠道。

林业园林部门应当促进林业园林产业数字化转型，推动林业园林科研、种质资源、规划设计、加工、流通、展览、培训等产业链的数字化，培育壮大林业园林数字化企业。

第六十二条 市、区人民政府及水务等部门应当推进智慧水务建设，完善水资源开发利用、城乡供水、节水等信息管理系统，加快供水设施数字化建设和改造；建设水务一体化信息平台，实现对供水、排水、河流、水利等的数字化管理。

供水单位应当建立智能化供水管理系统。高耗水行业、重点监控用水单位应当对用水系统进行数字化改造。

第八章　数据资源

第六十三条 市、区人民政府及政务服务数据管理等部门应当加强对数据管理工作的整体规划和统筹协调，建立健全部门协同、市区联动、政企合作的数据治理体制机制，探索推行首席数据官等数据管理创新制度。

第六十四条 市人民政府应当建设城市大数据平台，实现对全市公共数据资源统一、集约、安全、高效管理。各区人民政府应当按照全市统一规划建设各区大数据平台，将公共数据资源纳入城市大数据平台统一管理。

本市公共数据实行统一目录管理，按照一数据一来源的原则，明确数据采集责任部门。公共管理和服务机构应当依据职能数据清单开展数据采集、汇聚工作，推进数据回流，加强数据质量管控，保证数据的真实性、准确性、完整性、时效性和可用性。

市、区人民政府及有关部门应当按照数据分类分级管理制度，确定本地区、本部门以及相关行业、领域的重要数据具体目录，对列入目录的数据进行重点保护。

第六十五条 公共管理和服务机构应当依法按照无条件共享、有条件共享和不予共享三种类型建立数据共享责任清单。公共管理和服务机构通过共享获取的公共数据，应当用于本单位履职需要，不得超越职权范围提供给第三方或用于其他目的。可以通过数据共享或者核验方式获取的公共数据，公共管理和服务机构不得重复采集或者要求重复提供。

公共管理和服务机构应当建立公共数据开放清单和动态调整机制，依托全市统一的公共数据开放平台开放数据。涉及国家安全、商业秘密和个人信息等法律、法规、规章规定不得开放的公共数据，应当纳入公共数据开放负面清单。

公共数据共享开放的具体办法，由市人民政府另行制定。

第六十六条 市人民政府及有关部门应当推进数据要素市场化配置改革，健全数据要素生产、流通、应用机制，构建数据要素资源流通运营服务体系；探索建立数据交易平台、场所以及数据入场规范、数据经纪人管理等配套制度；鼓励企业开展第三方大数据服务。

市人民政府及政务服务数据管理、统计等部门应当探索数据资产管理制度，建立数据资产评估、登记、保护、争议裁决和统计等制度，推动数据资产凭证生成、存储、归集、流转和应用的全流程管理。

市人民政府及政务服务数据管理等部门应当探索公共数据授权运营机

制，支持在可信认证、敏感数据安全应用等场景中，利用区块链、多方安全计算等新技术，推动公共数据有序流通。

第六十七条 数据处理者在数据处理过程中，应当遵循安全可控的原则，建立数据安全管理制度、落实数据安全保护责任，依法保护国家秘密、商业秘密、个人信息和隐私。

市场主体不得利用数据分析对交易条件相同的交易相对人实施差别待遇。

第九章 城市治理数字化

第六十八条 市、区人民政府应当建立数字政府与智慧城市协调工作机制，统筹推进智慧城市建设中的重大任务、重点项目，解决跨部门、跨行业、跨领域的重大问题。

第六十九条 市、区人民政府应当建设数字化城市治理平台，开展城市运行监测分析、协同指挥调度、联动处置等工作，应用数字技术推动城市治理手段、治理模式、治理理念创新，实现城市运行治理科学化、精细化、智能化。

市政务服务数据管理部门应当统筹建设城市运行管理中枢，制定相关标准规范，完善数字基础设施、数据汇集、资源集成、应用场景等功能，推动城市运行数字体征系统建设。公共管理和服务机构应当组织数据采集、梳理，实现与城市运行管理中枢对接，实时监测相关业务领域的运行状态，分析研判、流转处置城市运行事件，反馈处置结果。鼓励社会组织、企业、公众参与城市运行管理中枢应用场景设计。

第七十条 市规划和自然资源等部门应当建设完善本市国土空间基础信息平台和智慧城市时空大数据平台，提升对区域、市域、片区、街区、地块、建筑等不同层次空间要素的数字化表达能力，建设全感知、全周期、全要素、全开放的智慧规划体系。

有关部门在开发业务应用信息系统时，需要利用基础地理信息数据的，应当基于智慧城市时空大数据平台开展设计，确保时空基准统一。

市住房城乡建设部门应当建设城市信息模型平台，构建涵盖地上地下、室内室外、现状未来三维空间全要素的城市建设基础数据库，探索建设数字孪生城市。

第七十一条 市政务服务数据管理部门应当推动数字技术在政务服务领域的全面应用，建设一体化政务服务平台和移动政务平台，推动依申请政务事项和公共服务事项线上线下融合办理，实现全程网办、市内通办和跨域通办。

政务区块链平台应用中留存的电子数据可以作为办理政务服务事项的依据和归档材料。有关部门建设的服务企业和群众的办事系统应当推行电子证照、电子印章、电子签名等数字化应用，并接入全市一体化政务服务平台。有关部门延伸至街道、村居办理的政务服务事项，应当开通网上办理渠道，统一接入移动政务服务平台。鼓励公共管理和服务机构、企事业单位、社会团体在经济社会活动中广泛应用电子证照和电子印章服务。

第七十二条 市场监管部门应当建设一体化市场监督管理平台，实施开办企业全程电子化，完善企业信息共享互认体系，探索数字经济新业态新模式市场主体登记方式。

市场监管部门应当运用数字化技术对企业实施信用风险分级分类监管，引导数字经济领域市场主体依法经营、公平竞争，加大对从事不正当竞争活动等行为的监管，保护市场主体和消费者的合法权益。

市场监管部门应当建立政企协作的质量安全追溯机制，加强对特种设备及其检验机构的数字化监管，鼓励食品、药品、医疗器械等生产经营企业实现质量管控体系的数字化转型。

第七十三条 市人民政府及有关部门应当统筹建设数字化执法监督管理平台，加强执法监督管理平台与其他相关业务系统对接融合，实现视频数据等在线监督管理数据与行政执法信息资源跨部门、跨层级共享应用。

市人民政府及有关部门应当统筹建设行政执法案件办理平台，推动行政执法事项全过程网上办理，形成案件审批网络化和案卷电子化。

执法部门和镇人民政府、街道办事处应当配置移动执法设备，采用视频智能分析、遥感监测、无人机巡查等执法手段，加大数字科技手段在行政执法中的应用。

第七十四条　网信、公安机关、工业和信息化等部门应当依据有关法律、法规，加强对数字基础设施和高科技企业等重点单位网络安全的监管与保护。公安机关应当依法打击利用信息网络实施的非法吸收公众存款、侵犯公民个人信息、集资诈骗、电信诈骗、破坏计算机信息系统等违法犯罪活动。

公安机关、检察院、法院、司法行政等单位应当推动政法跨部门大数据办案平台建设，实现案件数据共享与网上办理业务协同、规范透明、全程留痕、全程监督。

公安机关在政务服务中应当推广可信身份认证、电子证照等数字化应用，打造全覆盖、多渠道、立体化的网上公安政务服务体系。

第七十五条　市、区人民政府及应急管理等部门应当建设应急管理综合平台，建设具备风险感知、监测预警、响应处置等功能的安全生产数字化体系，构建覆盖应急管理事前、事发、事中、事后全链条业务的数字化管理体系。

市、区人民政府及有关部门应当建设突发公共卫生事件应急处置系统，发挥大数据、云计算、移动通信等技术作用，为突发公共卫生事件监测、病原溯源以及病人、疑似病人和传染病病人密切接触者管理等提供数据支撑。根据应急工作需要，可以提供个人健康状态查询服务。

市、区人民政府及应急管理等部门应当建设社会动员应急数字化体系，推进应急资源数据联通、应急标识数字化、应急资源可视化。

应急管理部门应当会同供电、通信、金融、气象等部门探索建立极端灾害条件下城市供电、通信、数据中心、金融等快速恢复机制，开展极端灾害及应对数字化模拟，完善相关灾备设施体系，保障智慧城市系统正常运行。

第七十六条　人力资源社会保障、民政部门应当建设社会保障信息平台，拓展社会保障数字化服务应用，推进社会保险待遇享受资格智能化识别及认证，推动电子社会保障卡在民生服务领域一卡通应用，应用数字化技术提高慈善、救助、福利、志愿服务等社会工作服务水平。

医疗保障部门应当支持互联网医疗等新服务模式发展，积极推进电子凭证、移动支付等在医疗机构的应用。

第七十七条 市、区人民政府应当统筹推进智慧社区数字基础设施、系统平台和应用终端建设，推进政务、商务、服务、家务等社区功能数字化，加强社区网格化治理平台与智慧社区各系统的协同，鼓励居民、业委会、居委会以及服务提供商等多元主体参与智慧社区建设和管理。

市、区人民政府应当推进数据资源一体化和基层事项标准化管理，加强基层治理数据库建设，推行基层数据综合采集，实现一次采集、多方利用，减少数据重复采集。

第十章　发展环境

第七十八条 市、区人民政府应当在本级财政预算中安排资金支持数字经济发展，建立财政投入增长机制，依法落实数字经济领域的税收优惠政策。发展改革、科技、工业和信息化等部门应当安排资金支持数字经济发展。

国有资产监管、财政等部门应当充分利用国有资产和资源投入本市数字经济建设发展，统筹推动国有企业和事业单位积极参与数字基础设施建设、数字技术创新、数字经济核心产业发展、企业数字化改造及数字经济营商环境营造等。

市、区人民政府应当推动数字经济产业用地市场化配置，健全先租后让、租让结合、弹性年期出让等用地市场供应体系；探索与数字经济发展特点相适应的用地模式，优先保障数字经济初创企业用地用房需求；建立发布全市数字经济产业分布图，引导数字经济产业集约、集聚、集群发展。

第七十九条 市、区人民政府及有关部门应当加大对数字经济领军人才及团队、高端人才、急需紧缺人才的培养和引进力度，在入户、住房、医疗、子女教育等方面给予政策支持；鼓励高等院校、科研机构和职业学校设置数字经济领域相关专业，推动校企合作培养人才；支持建立数字技能公共实训基地，加强在职培训。

市、区人民政府及有关部门应当鼓励企业、社会组织等机构制定人才评价规范，支持数字经济领域高层次人才申报国家政府特殊津贴及国家和省其他重点人才工程，对符合条件的高端人才给予奖励或者项目资金支持。

人力资源社会保障部门应当推进人才管理和人力资源服务业数字化转型，支持开展人才数据资源开发利用，探索人才资源规划、招聘引进、使用开发、培养考核等产业链数字化。

第八十条 市、区人民政府及人力资源社会保障部门应当推动构建适应新业态新模式特点的从业人员权益保护机制，探索建立适应跨平台、多雇主间灵活就业的社会保障制度。

市、区人民政府及人力资源社会保障部门应当引导数字经济企业完善灵活从业人员劳动保障措施，保障从业人员合法权益，加强对数字经济从业人员用工服务的指导和对数字经济企业的劳动保障监察。

第八十一条 知识产权管理、司法行政、人民法院等单位应当支持培育和发展数字经济相关知识产权交易市场，加强对技术专利、数字著作权、软件著作权、数字商标、商业秘密、算法及数字内容等的保护，建立完善数字知识产权保护规则、征信和快速维权及多元纠纷解决体系。

知识产权管理部门应当探索建立适应数字经济形态特征的知识产权管理制度，加强对数字经济领域知识产权的保护；加强数字经济领域知识产权综合行政执法，依法打击数字经济领域知识产权侵权行为。

知识产权管理部门应当支持数字经济领域知识产权国际合作，加强对跨境侵权行为的综合治理，提升企业和其他组织知识产权境外布局和境外维权能力。

第八十二条 市、区人民政府及有关部门应当建立数字经济应用场景开放机制，定期发布数字经济应用场景需求清单，公开征集应用场景解决方案；统筹建设数字经济应用场景体验体系，推进政务领域创新应用；支持企业建设展示中心和线上虚拟展厅，鼓励企业、行业组织开展数字技术产业竞赛和展示等体验活动，向社会宣传推广数字技术创新产品。

市人民政府应当编制数字技术创新产品目录，推进创新产品首台、首套示范应用，依法实行数字技术创新产品、设备、服务等政府采购首购制。

市、区人民政府及有关部门应当鼓励学校、科研机构开展数字经济知识普及教育，支持社会团体、企事业单位加强员工数字经济知识和技能培训，提高全民数字素养。

第八十三条 市网信部门应当协调公安机关、政务服务数据管理等部门完善网络安全基础设施，建设网络安全综合监管平台，开展网络安全信息收集、分析和通报工作，按照规定统一发布网络安全监测预警信息；建立网络安全应急响应中心，对网络安全事件的应急处置与网络功能的恢复等提供技术支持和协助。

网信、工业和信息化、公安机关等部门应当鼓励重点行业、骨干企业、社会组织建设漏洞库、病毒库等网络安全基础资源库，促进相关主体之间的信息共享。

第八十四条 市、区人民政府及有关部门应当推动制定诉讼平台技术和数据安全标准，促进政府机构与司法机关数据互融互通，推动法院之间、法院与其他机构之间的资源共享、协同。

市司法行政部门应当建设公共法律服务数字化平台，推行视频会见、法律援助、司法鉴定、公证业务网上办理、电子法律文书等制度，开发智能法律咨询、智能公司合规审查等公共法律服务产品，构建全业务、全时空的法律服务网络；推动建设矛盾纠纷多元化解信息化平台，运用数字技术在线进行诉前分流、调解、司法确认、仲裁等事务。

市中级人民法院应当会同广州互联网法院、广州知识产权法院、广州海事法院建设广州诉讼综合服务数字化平台，推广应用区块链智能合约、电子送达等数字技术。

广州仲裁委员会应当建设仲裁服务数字化平台，完善企业间跨境商事争议在线解决机制，推广互联网仲裁推荐标准，探索互联网仲裁案件在线仲裁

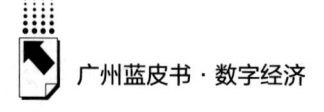

新模式。

第八十五条 市人民政府应当推动粤港澳大湾区数字经济协同发展，加强粤港澳大湾区数字经济规则衔接、机制对接，推进数字产业集群协同发展。

市人民政府及科技、工业和信息化等部门应当推动人工智能与数字经济创新平台共建共享，参与广深港澳科技创新走廊的数字经济建设；推进粤港澳超算中心、数据中心、通信网络等数字基础设施互联互通，推动数据跨境安全有序流通。

第八十六条 市、区人民政府及有关部门应当对数字经济领域的新产业、新业态、新模式等创新活动在法律法规允许的范围内实行包容审慎监管。

市司法行政部门负责统筹数字经济领域市场轻微违法违规经营行为免予行政处罚、免予行政强制清单制定工作，市有关部门应当依法制定本部门数字经济领域市场轻微违法违规经营行为免予行政处罚、免予行政强制清单。

对处于研发阶段、缺乏成熟标准或者暂不完全适应既有监管体系的新兴数字技术和产业，应当预留一定包容试错空间，不得简单予以禁止或者不予监管。

鼓励和支持个人、企业、行业协会及相关组织参与数字经济治理活动，建立协同治理的数字经济治理机制。

第八十七条 市、区人民政府有关部门及其工作人员违反本条例规定，不依法履行职责的，由有权机关责令改正，对部门给予通报批评，对直接负责的主管人员和其他直接责任人员依法给予处理；构成犯罪的，依法追究刑事责任。

第十一章　附则

第八十八条 本条例中下列用语的含义：

（一）数字经济，是指以数据资源为关键生产要素，以现代信息网络作为重要载体，以数字技术的有效使用作为效率提升和经济结构优化的重要推动力的一系列经济活动；

（二）数字技术，是指围绕数据的产生、传输、存储、计算与应用所形成的各类技术，当前主要包括互联网、新一代移动通信、人工智能、大数据、云计算、物联网、区块链、虚拟现实、数字孪生、高性能计算、智能控制、量子科技等技术；

（三）数据，是指任何以电子或者其他方式对信息的记录；

（四）公共管理和服务机构，是指本市国家机关、法律法规授权的具有公共事务管理和公共服务职能的组织；

（五）公共数据，是指公共管理和服务机构在依法履行职责和提供公共服务过程中获取或制作的数据资源，以及法律、法规规定纳入公共数据管理的其他数据资源。

第八十九条 本条例自 2022 年 6 月 1 日起施行。

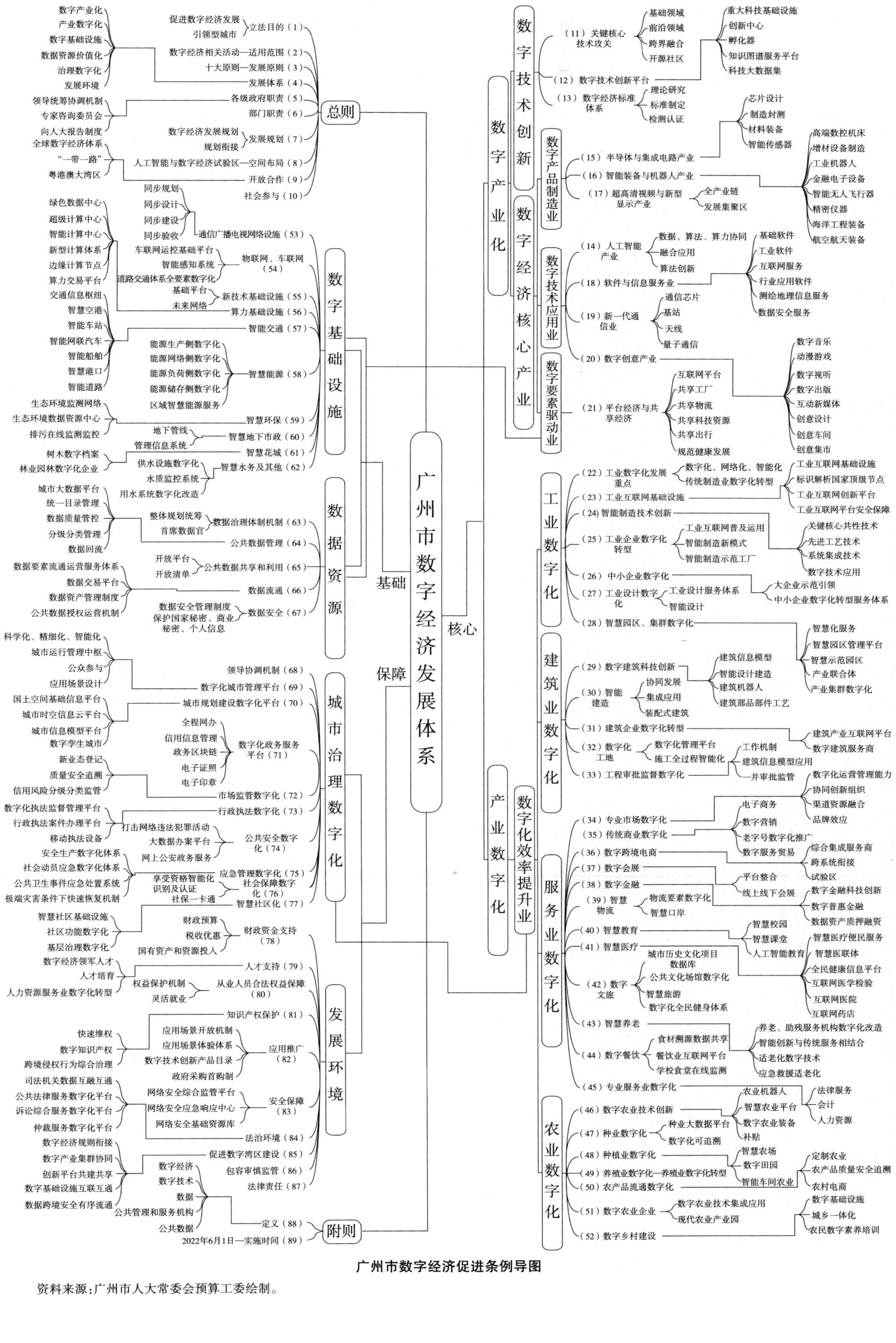

广州市数字经济促进条例导图

资料来源：广州市人大常委会预算工委绘制。

权威报告·连续出版·独家资源

皮书数据库
ANNUAL REPORT(YEARBOOK) DATABASE

分析解读当下中国发展变迁的高端智库平台

所获荣誉

- 2020年,入选全国新闻出版深度融合发展创新案例
- 2019年,入选国家新闻出版署数字出版精品遴选推荐计划
- 2016年,入选"十三五"国家重点电子出版物出版规划骨干工程
- 2013年,荣获"中国出版政府奖·网络出版物奖"提名奖
- 连续多年荣获中国数字出版博览会"数字出版·优秀品牌"奖

皮书数据库　　"社科数托邦"微信公众号

成为会员

登录网址www.pishu.com.cn访问皮书数据库网站或下载皮书数据库APP,通过手机号码验证或邮箱验证即可成为皮书数据库会员。

会员福利

- 已注册用户购书后可免费获赠100元皮书数据库充值卡。刮开充值卡涂层获取充值密码,登录并进入"会员中心"—"在线充值"—"充值卡充值",充值成功即可购买和查看数据库内容。
- 会员福利最终解释权归社会科学文献出版社所有。

数据库服务热线:400-008-6695
数据库服务QQ:2475522410
数据库服务邮箱:database@ssap.cn
图书销售热线:010-59367070/7028
图书服务QQ:1265056568
图书服务邮箱:duzhe@ssap.cn

社会科学文献出版社　皮书系列
SOCIAL SCIENCES ACADEMIC PRESS (CHINA)
卡号:773976223263
密码:

S 基本子库
SUB DATABASE

中国社会发展数据库（下设 12 个专题子库）

紧扣人口、政治、外交、法律、教育、医疗卫生、资源环境等 12 个社会发展领域的前沿和热点，全面整合专业著作、智库报告、学术资讯、调研数据等类型资源，帮助用户追踪中国社会发展动态、研究社会发展战略与政策、了解社会热点问题、分析社会发展趋势。

中国经济发展数据库（下设 12 专题子库）

内容涵盖宏观经济、产业经济、工业经济、农业经济、财政金融、房地产经济、城市经济、商业贸易等 12 个重点经济领域，为把握经济运行态势、洞察经济发展规律、研判经济发展趋势、进行经济调控决策提供参考和依据。

中国行业发展数据库（下设 17 个专题子库）

以中国国民经济行业分类为依据，覆盖金融业、旅游业、交通运输业、能源矿产业、制造业等 100 多个行业，跟踪分析国民经济相关行业市场运行状况和政策导向，汇集行业发展前沿资讯，为投资、从业及各种经济决策提供理论支撑和实践指导。

中国区域发展数据库（下设 4 个专题子库）

对中国特定区域内的经济、社会、文化等领域现状与发展情况进行深度分析和预测，涉及省级行政区、城市群、城市、农村等不同维度，研究层级至县及县以下行政区，为学者研究地方经济社会宏观态势、经验模式、发展案例提供支撑，为地方政府决策提供参考。

中国文化传媒数据库（下设 18 个专题子库）

内容覆盖文化产业、新闻传播、电影娱乐、文学艺术、群众文化、图书情报等 18 个重点研究领域，聚焦文化传媒领域发展前沿、热点话题、行业实践，服务用户的教学科研、文化投资、企业规划等需要。

世界经济与国际关系数据库（下设 6 个专题子库）

整合世界经济、国际政治、世界文化与科技、全球性问题、国际组织与国际法、区域研究 6 大领域研究成果，对世界经济形势、国际形势进行连续性深度分析，对年度热点问题进行专题解读，为研判全球发展趋势提供事实和数据支持。

法律声明

"皮书系列"(含蓝皮书、绿皮书、黄皮书)之品牌由社会科学文献出版社最早使用并持续至今,现已被中国图书行业所熟知。"皮书系列"的相关商标已在国家商标管理部门商标局注册,包括但不限于LOGO( )、皮书、Pishu、经济蓝皮书、社会蓝皮书等。"皮书系列"图书的注册商标专用权及封面设计、版式设计的著作权均为社会科学文献出版社所有。未经社会科学文献出版社书面授权许可,任何使用与"皮书系列"图书注册商标、封面设计、版式设计相同或者近似的文字、图形或其组合的行为均系侵权行为。

经作者授权,本书的专有出版权及信息网络传播权等为社会科学文献出版社享有。未经社会科学文献出版社书面授权许可,任何就本书内容的复制、发行或以数字形式进行网络传播的行为均系侵权行为。

社会科学文献出版社将通过法律途径追究上述侵权行为的法律责任,维护自身合法权益。

欢迎社会各界人士对侵犯社会科学文献出版社上述权利的侵权行为进行举报。电话:010-59367121,电子邮箱:fawubu@ssap.cn。

社会科学文献出版社